大汉开国谋士群

海峡出版发行集团 | 鹭江出版社
THE STRAITS PUBLISHING & DISTRIBUTING GROUP
LUJIANG PUBLISHING HOUSE

2018年·厦门

三版自序

2006年晚春，我去了一趟新疆伊犁。北疆的人物山川，尤其是雄浑秀逸近乎原生态的喀拉峻草原，令人心醉神迷。十多天后，本该直飞返回深圳，忽然心有所动，临时改变航程，先去了北京。因为某种执念，快十年没到京师了。

那次在北京，待了约一周，见了不少新朋老友。新朋友中，相当一部分，是各家报刊和出版社的职业编辑——头年夏天，机缘巧合之下，我开始在天涯社区发帖，文思泉涌，频频被推荐到首页乃至头条，获得不少读者的喜爱和追捧，“骤然成名”。编辑们约见，主要目的当然是约稿或出书了。

抵京的次日中午开始，频繁与编辑餐叙。排在第一的，当然是刚刚创办《读库》、江湖人称老六的张立宪。老六拉我为“首义英雄”，早将我的三万字长文《一个人、一份报纸和一个时代》(《百年五牛图之三：关于张季鸾》) 收入囊中。席间，这厮不无腼腆地说，书在印厂，出来还得几天，无法体验说好的“现场快感”了。

第二位邀饭的编辑，是时任清华大学出版社第六编辑室主任的唐凌云。地点在航天桥侧的“湘鄂情”，注注作陪。这次见面的直接效果，便是催生了《大汉开国谋士群》。

唐凌云说：“很喜欢梁兄的文字，尤其是《百年五牛图》。不过，因为有林彪篇，比较麻烦；又不难想象，同行竞争会相当激烈，我未必拿得到；即便如愿拿到书稿，也没有把握一定可以将全本做出来。那么，万一不行，是否可以退而求其次呢？我看老兄读书很多，视野开阔，何不将笔墨伸得远些，比如先秦或两汉三国？这样，值得写的东西颇不少，也不会存在出版障碍。”

我觉得他所言极为恳挚，也有道理。答应认真考虑。

当年 10 月，我克服重重困难，写完鲁迅篇，《百年五牛图》终成全璧。年底，开始敲《大汉开国谋士群》。断断续续，历时一年整，至 2007 年底，书稿完成，全文近二十万字。这是我的首部长篇。

2008 年 6 月，《大汉开国谋士群》由辽宁人民出版社初印。2012 年 9 月，又做了第二版。责任编辑艾明秋、娄瓴。小艾当时是文史编辑室主任，去年已荣升副总。我们一直在不紧不慢顺畅愉快地合作，“回顾丛书”几年来已出书多种，渐成气候。至于《百年五牛图》，则先发后至，于 2008 年 11 月面世，广西师范大学出版社出品，策划编辑龙子仲，责任编辑邹湘侨。林彪篇予以存目。编辑拿到样书时，我正在西沙永兴岛，观赏天容海色。

前几年，饶佳荣在铁葫芦、周青丰在中信时，想出“大汉”新版，先后发过来合同。出于我的原因，迁延未果。日前，才抽出点时间，将全书重看一遍，修订一番。也只是对少量字、词、句酌予订正，改换了第五章二、三两节的小标题。这是成书后首次修订。对本书的结构、内容和文字，都还基本满意。

第三版将由鹭江出版社推出。该社社长雷戎、北京公司时代飞鹭总经理董曦阳、策划总监刘浩冰、责任编辑张根长都为此费心不少。

精装新版将出，免不了写篇自序，说明交代一下相关事宜。

友人李汤生精心集汉碑字用作新版封面书名，雄健厚朴，元气淋漓，足为拙作生色。

初版“小引”、二版“后记”，均予保留，改为附录。后记，特别是小引，对书本身谈得较多，不妨参看。

第一章写萧何，《史记》《汉书》中，可用资料甚少。所谓“成也萧何，败也萧何”，我将韩信的故事糅进了本章，篇幅上甚至难免喧宾夺主。写作当时便有几个朋友对此提出过疑问和意见如莫之许。再三考虑，从全书整体架构上看，这样做是最适合的。韩信不写不行，单列又不合体例。故本书前两章，实为“兴汉三杰”萧何、韩信、张良的合传。

不断有人问：第二章那两首诗，究竟是谁写的？张良？梁由之？还是别的什么人？

其实，作者依次是当代作家王蒙、台湾诗人叶翠萍。这两首诗，美妙哀婉，动人心弦。插入文中，切合张子房心境，几乎天衣无缝。它们也折射出我当时的某种心绪。我一直视此为得意之笔。这种写法的具体考量，可参看“小引”。

岁月不居，时节如流。涉足写作、出版十余年来，结识了不少朋友，发生了种种故事，留下了诸多记忆。日后得闲写些出来，当既有意思，又挺有趣。

遗憾的是，世事纷繁，风尘荏苒，我与唐凌云失联了。互联网时代，这是个异数，有点不可思议。

韦苏州诗云：欲持一瓢酒，远慰风雨夕。以上提到的各位朋友，除猝然早逝的龙子仲和悄然失联的唐凌云外，都时有联系，且不乏合作。子仲已矣。我和凌云，还有机会久别重逢把酒言欢吗？《大汉开国谋士群》三版和这篇自序，会成为媒介吗？这将由时间来回答。

2018 年 5 月 18 日，夏历戊戌小满前三日，梁由之记于深圳天海楼

前言

秦时明月汉时关，万里长征人未还。——王昌龄

遥望长安花雾隔，百年谁覆烂柯棋？——陈寅恪

雄才大略的秦王嬴政凭仗秦国“地形便、山川利、财用足、民利战”的全方位优势，“奋六世之余烈”，花费十年时间，扫平六国，一统天下，结束了自东周以来长达五百余年的诸侯割据局面，“书同文”“车同轨”“行同伦”，建立起中央集权、繁荣昌盛、空前强大的大秦帝国。他自号始皇帝，严刑峻法，穷奢极欲，焚书坑儒，兴作无度，进而梦想子孙后代能千秋万载，永享帝业。可惜人算不如天算，秦失其鹿，天下共逐，二世而亡，霸业成灰，真所谓来也匆匆，去也匆匆。继之而起的，是嬴政（前259—前210）的同代人刘邦（前256—前195）。汉高祖其实仅比秦始皇小三岁，楚霸王项羽（前232—前202）则是后生晚辈——有趣的是，刘邦跟项羽和他的叔父项伯先后拜过把子，三人一概以兄弟相称。

刘邦给人们的印象通常只是个“好酒及色”的流氓无赖，这个昔日的泗水亭长居然能够在秦末群雄中脱颖而出，后来居上，与彪悍无敌、不可一世的项羽征战数载并最终胜出，成为大汉王朝的开

国君主，让不少人大跌眼镜。诗曰：匹夫竟续祖龙业，乱世翻成竖子名。这其实是一种皮相之见。

战胜项羽、平定天下后，刘邦与文武百官在洛阳南宫置酒高会，畅谈刘项得失天下的缘由。高起、王陵等人先后发言，一二三四五六七说了一大串。刘邦认为他们只知其一，不知其二，没有抓住问题的要害。他以权威口吻做总结性报告说："夫运筹策帷帐之中，决胜于千里之外，吾不如子房；镇国家，抚百姓，给馈饷，不绝粮道，吾不如萧何；连百万之军，战必胜，攻必取，吾不如韩信。此三者，皆人杰也，吾能用之，此吾所以取天下也。项羽有一范增而不能用，此其所以为我擒也。"

俗话说，得人心者得天下。这当然是不错的，但还不够，窃以为应该再补上一句才算周全：得人才者得天下。

孙子说，上兵伐谋。又说，夫未战而庙算胜者，得算多也。

知人者智，自知者明。事所必至，理有固然。由此看来，刘邦之所以笑到了最后，绝非偶然。这厮之善于发现人才、使用人才、驾驭人才，无人可及。没有谁能随随便便成功。

刘邦列举他赖以成功的兴汉三杰依次是：张良、萧何、韩信。其中张良和萧何二人，是辅佐他夺取天下、建设政权的主要谋士。至于韩信，则是在楚汉战争中发挥了关键作用的一位军事统帅；而韩信的发迹成功和身败名裂，又都与萧相国有着密不可分的种种瓜葛，"成也萧何，败也萧何"，此之谓也。在这个意义上，如果干脆说"得谋士者得天下"，大约也差之不远。

谋士是中国历史上一个特殊的群体。把他们当中若干具有代表性、富于传奇色彩的出色人物作为一个整体来进行分析研究，相信是一项很有意义，也颇具兴味的工作。

《大汉开国谋士群》是本人“谋士群研究”系列的第一部（另两部为《三国谋士群》《大唐开国谋士群》），时间主要界定在公元前209年（秦二世元年）至公元前179年（汉文帝元年），即秦末汉初时期。这段为期约三十年的历史，风起云涌，人才辈出，威武雄壮，可歌可泣，对两千多年来中国历史的形成和发展具有特别重要的意义，值得大书特书。

本书的主人公是萧何、张良、陈平、郦食其、随何、陆贾这六位在大汉开国和巩固政权过程中居功至伟又极具个性特色的谋士。先贤们博大精深的谋略智慧和斑斓多姿的人生道路，可以给后人提供多方面的启发和借鉴。书中涉及的人物和故事，大致包括了秦末汉初主要的帝王将相、才子佳人和重大事件。在某种意义上，将《大汉开国谋士群》看作一部视角独特的秦楚战争、楚汉战争及西汉开国简史，也未尝不可。

目 录

第二章 · 张　良

第三章 · 陈　平

第四章 · 郦食其

第五章 · 随 何

第六章 · 陆 贾

第一章

萧何

千古良相
攀龙附凤
深谋远虑
成也萧何：关于韩信（上）
韩信将兵：关于韩信（中）
败也萧何：关于韩信（下）
伴君如伴虎
萧规曹随

千古良相

自秦迄今，历两千年，中华盛世，首推汉唐，千古良相，必称萧曹。

诸葛亮应该算是最负盛名的贤相了。晋人陈寿在《三国志·诸葛亮传》的结尾这样评论传主："可谓识治之良才，管、萧之亚匹矣。"唐代诗圣杜甫在缅怀诸葛丞相的《咏怀古迹之五》一诗中赞叹道："伯仲之间见伊吕，指挥若定失萧曹。"这两个很有代表性的学者和文士，相隔数百年，却不约而同地拿萧相国作为良相的标杆。

萧何是西汉王朝的开国丞相。在夺取江山和巩固政权的过程中，他一直是兴汉集团的核心成员，是刘邦的重要谋士和左右手，对这个集团的形成、发展、壮大和最终成功，做出了突出贡献，建立了丰功伟业。

刘邦率军占领秦都咸阳后，将吏们都忙于抢夺金银财宝，及时享乐。只有萧何与众不同，他径直"收秦丞相御史律令图书藏之"，由此掌握全国的地形、户口、物产等情况，为此后持续数年的长期消耗性战争早早抛下了定海神针，表现出过人的眼力。

项羽违背义帝先约，将刘邦的封地由关中改为偏远的汉中和巴蜀后，刘邦和手下的将领们都非常生气，不愿前往就国，群情激愤，楚汉战争一触即发。孙子曰："主不可怒而兴师，将不可愠而致战。"如果这个时候与项羽决裂开战，无异于以卵击石，一定凶多吉少。萧何力排众议，极力说服刘邦认清敌强我弱的现实，坚决反对轻举妄动，主张先做战略退却，收回拳头，保存实力，积聚力量，伺机而动。这是极为重要的一招，否则后果不堪设想。

"还定三秦"后的整个楚汉战争期间，萧何留镇关中，固守根本，建设了稳固的根据地并负责提供有力的后勤保障，源源不断地以大量兵员和物资支援前线，使屡败屡战的刘邦从无匮乏之感，总能够卷土重来，最后得以反败为胜。

大汉帝国建立后，萧何在刘邦"约法三章"的基础上，参照秦法，制定了汉法九章，统一了全国律令。他还协助刘邦，通过减少赋税、复员兵卒、释放奴婢、发展生产等政策措施，使饱受苛酷秦政和长期战争摧残的士民喘了一口气，得以休养生息。社会逐渐安定，经济得到恢复和发展，并为日后的"文景之治"奠定了政策和物质基础。

萧何颇有知人之明。在刘邦势力还比较微弱的时候，他全力举荐当时还默默无闻的韩信出任汉军主将，这也许可以视为汉楚双方成败兴衰的关键。后来，他又被迫协助吕后诱杀韩信，以至于后人有"成也萧何，败也萧何"的感慨。从心理角度分析萧何为什么帮助吕后诛灭韩信，是很有意味的。

萧相国还颇具容人雅量。他病重弥留之际，捐弃个人恩怨，以国家根本利益为重，向朝廷推荐与自己有嫌隙的曹参作为相位继承人，保证了政权和政策的稳定性与连续性。萧规曹随，成为千古佳话。

刘邦与萧何的私人感情很不一般。他力排众议，坚持将萧何列为头号功臣，使之恩宠无人可比。"君子之泽，五世而斩"，萧何却是个例外。萧相国身后，子孙四次因罪失去侯爵，皇帝总是搜求他的其他后人，续封酂侯，这在功臣中是绝无仅有的特例。

西汉开国皇帝与丞相齐心协力，合作无间，取得巨大成功，看起来似乎是一对珠联璧合的模范帝相，也成为后世景仰学习的样板。与他们最具可比性的，是同样从布衣崛起的大明帝国的开国皇帝朱元璋与首相李善长。

朱元璋起兵之初，向李善长请教平定天下之策。李善长说："汉高祖起自布衣，知人善任，不乱杀人，五年就成就了帝业。你们老家相距不远，效法高祖的所作所为，平定天下并非难事。"朱元璋认为很对。洪武三年（1370），明太祖大封群臣，左丞相李善长封韩国公，位居功臣之首，制词比之为萧何，褒奖得天花乱坠，无所不至，俨然又一对不让前人专美的模范帝相横空出世了。但这只是一种表象。

饶是萧何与刘邦关系那么深那么铁，为人处事非常低调，十分小心谨慎，采取了多项措施自保，甚至不惜自诬，还是不能完全消除刘邦的猜忌，一度被交送廷尉拘押审问。所幸有人说情，加之刘邦毕竟还算恢宏大度，结果总算有惊无险。

李善长就没有这么好的运气。洪武二十三年（1390），朱元璋以莫须有的罪名将这位退休多年、老态龙钟、时年七十七岁的第一功臣阖家老小七十余人一概处死，唯有李善长的长子李祺托妻子临安公主的福，与儿子李芳、李茂等人得到恩免，捡了几条命。朱元璋前后用过的四位丞相，居然无一善终。他后来更是干脆废除了历经千年的丞相制度。钱穆指出，"明代的政治，走上歧途"，"恶化的主因，便在洪武废相。自秦以来辅弼天子处理国政的相位，至是废去，遂成绝对君主独裁的局面"。

封建社会君臣之间普遍存在深刻矛盾，关系往往是畸形的，这是由帝制"家天下"的非人性本质所决定的。随着帝权的不断膨胀，这种畸形就表现得越来越明晰、刺眼，带来巨大的负面效应。

中国的千年帝制，废除不过百余年，流弊仍然极多极重。世界潮流，浩浩荡荡，顺之者昌，逆之者亡。抚今追昔，温故知新，进行自由民主、富有效率、符合人性的现代化制度建设，仍是刻下的当务之急。

攀龙附风

萧何是泗水郡沛县丰邑人，跟刘邦是小老乡。他通晓法律，为人平和公道，交游广泛，人缘极佳，处理问题既老练又周到，文笔上佳，在县令手下当了个主吏掾，大致相当于现在的县政府办公室主任。

秦朝有一位御史，奉命来检查监督郡政，萧何被抽调跟随办事。他抓住机会，卖力表现了一番，鞍前马后，东奔西颠，将一应事体全都打理得井井有条妥妥帖帖，让御史十分满意。于是御史提拔萧何升任泗水郡的卒史，主管全郡的文书档案。这点差事，对未来大汉王朝的开国丞相而言，当然只是小菜一碟。萧何应付裕如，不久又在一次官员考评中轻轻松松拿了第一，让御史更是大为高兴，觉得面子有光：他既佩服萧何的能力，也得意于自己的眼力。

这位御史可算是个颇有使命感、为国惜才的官员，有良心，又肯负责任，他认为萧某还是大材小用了，打算向皇上举荐萧何到朝廷任职，一展身手。其实他们之间纯属工作关系，并没多少私交，更无行贿受贿情事。不过这次萧卒史没有接受上司的好意，再三辞谢，终于没去。至于萧何究竟是安土重迁呢，还是已经未卜先知，敏感地意识到山雨欲来风满楼，天下大乱在即，不愿意离开自己熟悉的环境和人群？史无明载，就只好存疑了。

萧何精明谨慎勤勉细致，固然是个顶呱呱的能吏，但这种人并非稀缺人才，一抓一大把。如果天下太平，他也只不过是一名称职的小公务员罢了，充其量也就混个司局级退休，几乎百分百会在历史的汪洋中湮没无闻，难以激起哪怕是一朵微末的浪花。太史公说，“萧相国何于秦时为刀笔吏，碌碌未有奇节？”这实在并无什么了不得的惊人之处；他之所以能成为响当当的大人物，是“依日月之末光”——也就是说，萧何能出人头地，是因为攀龙附凤，跟对了领导；具体地说，就是托了刘邦的福，沾了刘邦的光。

公不离婆，秤不离砣。鱼儿离不开水，瓜儿离不开秧。没有汉高祖就没有萧相国。介绍萧何，不能不说到刘邦。

乱世出英雄。萧何本身素质固然良好，历史对他也很慷慨，给他提供了一飞冲天的机会和平台。

萧何很喜欢结交朋友，三教九流，无所不包。像沛县看守所所长曹参啦，县政府车马队队长夏侯婴啦，泗水郡卒史周苛啦，屠狗的樊哙啦，丝绸贩子灌婴啦，编席匠兼吹鼓手周勃啦……都是他的哥们，关系倍儿铁。这些人抱成一团，经常非法集会，在一起喝酒吹牛，唱歌泡妞。他们有福同享有难同当，同声相应同气相求，进而集结为一个在当地潜势力很大、带黑社会性质的小集团。

蛇无头而不行。这些人共同的老大，乃刘季刘老三，即刘邦，也就是后来的汉高祖。萧何、曹参这帮哥们夤缘时会发迹变泰，建功立业裂土封侯，后来都成为大汉开国布衣将相群中的重要角色。

刘邦何许人也？

提起此马来头大。

刘邦出身寒素，排行第三，人唤刘季，正经名字都没一个。他

萧何很喜欢结交朋友（曹同煜　绘）

的大号“刘邦”据说是当了皇帝之后才让叔孙通那些个儒臣帮助取的，以便观瞻。为方便起见，本书一般径书“刘邦”。

刘妈妈一次在湖边休息，梦中与龙交合。忽然雷电交加，天昏地暗。刘老爹恰好找了过去，看见一条蛟龙正盘在他媳妇身上优哉游哉。这以后，刘妈妈肚子慢慢就大了，随后产下刘邦。所以呢，说不准刘邦究竟是沛县丰邑中阳里农民刘老爹的血脉，还是天上见首不见尾的神奇的龙种。

长大以后的刘邦，出落得一副好皮囊，威风凛凛，相貌堂堂，突起的前额，高高的鼻梁，一把美髯飘在颔下，七十二颗黑痣左腿里藏，瞧这刘家小三，倒是不无几分龙种模样。

刘邦性情豁达，心胸开阔，恢弘大度，乐善好施，不拘小节，伶俐敏捷，尤其善于驾驭各色人等。平素游手好闲东游西逛，什么家务事和农活都不愿意沾手。刘老爹看不过眼，经常批评三儿子不务正业，并拿干农活的好把式，辛勤劳作慢慢挣下一份家当，渐臻小康的二儿子与之对比，以为督促之榜样。怎奈榜样的力量是有限的，人各有志，老三根本听不进去。他对此不屑一顾，依旧吃喝玩乐，斗鸡走狗，到处游荡。成年以后，刘邦试着弄一小官做做，结果当了个泗水亭长，官职跟《水浒传》中晁盖"智取生辰纲"以前做的保正差不多大小，是最基层的吏役。秦朝施行郡县制，郡下设县，县下设乡，乡下每十里设一亭，亭设亭长，负责管理该地面民间的争讼和国家的征丁征粮等事务，不属公务员编制。他跟县里各个衙门的小吏们走得很近，经常戏弄他们，以此取乐。

有一次，刘邦到秦都咸阳服徭役，恰巧碰到秦始皇出巡，破例开恩不清场，准许老百姓在旁边观看。刘邦挤在人山人海中，目睹了皇帝的威风和排场。他不禁感叹道："唉，大丈夫就该像这个样子啊！"

三十年来说旧交，萧何跟刘邦早就是哥们。

刘老三在愤青时期，时常惹出麻烦，萧何屡次利用职权袒护他，为其化灾解难。当刘邦向体制内靠拢，当了亭长后，萧何更是常常给他出主意，并提供多方面的帮助。刘邦到咸阳服徭役，其他官吏都资送俸钱三百，唯独萧何一人送了五百。一般而言，刘邦这个人是颇为念旧、蛮讲哥们义气的，萧何这点心意一直让他感念不忘，并在日后连本带利做了很够意思的回报。

刘邦最喜欢两样物事：美酒和美女。他呼朋引类，隔三岔五就去王老太或是武大娘开的酒店喝个痛快，醉了歪头便睡，还经常赊账。不过他到哪儿，哪儿人气就旺，营业额要比平时多出几倍，来晚了的客人有时还要排上队等候空桌。于是老板娘们都把他当作贵宾，迎来送往小心侍候。年关结账时，老板娘往往主动请刘三吃顿迎新酒，将他的欠条撕掉，旧账一笔勾销。

据说，江山和美女最终常常落到浪子手里。别人姑且不论，对于刘邦而言，这种说法还是基本靠谱的。如何夺取江山，后文会渐次说到，这里先谈谈刘邦是怎样空手套白狼抱得美人归的。

单父县的富豪吕公，跟沛县的县令是好友。他为了躲避仇家，一度到县令家中做客，后来干脆将家也搬了过来，在沛县落地生根。新居落成后，县里的一众官吏和乡绅豪杰们都前来为县老爷的贵客道贺捧场。那时萧何还在县里做主吏掾，由他负责接受贺礼和招待客人。萧何的想法是礼多人不怪，他对客人们说："贺礼不满一千钱的，请坐在堂下，超过的请上坐。"

这等场合自然少不了泗水亭长刘季刘老三。刘邦一向瞧不起那些蝇营狗苟溜须拍马的伙计，他大摇大摆长驱直入，对看门人抛下一句："快去通报，老子送一万！"这可是一份罕见的巨礼。其实他不名一文，腰包里一个子儿也没有。

吕公闻讯后大吃一惊，急忙起身出门迎接。此老好相术，他看刘邦仪表非凡，举止大度，心中顿生好感，客客气气地将他请到堂上雅座入席。萧何是刘邦的老朋友，了解他的为人，觑个空子悄悄提醒吕公说："刘邦这个人向来喜欢吹牛，能做成的事很少，也没多少钱，他的话恐怕靠不住。"吕公一边耳朵进一边耳朵出，不以为意。刘邦高坐首席，谈笑自如，对其他客人很是轻慢。单看他那副派头，倒真是一个鹤立鸡群、既富有又慷慨的主。

吕公非常欣赏刘老三。酒阑人散时，他示意刘邦单独留下，两人一边喝茶吃点心，一边继续交谈。当吕公试探出刘邦尚未婚配时，喜出望外，当即大大方方地说："老汉我一向喜欢给人看相，阅人无数。像你这样品相高贵的，还是第一次见到，希望你努力自爱！我有个最疼爱的女儿，人品模样倒还周正，如果你不嫌弃，我打算将她许配给你。”

刘邦的消息很灵通。他早就听说吕公家财万贯，五个儿女也是人物，个个了得：两个儿子吕泽、吕释之为人强梁，都是一等一的好汉；三个女儿除长女长姁已经出嫁外，老二吕雉和小妹吕须都是美人儿，也很能干。自己一句即兴而发的空口大话，不但人五人六胡吃海喝了一顿，而且居然还从天上掉下一个吕妹妹来，这等好事，求之不得，岂容错过！再说，他已经老大不小，对那种生张熟魏眠花宿柳的放荡生活已经有些厌倦，也想成家了。这厮是何等机灵之人，他深知机不可失，夜长梦多，当即跪拜，认定了岳丈。当他带着一身酒气，打着饱嗝，在溶溶月光下告别新科丈人回家时，一路上咀嚼着今天的好运气，一脸坏笑，嘴巴都合不拢。寂静的街道上飘过一串清脆的马蹄声。

吕老太认为老伴的做法过于轻率。刘邦走后，她向吕公抱怨说：“你总是另眼看待二丫头，说她会嫁给贵人。县令跟你是老朋友，要跟我们做亲家，你都不肯，怎么稀里糊涂将女儿许配给了刘邦这种穷光蛋？他除了一张油嘴，还有什么？”吕公唾了老伴一口，说：“妇道人家，懂个啥！”

吕公坚持将二女儿吕雉嫁给了刘邦。这个女人不寻常：她就是历史上名气很大、评价则众说纷纭的吕后。她为刘邦生了一对儿女，儿子即惠帝刘盈，女儿便是鲁元公主。作为大汉开国皇后，吕雉费尽心机，利用手中掌握的权势让吕氏家族鸡犬升天，几乎取代刘氏成为帝国新的统治者；不料在其身后，这却为她的娘家人带来了灭族的惨祸。

刘邦当亭长时，经常偷空溜回家，享受老婆儿子热炕头的天伦之乐。一天，吕雉带着两个小孩在田间除草，有个过路的老头向她讨水喝，她对那人很客气，还留他吃了顿便饭。老头端详了吕雉好一会儿，说："看夫人的相貌，应该是天下的贵人。"吕雉很高兴，又让他给两个小孩看相。老头先看了男孩，说："夫人以后能够大富大贵，就是因为有这个孩子的缘故。"吕雉将这话牢记在心，又让他看女儿，也说是贵人之相。老头刚走，刘邦刚好从邻居家串门回来，吕雉便喜滋滋地把刚才的事说给他听。刘邦问："那老头呢？"吕雉说："还没走出多远。"刘邦拔腿出门，追上老头，向他请教。老头说："刚才给你的夫人和小孩都看过相了，他们都跟你差不多。你的相貌，贵不可言！"刘邦听了大喜，便向老头道谢说："如果真能像你说的那样，我决不会忘记你老人家的恩德！"后来，刘邦果真贵为天子，派人找那老头，可是杳无音信，没有结果。

一次，刘邦以亭长的身份为县里押送一批民工去骊山服役，启程不久就不断有人逃跑。他在心头掂量，照这个样子下去，等走到骊山，民工恐怕就剩不下几个，自己也逃脱不了干系。傍晚到了丰邑西边的湖沼地带，大家停下来喝酒歇脚。夜间，刘邦干脆把民工们全部释放了。他说："你们各走各的路，自求多福吧，我从此也远走高飞了！"大家欢天喜地一哄而散。其中有十几条精壮汉子佩服刘邦的为人，自愿留下来跟老大混。这些人后来都成为刘老三的铁杆死党。

刘邦乘着酒兴，连夜率领他的小队人马抄小路赶往附近的芒砀山，认为往深山逃亡安全系数较大。他派了一个壮士走在前头开路，走着走着，那人回来报告说："前面有一条大蛇挡住了去路，咱们是不是往回走？"

酒壮英雄胆。酒力在刘邦体内发散，他正处在高度兴奋状态，

刘邦斩蛇（曹同煜　绘）

于是满不在乎地说：“好汉走路，有什么可怕的！”径直走上前去，拔剑将蛇斩为两段，路就通了。又走了一会儿，酒劲发作，他在路旁一歪，倒下去就打起鼾来。

后面的人经过刘邦斩蛇的地方，看见一个老太婆在哀哀哭泣。问她为什么哭，回答说：“因为有人杀了我的儿子。”又问她儿子怎么被人杀了，回答说：“我的儿子本是白帝的儿子，化为一条蛇，挡住道路，刚才被赤帝的儿子杀了。”问话的人以为这是疯老婆子胡说八道作弄人寻开心，正打算上去教训教训她，老太婆忽然一下子不见影了。于是他们继续赶路。

后队赶上来时，刘邦已经酒醒。听小伙子们说了刚才遇到的事情，他心里暗暗高兴，越发觉得自己是个不平凡、有来历、了不起的人，跟随者也对他更为敬畏了。刘邦在山里站稳了脚跟，并派人潜回老家，与萧何、吕泽等人保持联系。

子不语怪力乱神。看相啊，龙种啊，斩蛇呀，白帝赤帝呀，还有什么云气之类，其实都属于怪力乱神之列，跟陈胜导演的“鱼腹丹书”“篝火狐鸣”如出一辙，完全是一个路数。但当时老百姓还真就是信这个。

没想到机会很快就来了。

秦二世元年（前209）七月，陈胜、吴广领九百余名贫苦民众前往渔阳（今北京密云）戍边，却在蕲县（今安徽宿州）因雨失期，而失期按律当斩，众人被迫铤而走险、死里求生，“斩木为兵，揭竿为旗”，点燃了暴力抗秦的火花。陈胜自立为陈王，国号“张楚”，一时间力量发展神速，所向披靡，秦王朝受到沉重打击，统治根基发生根本性动摇。天下英雄豪杰，跃跃欲试，群起响应，很多郡县

陈胜、吴广起义（王井、张鹿山　绘）

都有人起事，杀死官吏投靠陈胜。星星之火，顿成燎原之势。

沛县县令感觉到时局的变化，心中有些恐慌，想采取主动，率领沛县子弟响应张楚陈王。萧何、曹参对他说：“你是秦朝命官，又是外地人，要率众造反，恐怕大家未必肯听从。本县逃亡在外的精壮人口先后有几百人，不如把他们召回来，作为基本力量，再去号令民众，大伙儿就会乖乖从命了。刘邦是这些人的头。”县令大喜，就派樊哙去召他的连襟刘邦回来共襄大计，这时刘邦已在山上聚集了近百号人。

刘邦知道机不可失，立马跟着樊哙回来。不料快到县城时，县令改变了主意。原来县令左思右想，担心强龙难压地头蛇，怕刘邦搞事，就关闭城门派人防守，不让他们进来。又怀疑萧何、曹参居心不良，是刘邦的内应，准备杀掉他们。

萧何、曹参看县令的脸色有点儿不对劲，打听到一丝风声后，好汉不吃眼前亏，当即溜之大吉，翻墙出城投奔了刘邦。刘邦让他们写了一封致全县父老的帛书，用箭射进城去。信中说：“天下百姓苦于秦朝的统治已经很久了。如今各位替秦朝任命的县令守城，一旦被群雄起义的军队攻破，就会玉石俱焚，那太不值了。不如大家联合起来，团结一心，杀掉县令，公推一位能干公道的本地人做首领，响应张楚陈王，这样就可以保全一切，平安无事，共图富贵。”父老们一琢磨，认为在理，就率子弟杀死县令，打开城门，迎接刘邦一干人进城，并推举他做县令。

略作谦让还是很有必要的姿态。刘邦说：“天下大乱，群雄并起。兵熊熊一个，将熊熊一窝，如果头领选择不得当，就会一败涂地。我不怕死，就是担心自己能力薄弱，不能保全众位父老兄弟努力上进，大家还是推选一个更能胜任的人吧！”

萧何、曹参等都是文吏，前怕狼后怕虎，顾忌很多。又担心事情不成，会被秦朝灭族，于是都推选刘老三，认为他是最适合的人选。这是当时社会上人们相当普遍的一种心理。与之相映成趣的另一个例子是陈婴的选择。

陈婴本是东阳县（今安徽天长）的令史，为人一向诚实谨慎，是公认的忠厚长者。东阳县的年轻人杀死县令，聚集了数千人，打算推举一个首领，考虑再三没有更适合的，就去请陈婴出山。陈婴推辞说不能胜任，大家就赶鸭子上架强迫他干，队伍一下子扩充到两万人。青年们准备拥立陈婴为王，都用青巾裹头，以示与众不同。陈婴犹豫不决。这时，陈婴的母亲对儿子说："自从我嫁到你家来，从来没有听说你们陈家祖上出过什么贵人。现在突然一下子得到那么大的名号，恐怕不是什么好事，咱消受不起，不吉祥。不如归属别人，事成固然可以封侯，事败也容易逃脱，因为咱不是那种格外招眼的人物。"陈婴是个孝子，对母亲的教诲言听计从，当下心中就拿定了主意。他对军吏们说："项家世代为将，在我们楚国威名夙著。如今要想成就大业，将帅不得其人不行。我们攀龙附凤，依附名门贵族，一定能够灭亡秦朝，搏个封妻荫子。"于是大家听从他的意见，归附项梁。后来，陈婴又投奔刘邦，成为大汉开国名臣，封堂邑侯，当过楚元王刘交十二年国相。

萧何、曹参等人开始分头运作，与刘邦相关的那些神奇故事也适时广为发酵传播。经过一番紧锣密鼓的小动作和雍容揖让，最后依然是刘邦众望所归。他也就当仁不让，正位"沛公"。

刘邦在沛县的县衙门举行了一个隆重盛大的仪式，祭祀黄帝和蚩尤。樊哙用牲畜的血涂染战鼓和旗帜，旗帜一律用红色。沛县城头，红旗飘飘。这当然是有由头的：当初被斩的蛇是白帝的儿子，而斩蛇的主是赤帝的儿子，赤者，红也，故此崇尚红色。

萧何、曹参和樊哙帮助刘邦到处招兵买马，队伍很快扩充到两三千人。沛县的豪杰英俊，如周勃、灌婴、卢绾、夏侯婴、周苛、周昌……基本上都被罗致到了麾下。自然还有刘贾、刘交等刘邦本家兄弟叔侄，当然也少不了他的大舅子吕泽和吕释之。

基本的队伍和班底形成了。萧何的位置大抵相当于沛公刘邦的办公室主任兼后勤部长。他协助刘邦做好了两手准备：一方面固守桑梓之地丰沛；另一方面密切观察天下及周边形势，相时出击进取。

深谋远虑

陈胜首举义旗后，天下景从，一呼百应，他手下的兵力和占领的地盘都呈几何级数扩张，实力急剧膨胀。陈胜派兵分头进取，四面出击。其中，由吴广率领主力部队“西击荥阳（今河南荥阳）”，战略意图是打开进入关中的门户，直薄秦都咸阳。

荥阳是军事要地和水陆交通枢纽，也是秦王朝控制关东的重镇，由秦相李斯的儿子、三川郡郡守李由率重兵把守，设防坚固。后因荥阳未能迅速攻下，陈胜又派大将周文率军由陈县出发，在吴广部掩护下，快速迂回绕过荥阳、洛阳，得到民众的热烈响应，一举攻入函谷关。这时周文大军已拥有步兵数十万人，战车千乘，发展极为畅顺，形势一派大好。秦二世元年（前 209）九月，周文大军攻占戏水，兵锋所向，距咸阳不到百里。秦王朝内外交困，一夕数惊，君臣震恐，束手无策。

困兽犹斗、风雨飘摇之际，少府章邯献计说：“敌军实力强大，来势汹汹，而且离咸阳已近在咫尺，很快就要兵临城下，现在再从周边郡县征调兵力赴援，恐怕已经远水难救近火。在骊山做苦力的罪犯很多，大部分是壮丁，不如赦免他们，加以奖赏勉励，配发武器，编组成军去迎击敌人，或许不失为一个救急的好办法。否则到时候

章邯在鸿门一战，大败周文（王井、张鹿山　绘）

这些人变乱内应的话，后果不堪设想，大局将不可收拾。”

秦二世和赵高商议后，认为章邯言之有理，决定采纳他的建议。二世下令废除犯人和家奴的儿子不准服兵役的法令，征发全部在骊山服劳役的罪犯和民工编组成军队，并命章邯亲自督率这支特别的新军，火速赶赴前线。对秦王朝而言，章邯新军无异于寡妇的儿子——唯一的指望。帝王将相文武百官谁也没底，心里头都七上八下咚咚咚打着小鼓，每个人都暗暗扒拉着自己的小算盘。

没想到这一招还真管用。章邯不负众望，在生死攸关的鸿门一战，一鼓作气，大败周文。周文大军损失严重，攻势顿挫，被迫向关东撤退。秦王朝得到喘息机会，一面抓紧整训旗开得胜的章邯新军，同时急调防御匈奴的精锐边防部队王离等部火速增援，准备向义军大举反扑。

雇农出身的陈胜虽然不乏鸿鹄之志，但毕竟是“瓮牖绳枢之子，氓隶之人，而迁徙之徒也。材能不及中人”。大泽乡首义，本来就是出于无奈才冒险犯难，嗣后局面发展之快、之大、之复杂变幻，是出乎他预料的，也远远超过了他的才能和魄力所能掌控的范围与限度。一帆风顺时，陈胜骄傲自大，所用非人，既看不起贫贱时的老朋友，又疏远了起义将领，高高在上，养尊处优。他自立为王，又让张耳、陈馀等一批意在拥立六国之后的人士感到失望，各路将领离心离德，各行其是，大多脱离了陈胜的控制，自成局面。陈胜没能把握住天赐良机，将各地风起云涌的反秦力量有效组织起来，拧成一股绳，一举灭秦，反而分兵冒进，各自为战；形势逆转后，又没能看清问题的严重性，及时采取有力的应对措施，调整部署，而是株守陈县（今河南淮阳），无所作为。形势很快恶化，急转直下，终于不可收拾。

秦二世二年（前 208）十一月（秦汉之际的历法比较特别：每年从十月算起，然后是十一月、十二月、一月……九月，周而复始），经过短暂休整后，章邯率军出关开始反攻。新败之余、首当其冲的周文大军不敌章邯军的凌厉攻势，且战且退。不久，全军溃败，周文自杀。章邯军逼近荥阳。

吴广率军围攻荥阳四个多月而不能下，师老兵疲，威信受挫。部下眼看劲敌在前，坚城在后，信心动摇，发生分裂，吴广被部将田臧、李归等假借陈胜的命令杀死。陈胜无可奈何，只得承认既成事实，以田臧代吴广统军。田臧令李归率少量兵力牵制监视荥阳的秦军，自己率领全部精兵向西迎击章邯的主力部队。两军在荥阳西北的敖仓发生遭遇战，田臧败死，全军覆灭。章邯快马加鞭趁热打铁，与荥阳守将李由里应外合夹击李归军队，李归兵败身死。

章邯解了荥阳之围后，又击败陈胜的部将邓说和伍逢，对义军的大本营陈县形成合围。这时，秦二世又派司马欣、董翳率生力军出关助战，秦军士气更旺。此消彼长，陈胜则陷入困境：余部虽说还很不少，但要么擅立为王割据自保不听招呼，要么形格势禁呼应不及，陈县仅剩张贺一支孤军保驾，兵力单薄，独木难支。陈胜的举措，宛如笨人下棋，死不顾家。

章邯展开攻势，陈胜亲自出城督战。怎奈大势已去，无力回天，张贺战死，陈县危在旦夕。十二月，陈胜率残部退走汝阴（今安徽阜阳），不幸在下城父（今安徽涡阳东南）被掌管车辆的侍从官庄贾杀害。天道好还，庄贾这个可耻的叛徒不久就被陈胜的部将吕臣擒斩。

起义军领袖牺牲，主力溃败。秦朝君臣则心花怒放。章邯更是被视为救世主，万千宠爱在一身，成为名头最响、万众瞩目的超级明星。章邯继续转战各地镇压义军，他自我感觉超好，认为自己作为常胜将军，统帅亲自编练的铁血雄师，又有得力的增援和可靠的后勤保障，横扫荡平那些树倒猢狲散的乌合之众，当然轻而易举，只是个时间问题而已。秦二世更是满心以为天下太平，指日可待，风雨之后即将复归宁静，秦朝的江山可以传之万世永无忧患了。

事实上，秦朝的统治者和主将的想法过于一厢情愿，简直大错特错。

章邯一时得手，秦王朝似乎夺回了战争的主动权，占了上风。但这只不过是昙花一现的表象。首义英雄陈胜虽然短短数月间就经历了由死亡边缘的征夫，到自立为王，烈火烹油势力鼎盛，再到一败涂地兵溃身亡的戏剧性变化，但由他点燃的星星起义之火，不仅没有熄灭，而且愈烧愈烈，渐成燎原之势，“山东豪俊”争先恐后“并起而亡秦族”的局面业已形成。

大浪淘沙，时势造英雄。陈胜失败后，各地义军仍在战斗，并不断发展壮大。楚、齐、魏、赵、韩、燕等六国旧贵族势力也在各种力量支持下沉渣泛起，打着反秦的旗号，称王称侯各据一方，意图复国。其中，有一支部队尤为精悍，战斗力特强：这就是项梁、项羽指挥的以八千江东子弟兵为骨干的楚军。

项氏世代为楚将，项梁是楚国名将项燕之子，项羽则是项梁的侄儿。项燕在秦灭楚战争中曾大败秦军，后来虽因国力不支，败死于秦国大将王翦之手，但他在楚地乃至全国都享有很高威望。陈胜、吴广起兵之初，就是假托扶苏、项燕的名义。

项籍，字羽，后以字行，下相（今江苏宿迁）人。起兵那年，他年仅二十四岁，是个威猛彪悍、雄姿英发的小伙子。小时候他先学文，结果不耐烦寻章摘句，改学剑，不久又半途而废。项梁对此很不满，项羽却自有一番说辞：“认字只是记个姓名罢了，击剑只能抵敌一个人，有什么好学的？要学，就学那些能够抵敌成千上万人的东西。”项梁转怒为喜，于是就教他兵法。项羽很高兴，起初学得很有劲头，但一知半解之后，又无意登堂入室，勉强灌了半桶水就又将它甩到一边。

项梁因为受到栎阳县（今陕西临潼）一桩罪案的牵连，曾经人托人保托保，拜请蕲县狱掾曹咎写信给栎阳县狱掾司马欣，使得事情大事化小小事化了。项梁非常感激，从此与曹咎和司马欣深相结纳，成为死党。马克思说，人的本质不过是社会关系的总和。司马欣后来成为秦军主将章邯的长史（秘书长），对说服章邯投降项羽起了重要作用，并获封为塞王，国都就设在栎阳；曹咎也成为楚军名将，任大司马，封海春侯。汉四年（前 203）十月，刘邦趁项羽东征彭越的间隙，再次夺回战略要地成皋，曹咎、司马欣兵败自杀。这是后话。

项梁杀了人，带项羽一起逃到吴县（今江苏苏州）躲避仇家。地方上有大的徭役或丧葬事宜时，通常由项梁出面主持，他总能办理得井井有条，吴中有声望的士大夫没谁比得上他。项梁借此机会，暗中以兵法进行布置调度，他的才能逐步得到众人的信服。

秦始皇巡游天下，渡过浙江，到了会稽，项梁带侄子前去看热闹。看到皇帝出行的威仪，旁边不少人吓得战战兢兢，不敢抬头和作声。只有项羽直勾勾地盯了一会儿嬴政，漫不经心大大咧咧地脱口而出："有什么了不起？！我可以取而代之！"项梁赶忙捂住他的嘴，悄声告诫道："别乱说，要灭族的！"项梁由此知道侄子志向高远心雄万夫，内心更加赏识他了，越发刻意栽培。项羽身高八尺有余，力能扛鼎，才气过人，吴中子弟都很敬畏他。

秦二世元年（前 209）九月，项氏叔侄杀死秦会稽郡郡守殷通，聚众起义，响应陈胜。他们身世显赫，才能出众，力量发展十分迅猛。

项梁立楚怀王之孙为王（戴仁　绘）

项梁在薛县听到陈胜牺牲的确切消息后，召集各部反秦将领，共商大计。居鄛人范增认为，名不正则言不顺，言不顺则事不成；项梁一呼百应迅速崛起是缘于项家世代皆为楚国名将的特殊身份，而陈胜自立为王则是他失败的原因，因为人心思楚；因此他建议项梁拥立楚王的后裔作为号召，团结领导各地反秦力量，共灭秦室。项梁认为范增言之有理，就采纳了他的意见，从民间找到了为人家牧羊的原楚怀王的孙子熊心，仍立为楚怀王，以顺从民众的愿望。项梁自称武信君，掌握军政大权。英布、蒲将军、吕臣、刘邦等部义军，皆归项梁节制。

章邯终于碰到了强劲的对手。

棋逢敌手难藏幸，将遇良才怎用功？

章邯先后击灭周文、吴广、陈胜诸部后，又乘夜色衔枚疾进，大败齐魏联军，逼使魏王引咎自杀。连战皆捷，章邯气焰熏天，不可一世。但他在山东遭逢南来的楚军时，却意外地三战三败，第一次尝到了楚军的厉害。项梁连胜之余，产生了骄傲轻敌的情绪，认为章邯名不副实，秦军也不过尔尔，放松了警惕。章邯军队补充休整后，突然发动偷袭，在定陶大破楚军，项梁不幸战死，义军再次遭受严重挫折。

这时，项羽、刘邦正各率所部在陈留一带配合作战，并击杀秦朝大将李由。为了暂避章邯兵锋、避免被秦军各个击破，他们主动撤到彭城一线，与吕臣部靠拢，互为掎角之势，严阵以待。

章邯再次获得大胜后，越发骄傲自大，认为项梁已死，群龙无首，“楚地兵不足忧”，就搁置对楚军的歼灭性进攻，率秦军主力渡河北上攻击赵王歇，让楚军得到了极为珍贵的整补机会。这是秦军无法弥补的一大战略性失策。

秦二世二年（前208）闰九月，章邯率秦军主力大举攻赵，连破赵军，并攻占赵都邯郸。赵王歇和丞相张耳率残部退守巨鹿，大将陈馀领别部数万扎营城北，共抗秦师。各地赴援的诸侯军队都害怕章邯军，畏缩不前。章邯派王离、涉间率精兵包围巨鹿，他亲自率领主力在棘原机动，并修筑甬道补给王离军。秦军是屡胜之师，兵多粮足，士气高昂。赵王歇坐困愁城，危在旦夕，不仅没有还手之力，就是招架之功也是所剩无多。他几次派人溃围而出，向楚怀王求救。

楚怀王认为秦军主力远在河北，根本之地关中空虚无备，有隙可乘。于是决定兵分两路：一面命宋义为上将军，号称“卿子冠军”，与次将（副帅）项羽、末将范增率主力作为正兵，北上救赵，解赵围后再转兵会攻关中；一面派刘邦率偏师作为奇兵，直接向关中进发，攻其所必救，以减轻其他方面义军的压力。楚怀王与诸将约定：“先入关者王之。”

不想宋义是赵括、马谡一类人物，所擅长的只是纸上谈兵，坐议立谈，无人能及，临机应变，百无一能。更要命的是，他其实是个孬种，内心畏惧秦军，一意避战；而且他有自己的小算盘，私心很重。秦二世三年（前207）冬十月，楚军行至安阳，居然停留四十六天按兵不动，宋义自己则跑到无盐大摆宴席，送他的儿子到齐国做国相，趁机扩充私人势力。

救兵如救火。宋义无视项羽、范增等人从速进军急解赵围的意见，还对他们表现得非常轻慢。力能扛鼎、血气方刚的项羽忍无可忍，在义军将领们的支持下，趁着朝会捕杀了宋义。楚怀王于十一月任命项羽继任上将军，统军救赵。

少年英雄项羽以有我无敌的大无畏气概，率主力火速北上渡过漳河后，下令破釜沉舟，每人只带三天口粮，“以示士卒必死，无一还心”。楚军的每名将士都像小老虎一样，猛扑秦军。秦军从没见过这种不怕死不要命的打法，心理准备不足，结果溃不成军。当时，巨鹿周边援赵的各支诸侯军队扎有十余座营垒，“及楚击秦，诸将皆从壁上观。楚战士无不以一当十，楚兵呼声动天，诸侯军无不人人惴恐”。项羽九战九捷，大破秦军，解了巨鹿之围。秦将王离被俘，苏角战死，涉间自杀，章邯军被彻底孤立。各路诸侯极为佩服项羽的勇武豪迈，一致拥戴他为诸侯上将军，统一指挥全部义军。

接着，项羽又战和并用，软硬兼施，花费约半年时间，迫降了内外交困、走投无路的秦军主将章邯。秦二世三年（前 207）七月，章邯率兵二十余万在洹水南岸的殷墟投降，获封为雍王。项羽率领义军取得了全歼秦军主力的伟大胜利，他的个人威望也达到峰值。章邯投降后，秦朝的军事力量基本被摧毁，大秦帝国的统治濒临崩溃。

项羽随即率领诸侯联军，浩浩荡荡，挺进关中。为了防止投降的秦军变乱，项羽在新安（今河南渑池东）城南尽坑降卒，于是大失人心。这充分反映出他性格中暴戾残忍的另一面，以及缺乏政治头脑。

当项羽军前锋进抵函谷关时，意外得知刘邦已率所部捷足先登，占据了关中，并派兵闭关自守。项羽大怒，令猛将英布率军破关而入，攻占函谷关，项羽亲率四十万大军西进，到达戏水，准备对刘邦兴师问罪。

在张良的斡旋下，项羽和刘邦宴于鸿门，暂时达成谅解，避免了即时大动干戈。

秦二世二年（前 208）闰九月，章邯率秦军主力北上击赵后，黄河以南已经没有秦军较大的机动部队，连荥阳、洛阳、南阳、开封、函谷关、武关等军事要地，都缺少重兵把守，防备空虚。因此，刘邦才能因利乘便，以出发时不过万人的偏师，一路凯歌，直取关中，坐得秦都咸阳，摘取了最大的胜利果实，实力也发展到约十万人。

这当然也并不容易。刘邦之所以进展顺利取得成功，是因为他采取了一系列正确得力的政策和策略，并陆续得到了一系列优秀人才的襄助，其中最杰出的，当然得数张良。刘邦的进军路线和政策措施，下文细说。

话题该回到萧何了。

萧何从进军关中后至“还定三秦”前，对刘邦和兴汉集团，主要有三大贡献：

刘邦占据咸阳后，手下诸将都争着去分抢金银财宝豪宅美女，唯独萧何首先收取了秦朝所有重要的文献档案并详加研究，“以此沛

萧何劝刘邦不要轻启兵端（张鹿山　绘）

公得具知天下厄塞、户口多少、强弱之处”，表现出一名优秀政治家的气质与风度。此其一。

项羽入据咸阳，自恃劳苦功高兵强马壮，威福自用，大封诸侯。又改变楚怀王“先入关者王之”的成约，将刘邦由关中改封到偏远的巴、蜀之地。经过张良的运作，才加封汉中，以刘邦为汉中王。刘邦对此极为不满，愤愤不平，打算与项羽动手。他手下的将领周勃、灌婴、樊哙等更是群情激愤，跃跃欲试，战争迫在眉睫。这时，又是萧何展现出过人的眼光和定力，力排众议。

他劝刘邦道：“就算汉中地方不怎么样，总也比死强吧？”

刘邦不解地问：“怎么就扯到死了呢？”

萧何说：“现在我们没有任何一个方面比得过项羽，轻起兵端的话，肯定百战百败，不死还能怎么样？大英雄能上能下能屈能伸，何必过于在意一时的得失呢？不如姑且去汉中就国，厚养民力，招揽贤才，进可以攻退可以守，这岂不比毫无把握地仓皇开战好上百倍？一旦哪方出事有机可乘，我们就集中力量还定三秦，天下还不是你的！”

刘邦经过认真考虑，认为萧何见识高远，人所不及。就听取了他的意见，到汉中就位，并任命萧何为丞相。此其二。

萧何在汉中为刘邦进窥天下夺取江山做了许多重要的工作。尤其紧要的是，他发现并极力向刘邦推荐了当时最出色的军事人才韩信出任汉军统帅，为刘邦最后赢得楚汉战争做出了决定性的贡献。此其三。

那么，韩信究竟是个什么样的人？他是如何领军将兵克敌制胜的？他与萧何之间又有着怎样一言难尽可歌可泣的生死恩怨呢？

成也萧何：关于韩信（上）

淮阴是个小城，却也车水马龙，人烟辐辏。人们常常看到一个身材高大、衣衫寒素、神情落寞的青年，腰佩宝剑，大步流星旁若无人地穿市而过。

一天，淮阴屠户中的一群恶少拦住了他，为首的牛二发话道："早看不惯你小子了！你虽然又高又大，喜欢带个刀挂把剑，人五人六挺牛的样子，其实表壮里不壮，是个胆小鬼！"小混混们争先恐后七嘴八舌跟着老大埋汰起哄。

牛二更来劲了，歪着头挺着胸唾沫横飞点点戳戳："怎么啦，不服气是不是？那好，你果真不怕死，是好样的，就刺你大爷一剑！要是怕死不敢，就乖乖从老子裤裆下钻过去，以后别再装模作样丢人现眼！"说完，他一把掀开油腻腻的上衣，然后貌似胜券在握稳笃笃地张开了两条毛茸茸的粗腿。

青年按住剑柄，一言不发。两道具有穿透力的阴冷目光，在牛二的脸上直勾勾地盯了好半天，牛二心里开始发怵了。正在这时，青年忽然俯下身子，从牛二的胯下爬了过去。牛二洋洋得意，一脸的骄妄和不屑。满街围观的人哄堂大笑，认为那青年没种、胆怯。

胯下之辱（张令涛、胡丁文、张之凡　绘）

这个被淮阴市井欺负讪笑、受了胯下之辱的青年，名叫韩信。上面这个故事，就是李白的名诗“淮阴市井笑韩信，汉朝公卿忌贾生”前半句的由来。

韩信是淮阴本地人。当初还是平头百姓的时候，家里很贫穷，为人又放纵不加检点，结果别说大部小吏了，就连跟刘邦那样被推选做个基层干部的资格，都不可得。这人偏偏又很自负，自命不凡，游手好闲，做不了官不说，他既不事生产，又不愿经商，手头也就不怎么宽裕，甚至不免饱一餐饿一顿。人是铁饭是钢，一顿不吃饿得慌，韩信只得放下身段，经常溜到熟人家中蹭饭，惹得不少人讨厌他，避之唯恐不及。他与本县下乡南昌亭亭长有点儿交情，隔三岔五去亭长家晃悠，有次吃白食一连持续了几个月，让亭长太太忍无可忍，很是厌烦。于是她想出一招：每天大清早就起来烧好饭，在卧室的床上匆匆用餐；等到正常开饭时间韩信去了，就不再给他准备饭食。韩信是何等伶俐的人，当即就明白了亭长太太的把戏。他十分生气，就和他们断绝关系不再往来。

无事可干的时候，韩信就去县城北面的淮河岸边垂钓。赶上手气好，兴许能喝上一大盆鲜鱼汤，沾点腥荤打打牙祭改善改善生活。在河边，他经常碰见一些婆婆妈妈前来漂洗丝绵。有位老大娘看到韩信人高马大却面黄肌瘦，明显营养不良，就带些饭菜给他吃。老人家连续漂洗了几十天，韩信这几十天就没饿过肚子。韩信很高兴，对老大娘说："这真是少有的好意，我将来一定会重重报答您老人家！"老大娘生气地说："男子汉大丈夫，应该做出一番事业才是。你倒好，瞧上去也像个人物，却自己养活不了自己。我只是可怜你才做点善事，哪里敢指望什么回报啊！"

王安石诗云：

愿为五陵轻薄儿，生在贞观开元时。
斗鸡走犬过一生，天地安危两不知。

拗相公当然是别出心裁另有所指，但这半首诗确实也非常生动形象地刻画出了某类人物的真实愿望。拿韩信来说，饶是他如何胸怀大志腹有良谋，如果不是夤缘时会遇合风云，英雄有了用武之地的话，像这般不死不活地混将下去，不为"五陵轻薄儿"的梦想于他都是一种奢望，就是沦为饿殍的可能性，恐怕也相当大。

天下大乱，机会来了。

项梁率军渡淮作战时，韩信仗剑从戎，加入楚军。不过，他并没得到即时崭露头角的机会，一开始默默无闻。项梁兵败身死后，韩信又归属项羽，升任郎中。他多次向项羽献计献策，都得不到重视，没有被采用。贵族出身的项羽有自己的一套用人标准和习惯。别说韩某人那时候仅仅只是他手下一个毫不起眼的侍卫官，就算韩信日后成为汉军统帅时，除了钟离昧、西楚霸王和他手下的几个主要将领，又何曾有谁看得起这个流氓出身的淮阴青年？到项羽真正领教到这个昔日旧部的厉害，不得不对韩信刮目相看并悔恨自己有眼无珠时，却为时已晚，无济于事。

刘邦受封为汉王、率部往汉中开拔前后，韩信在楚营看不到前途，耐心消耗殆尽，就觑了个空子，弃楚投汉，另谋出路。无奈天下乌鸦一般黑，项家不待见，刘家也并不看好他，只派他当了个连敖——这是个管理仓库粮饷的芝麻官，还没有郎中大。本来满心指望跳槽后能时来运转飞黄腾达，这下倒好，分明是每况愈下越混越不如前了。韩信心中的郁闷不平，不问可知。不久，他被牵进一个案子，依法当斩，同案的十三人都已被处决。轮到韩信时，他抬起头来，正好看见高高在上端坐着的负责监斩的滕公夏侯婴。夏侯婴是刘邦的老兄弟和亲信将领，掌管着汉王近卫军。韩信想大不了一死，就大声抗议道：“汉王不是想得到天下吗？为什么要斩杀壮士！”夏侯婴还是头一遭碰到这等事，有些惊奇。他仔细一端详，觉得这个罪犯相貌堂堂，言语不凡，像是有料。于是开脱了韩信的罪名，把他放了。经过一番交谈考察，夏侯婴对韩信很欣赏，认为他是个人才，并对这个意外的收获很是高兴，马上向刘邦做了汇报。朝中有人好做官，夏侯婴的话对汉王还是挺管用的，韩信很快被提拔为治粟都尉，但刘邦并不认为这厮有什么了不得的过人之处。

韩信呢，虽然因祸得福，从一个库头擢升为管理后勤的中级军官，但这跟自己的心理预期依然相差十万八千里。所以在短暂的欣喜之后，仍旧郁郁寡欢，闷闷不乐。唯一与以前不同的是，随着职务的提升和主管业务上的联系，他有了与丞相萧何接触的机会。两人多次长谈，萧何对韩信的才干十分赏识。

汉国的都城在南郑，那是万山丛中的一个边鄙小邑。刘邦从热闹繁华的关中咸阳前往荒僻闭塞的汉中南郑就藩，还在半路上，大小将领不辞而别相继溜号的就达数十人之多。左右感到惊慌，如实报告汉王。刘邦认为革命靠自觉，不必勉强，那些逃跑的家伙缺乏最起码的忠诚和坚定，可有可无，强留无益，就漫不经心地说："天要下雨，娘要嫁人，腿长在各人身上，由他去吧。"

这天又有人进来报告逃亡情况。刘邦有些不耐烦，挥手让他出去。这人坚持报告说："完了，丞相萧何逃跑啦！"

刘邦大吃一惊，双手拽住来人的衣领，厉声喝问："什么？你再说一遍！"

"萧丞相跑啦！"

"萧何跑了？"

刘邦一下子像个泄了气的皮球，跌坐在椅子上，口中喃喃自语："连萧何都跑了，难道老子真的气数已尽？这还怎么玩，如何是好，如何是好？"

他如同失去了左右手，感到前所未有的疲乏、迷茫和慌乱，一下子六神无主。全军上下都交头接耳，惴惴不安。这是一种非常危险的局面。

好在过了一两天，萧何就回来了。他径直去见汉王。刘邦又生气又高兴，他故意铁青着脸，骂道："你不是要逃跑另投主子吗？尽管去嘛，怎么还有脸回来见老子？"

萧何笑嘻嘻地说："我哪里会跑呢？我是去追逃走的人。"

"你追谁？"

“韩信。”

“将官逃走的都有好几十，你追谁不好，偏追那个钻人裤裆的家伙，这不扯淡吗？他算老几，你是不是跟老子寻开心？”

萧何收起笑脸，严肃地说：“千军易得，一将难求。一般的人才，去留无所谓。至于韩信，微臣阅人可谓多矣，无人能出其右，那才算是国士中的翘楚，不世出的英杰！大王如果满足于长期在汉中为王，不用韩信也罢；如果要争夺天下，除了韩信，就没有别人可以计议大事。全看大王怎么想怎么做了。”

刘邦也认真起来，说：“我当然想向东发展，哪能长期待在这个鸟都不生毛的鬼地方呢？那不把老子闷死才怪！”

“大王如果决策东进，能用韩信，他就会留下。不能用，韩信终

萧何追上了渐行渐远差点儿失之交臂的韩信，也追回了几乎擦肩而过的大汉四百年江山（张令涛、胡丁文、张之凡　绘）

归是要走人的，像他这样出色的人才迟早会有脱颖而出的机会。”

“看在你的份上，我任命韩信为将军，够意思了吧？”

“区区一个将军，肯定留不住韩信。”

汉王稍作沉吟后，干脆地说：“你是常有理。好吧，听你的，老子豁出去了，任命韩信为大将军，统率全军！”

“太好了！大王圣明，天下肯定会是你的！”

刘邦当即就要召见韩信予以任命。萧何说：“大王平日待人轻慢无礼，如今要任命大将军，还像吆喝小孩子一样，这就是韩信之所以要离开的原因。如果真有诚心，就得选择一个吉日良辰，郑重其事，礼节齐备，斋戒沐浴，筑坛拜将，这方是正理。”汉王点头应允。君相尽欢而散。

原来韩信私下揣度，以夏侯婴将军和萧何丞相对自己的赏识看重与他们与汉王的亲密关系，想必已经多次举荐过自己，但一直毫无将被重用的消息甚至是迹象，看来难有出头之日，于是就一走了之。

萧何听说韩信逃走的消息，大吃一惊，来不及跟任何人打招呼，跨上一匹骏马就去追赶。他追呀追呀，前方一直没有出现心上人的影子。转眼已是黄昏，苍山如海，残阳如血。萧何心似火燎，快马加鞭，马蹄如飞，终于在月到中天的午夜时分，追上了渐行渐远差点儿失之交臂的韩信，也追回了几乎擦肩而过的大汉四百年江山。

这就是历史上著名的“萧何月下追韩信”。萧何的慧眼、热心和负责精神，是韩信得以崛起的关键。而没有韩信，刘邦根本不可能打败项羽，建立大汉王朝。

萧何苦口婆心好说歹说，甚至拍胸脯担保一定说服汉王任命韩信做统帅，否则自己会跟他同去。这才使得韩信回心转意，抱着姑妄听之半信半疑的态度跟随萧何拨转了马头。两人缓辔徐行，披星戴月絮絮叨叨说了一路。

汉王要拜大将军的消息一传开，麾下主要将领特别是首义英雄樊哙、曹参、奚涓、卢绾、周勃、灌婴等人一个个笑逐颜开，人人都认为舍我其谁。可到了谜底揭开的那天，获任的竟然是谁也没料到的韩信，他们一下子全傻了眼。真所谓韩信拜将，一军皆惊。

任命仪式结束后，汉王与他的新科统帅进行了具有里程碑意义的历史性对谈。

刘邦清了清嗓子，想尽量显得诚恳谦虚一点。他说："丞相多次称道将军，将军当有以教我。"

韩信谦让了一番，然后问汉王道："如今大王准备东进争夺天下，对手不就是项王吗？"

"正是。"

"大王估量，自己在勇敢、强悍、仁爱、刚毅这些方面，跟项王相比如何呢？"

刘邦脸上一刹那有些挂不住，不过马上就若无其事了。他沉默了好一会儿，终于回答说："我不如项王。"

韩信称赞汉王有自知之明，能承认自己不如人家，并认为这是战胜敌人的基础。他胸有成竹，侃侃而谈："所见略同，我也以为大王在这些方面不如项王。我曾经侍奉过项王，比较了解他的为人。项王叱咤风云，万人震恐，但他却不能任贤用能，可见这只不过是匹夫之勇而已。项王待人恭敬慈爱，言语温和，有人生病，他能因同情而流泪，推衣解食，关怀备至。但是等到人家有了功劳应当封爵受赏的时候，他却把刻好了的大印拿在手里玩弄，直到棱角都磨掉了，还舍不得给人家，可见这不过是妇人之仁而已。项王性格上这两大缺点：匹夫之勇和妇人之仁，决定了他注定成就不了大业。"刘邦和周围的文武百官都被吸引住，渐渐听得入迷了。

韩信继续分析项羽犯有四大错误：

其一，放弃关中的有利地形，而回家乡彭城建都；彭城地势一马平川，是四战之地，无险可守。

其二，不遵守约定，决策封王一凭己好，没有一碗水端平，不少诸侯愤愤不平，后遗症很多，随时可能出麻烦。

其三，把义帝驱逐到江南蛮荒之地，自己一味强占上好的地方为王，树立了一个坏榜样；诸侯们上行下效，都争得善地，不听指挥，纷争不断。

其四，行为残暴，天下多怨，百姓不亲附，畏其威而不怀其德。

结论是：项羽名义上是天下的霸主，实际上已经危机四伏，失去人心；只要采取正确的战略战术，因利乘便，是完全可以战而胜之的。

韩信提出的对策是：利用政治、经济、心理等多方面因素，保存、壮大自己，瓦解、消灭敌人。他具体指出："大王一反项王之道而行之，任用天下勇猛善战的人才，有什么不可以诛灭的呢？把天下的城邑分封给有功之臣，谁会不服从呢？利用将士的东归心愿，发动正义之师、威武之师、文明之师，又有什么敌军阻挡得了我堂堂大汉的铁流雄师呢？况且项王分封在关中遏制我们的章邯等三个王，原来都是秦朝的降将，率领秦军与义军征战有年，死伤不计其数，余部又被项羽坑杀，唯独他们三个活了下来，依仗项王的威势独享富贵，关中父老非但不拥护他们，而且恨之入骨。大王率军进入武关，约法三章，秋毫无犯，大得民心，秦地民众都希望大王能依约分王关中，这本来就是应天顺人的事情。大王如果决策东进，三秦可传檄而定！"

韩信对战略形势的评估和构想的准确与精彩程度，也许只有诸葛亮的《隆中对》可以媲美。但是他念念不忘分王裂土，认为"以天下城邑封侯王"是天经地义的事，不仅折射出他政治理念的陈旧落后，也是他后来悲剧结局的肇因。

刘邦完全明白了韩信的分量和对自己的重要性，欣喜若狂，相见恨晚，对他的建议言听计从，照单全收。韩信以自己的出众才能和超人远见，赢得了汉王刘邦的尊重信任和全军上下的敬佩景仰。他开始筹划“还定三秦”。

韩信站在巍峨高耸的拜将坛上，看看对面喜形于色的汉王，看看侧旁恭谨鹄立的文官武将，看看坛下四维罗列的精兵锐卒，长长吁了一口气，不动声色地微微笑了。夙志得偿，即将施展身手，那种痛快而满足的感觉简直难以言喻。

韩信是个念旧的人。他永远不会忘记，登坛拜将的那一天，萧何丞相那副欣慰、亲切而期待的表情。

韩信站在巍峨高耸的拜将坛上（张令涛、胡丁文　绘）

韩信将兵：关于韩信（中）

韩信在中国历史上是公认的“兵仙”“军神”。与他相提并论的，往往是有“武圣”之称的先秦大军事家孙武。北宋神宗年间曾任武学博士的何去非在他的著作《何博士备论》中的名言，“言兵无若孙武，用兵无若韩信”，就是很有代表性的说法。

英雄终于有了用武之地。韩信的军事才能即将得到淋漓尽致的展现。

受封为大将军后，韩信一方面加紧整训督练汉军，一方面密切关注东方的动向，随时准备乘隙而动。短短几个月后，机会就出现了。

为了使楚汉战争的前因后果更加脉络分明，且让我们先回过头去，看看项羽在这段时间的所作所为。

鸿门宴上，项王被张子房算计，一时心软，放了沛公一马。几天后，他率部进据咸阳，杀秦降王子婴，焚烧宫室，“项羽一炬火，骊山三月红”；又纵军大肆掳掠，尽收金银财宝衣帛美女，准备东归。关中民众瞠口结舌，大失所望。

韩生向项羽献策说：“关中阻山带河，四周有险可守，土地肥沃，

韩生说楚人沐猴而冠，看来的确如此。有人向项王举报，项羽就叫人把韩生丢进油锅烹了（张鹿山　绘）

地方富饶，实为建都称霸的上选。”项羽看到秦朝宫室已被烧得残破不堪，又怀念家乡，一意东归，便一口拒绝了。他说：“富贵不归故乡，就好比穿着锦绣的靓衫在黑夜里行走，有谁知道，有什么意思？”韩生退出来后抱怨说：“别人说楚人沐猴而冠，看来的确如此。”有线人向项王举报，项羽就叫人把韩生丢进油锅烹了。

灭秦伟业大功告成。下一步怎么办？项羽派人向楚怀王汇报请示。怀王教导：“按既定方针办。”意思是应该如约将关中之地分封给刘邦。项羽本来就对怀王当初指派刘邦西进关中，让其捷足先登轻轻松松摘桃子到手，而将北上救赵对抗秦军主力的硬活交给他，而且还在他头上压了个夸夸其谈的“卿子冠军”宋义一直感觉愤愤不平，这下就更恼怒了。他气哼哼地说：“怀王是我项家立的，他并无寸箭之功，凭什么高高在上吆五喝六？当初起兵伐秦，拥立六国后裔，不过是作为号召的权宜之计罢了。三年来，风餐露宿，破釜沉舟，披坚执锐，冲锋陷阵，终于攻灭暴秦，平定天下，这是谁的功劳？明明是诸位将相与我项某的嘛！怀王没有功劳有苦劳，当然还是应该尊重善待他，但天下不是他的，不能由他说了算！我们理当根据各人的功绩，裂土为王！”诸侯将相齐声说：“好，听大王的！”

于是项羽表面上尊怀王为义帝，并说：“古代的帝者，地方千里，必居上游。”强行将义帝由彭城迁到江南，以郴（今湖南郴州）为都，好给自己腾出地盘。

凭借实力和威望的压倒性优势，项羽以霸主的姿态颐指气使发号施令，大封诸侯。他自立为西楚霸王，地位凌驾于各诸侯王之上，占有梁、楚九郡之地（大致包括今江苏、安徽两省大部，浙江省北部、山东省南部和河南省东部地区），定都彭城（今江苏徐州）。

项羽在全国范围内分封了十八个诸侯王。他们是：

1. 汉王刘邦，辖巴、蜀、汉中，以南郑（今陕西汉中）为都。

刘邦是项羽唯一有点放心不下的人。项羽威猛彪悍，号称霸王，其实仍然是个腼腆的青年。既然已经在鸿门宴上与刘邦和解，就不想再有人指责他“负约”。他与范增密谋后，含含糊糊地说：“巴、蜀之地险要，也属于关中。”

2. 雍王章邯，辖咸阳以西，以废丘（今陕西兴平）为都。这是个我们已经很熟悉的老同志，前秦军主将。

3. 塞王司马欣，辖咸阳以东至黄河，以栎阳（今陕西临潼）为都。此公是章邯的长史（秘书长），早年当过栎阳的牢头，曾对项梁有恩。

4. 翟王董翳，辖上郡，以高奴（今陕西延安）为都。董翳原是秦军校尉，曾力劝章邯降楚，没想到居然位列王封。

以上章邯、司马欣、董翳三人都是秦朝降将。项羽将关中之地一分为三而王之，除了酬谢他们的功劳外，也是为了便于阻塞刘邦或有异动时的归路。

5. 改封魏王豹为西魏王，辖河东，以平阳（今山西临汾）为都。项羽将魏豹的封地由河南改换到山西，是因为他想自取梁（即魏）地。

6. 韩王成仍为韩王，以阳翟（今河南禹县）为都。

7. 改封赵王歇为代王，以代（今河北蔚县）为都。

8. 改封齐王田市为胶东王，以即墨（今山东平度）为都。

以上四人皆为六国后裔。

9. 张耳为常山王，辖原赵国之地，以襄国（今河北邢台）为都。张耳是赵相，素有贤名，屡建功勋，又跟随项羽进入函谷关。

10. 申阳为河南王，以洛阳（今河南洛阳）为都。申阳是张耳的亲信，率先攻取河南郡，并在黄河上迎接楚军。

11. 司马卬为殷王，以朝歌（今河南淇县）为都。司马卬是赵将，平定河内郡，屡立战功。

12. 英布为九江王，以六（今安徽六安）为都。当阳君英布是楚军悍将，战功卓著，勇冠三军。

13. 吴芮为衡山王，以邾（今湖北黄冈）为都。鄱君吴芮率百越子弟从楚击秦，转战各地，又跟随进关。他的部将梅涓劳苦功高，获封十万户侯。

14. 共敖为临江王，以江陵（今湖北江陵）为都。共敖是义帝的柱国，立有不少功绩，并攻下南郡。

15. 改封燕王韩广为辽东王，以无终（今天津蓟州区）为都。韩广原为陈胜部将武臣的属下，领兵攻夺燕地，自立为燕王。

16. 臧荼为燕王，以蓟（今北京）为都。臧荼原是韩广的部将，曾随项羽救赵，后又跟从入关；所以项羽将燕地一分为二，分别封王韩广、臧荼。

17. 田都为齐王，以临淄（今山东淄博）为都。田都原为齐将，曾从楚救赵，并随项羽入关。

18. 田安为济北王，以博阳（今山东泰安）为都。项羽破釜沉舟渡河救赵时，田安攻下济北数城，并率所部投奔项羽。

此外，田荣（此人曾几次有负于项梁，与项家积不相能）、陈馀、彭越等人都拥有部分实力，但因未跟随项羽击秦、入关，因此都不得封王。这几个人可都不是省油的灯，他们对项羽恨之入骨，唯恐天下不乱，当即开始策划反楚。

清人冯班对项羽的分封行为有一番持平之论：

楚兵初起，忧在亡秦，须立六国以树党。六国立，则秦已失天下，独有关中耳。秦已灭，则患在诸侯。尽徙故王王恶地，羽之谋也。此亦有不得已者，但不知桓、文处此当何如耳！

项羽的割地分封本身就是一种短视的倒退行为，违背了人民渴望统一和平安的愿望。具体分封时则以与自己关系的亲疏作为重要指标，没有充分考量各种复杂利益关系的平衡，旧有的问题未加解决，又制造出不少新的矛盾；驱逐义帝和自择富庶地区，更引发其他割据势力的不满，为以后的纷争埋下了种子。

汉元年（前206）四月，各路诸侯回到自己的封国。刘邦进入汉中，山高路远；项羽东归彭城，衣锦还乡。

然而，天下太平的日子实在过于短促。五月，心怀不满的田荣、陈馀首先起兵，彼此呼应，联合反楚。

六月，田荣发兵攻打齐王田都，田都不支，投奔项羽。田荣又劫持胶东王田市（原齐王），不让他走。田市畏惧项羽，偷偷跑去胶东就国。田荣大怒，认为他不识好歹，追杀田市于即墨，自立为齐王。当时彭越在巨野，手下有一万余人，漫无归属。田荣封彭越为将军，让他攻打济北。七月，彭越击杀济北王田安。田荣兼并三齐。

张耳获封为常山王，志得意满，兴高采烈。几家欢喜几家愁，他从前的忘年交陈馀就不乐意了。陈馀气愤地说："张耳与我，半斤八两。现在他张某人封王裂土光宗耀祖，而我仅得南皮等三县为侯，这实在是一种耻辱！这一切都是项羽的错！我要他知道我的厉害！"他私下派亲信张同、夏说游说齐王田荣说："项羽主宰天下，太不公平！将亲近他的将领们都封在好地方，将六国旧王都转封到蛮荒之地。比如我们赵王就被北迁为代王，这样干，陈某期期以为不可。

欣闻大王起兵，不理会项羽那一套。希望大王能派兵协助我们攻打张耳，恢复赵王的地位，日后便可以赵国作为大王和贵国的屏障！”田荣大喜，当即拨发部分兵力听从陈馀指挥，攻打张耳。

项羽已经发现张良总是暗中帮助刘邦。韩王成又没有多少功劳，就把他带到彭城，不让他就藩，又降封为穰侯。不久，干脆把他杀了。这一下就把张良得罪到家了，是一个不小的失着。

狼烟未息山东乱。项羽认为齐地反叛，既冒犯了自己的尊严和威望，又构成了一种现实威胁，绝对不能容忍。霸王认定罪魁祸首是田荣，决定亲自带兵躬行天讨，于是他就无暇西顾了。

韩信耐心等待的，正是这样一个天赐良机。

这年八月，韩信“明修栈道，暗度陈仓”，指挥训练有素士气高昂的汉军大举东征。

刘邦就国时，接受张良的建议，放火烧毁了从关中越过秦岭进入汉中的栈道，以示安分守己，无意东归，好让项羽放心。厉兵秣马准备东进期间，韩信故意派出一支小部队，大张旗鼓热火朝天地修复栈道，唯恐敌人不知。意图是进行战略欺骗，以达成攻击时间和方向上的突然性。因为要修复被焚毁的栈道，工程巨大，旷日持久，不至即时引发对手的高度警觉。汉军主力则采用迂回路线，由南郑往西，到白水再折向东北，出大散关，在陈仓附近渡过渭水，犹如神兵天降。第一个攻击目标，乃是东归的拦路虎——被项羽寄予厚望的雍王章邯。

作为“此身虽在堪惊”的败军之将，章邯早已暮气难鼓今非昔比，智谋和勇气都濒于衰竭。何况他既然不是项羽的对手，又怎么抗拒得了韩信的兵锋呢？故此，他只有招架之功，并无还手之力。章邯仓皇迎敌，连战失利，于是退守废丘，负隅顽抗，做困兽之斗。

汉军久攻不下，留下部分兵力围城，主力绕道前进，直指咸阳。章邯坐困愁城，内乏粮草，外无救兵，还是咬紧牙关，坚持了约十个月之久。韩信根据萧何提供的地图，详细考察地形后，认为废丘面临渭水，地势险要，防守也相当严密，不宜强攻。于是他以水为兵，引水灌城。城破，章邯自刎，一代名将黯淡收场。这已经是彭城战役以后的事情了。

汉军浩浩荡荡绕过废丘，进据咸阳。韩信又分兵攻掠陇西、北地、上郡等地，塞王司马欣、翟王董翳先后投降。韩信指挥若定，汉军所向披靡，“还定三秦”的战略计划顺利实现。

刘邦另派将军薛欧、王吸率兵出武关，与驻扎在南阳的王陵部会合，到沛县接回家小，然后迅速向楚军大本营彭城进发。王陵是刘邦的小老乡，聚众数千割据南阳独霸一方，这时才纳入汉军序列。但这支机动部队在阳夏被楚军阻遏，不得前进。

项羽亲征齐国，使刘邦得以乘机大举东扩，重新占据了关中。在继续攻齐还是回师击汉的战略选择上，项羽再次被张良欺骗，做出了错误决定。张良写信给项羽说：“汉王失职，欲得关中，如约即止，不敢东。”这等于是说刘邦胃口奇小，本分守信，仅仅只是想拿回本来应该属于自己的那一份就会作罢，绝不敢打其他算盘。张良又特意将田荣、彭越“欲与赵并灭楚”的书信送给项王看，诱导项羽专注于北方的对手而漠视来自西方的威胁。奇怪的是项羽直到这时还听张良的，也不知亚父范增干什么去了。项羽决定以主力继续攻齐，只是加封当过吴县县令的郑昌为韩王，命令他率少量兵力作为楚地屏障，抵抗汉军可能发动的进攻。刘邦则任命韩襄王的孙子韩信（此公子王孙韩信与彼流浪汉韩信同名）为韩国太尉，领兵与郑昌争夺韩地。此人也有两下子，不负使命，急攻阳城得手，迫降郑昌。根据胜者为王的法则，刘邦便立此韩信为韩王，一般习惯称之为“韩王信”，以兹区别。韩王信对汉王自然感恩戴德唯马首是瞻，服从命令听从指挥。

再说陈馀。他集结自己的亲信部队，又得到齐军帮助，当即就向常山进攻，大败张耳。常山王抛军弃国，落荒而逃。日暮途穷，行将焉往？丧家犬一般狼狈的张耳有些犯难。他对身边仅存的几个亲信说：“陈馀这厮有田荣帮手，现在是搞不过他了，这口气只得先咽下去。我们也得借兵。去哪呢？汉王跟我倒是有点儿交情。但项王势力强盛，我又是他封立的，还是去楚国投项王吧！”部下甘公不以为然：“汉王当初入关时，五星聚集东井。东井分野属于秦地，先到的必成霸业。楚国现在确实很强大，但最后赢的恐怕还是汉王。”当时的人很信这个。张耳认为有理，就一口气跑到关中，投奔了正与韩信率军将章邯包围在废丘的汉王刘邦。汉王对失国的常山王待遇非常优厚。他们本来就是老朋友，要说起来，刘邦当初可真没少蹭张耳的酒饭。后来，两人结成儿女亲家，刘邦和吕后所生的独女鲁元公主就嫁给了张耳的儿子张敖，关系更近了一层。跟陈胜不同，刘邦这个人挺念旧。

旗开得胜的陈馀将赵歇从代国接回，重新立为赵王。赵王歇感念陈馀的功德，就封他为代王。陈馀辛苦一番为的什么？他也就半推半就高高兴兴地接受了。赵地初定，赵王歇的力量还比较微弱，代王陈馀暂不就国，留在赵国辅佐赵王，另以部将夏说为代相国，镇守代国。陈馀的势力范围一下子从三个小县发展到两个大国，他梦想成真，踌躇满志。他唯一感到遗憾的，就是没能生擒曾经亲如父兄的老朋友张耳，割下他的脑袋当球踢。

张耳和陈馀都是魏国大梁人，他们行侠仗义，气味相投，胸怀大志，交游广泛，又都娶了富家女做太太，陈馀还颇好儒术。张耳年轻的时候见过信陵君无忌，在魏公子门下做过宾客。后来，他曾当过一任外黄县县令，刘邦在他家一住就是几个月。秦灭魏后，认为张耳、陈馀是恐怖分子，悬赏通缉。两人逃亡到陈县，隐姓埋名，找了份看门的差事，聊以度日。就年龄而论，张耳是陈馀的父辈，但两人是莫逆于心的忘年之交，他们曾同甘苦，共患难，有着过命的交情。

陈胜起义，攻克陈县。张耳、陈馀投奔了陈胜，并奉命担任左、右校尉，率领三千人马，辅佐将军武臣北定赵地。后来武臣败死，张耳、陈馀共立赵歇为赵王，张耳为丞相，陈馀任大将军，一起掌握赵国的军政大权。秦军主将章邯猛攻赵国，打下邯郸，又将赵王歇和张耳包围在巨鹿，日夜攻打。陈馀率兵在外，畏惧章邯的兵锋，不敢主动出击解围。张耳派张黡、陈泽出城敦促陈馀击秦，陈馀不得已，分了五千人马给张黡、陈泽，让他们尝试出战，结果全军覆没。项羽破釜沉舟解巨鹿之围后，张耳指责陈馀畏敌如虎见死不救，并怀疑张黡、陈泽是被陈馀暗中杀掉了。陈馀解释无用，解印弃官，大怒而去，两个老朋友就此分道扬镳，成为冤家对头。

三十年河东三十年河西，起先是受封为常山王的张耳神气，现在轮到代王兼赵相陈馀出头了。

燕王臧荼浑水摸鱼，袭杀了赖在燕国不肯走的故君辽东王韩广，兼并了韩广的封地。

城头变幻大王旗，天下乱成一锅粥。田荣的头并不好剃，齐地战事颇有反复，令项羽手忙脚乱心烦意躁。他认为义帝碍手碍脚，留着迟早会有麻烦，就一面催故主上路，一面指使九江王英布、衡山王吴芮、临江王共敖将义帝击杀在江中。这一孟浪举动又为他带来新的一波质疑和非议，使诸侯更加离心离德。

汉二年（前205）十月，刘邦统兵出关，一路凯歌，势如破竹。河南王申阳、西魏王魏豹望风迎降，殷王司马印被俘。汉王在很短时间内平定了中原、河东的广大地区，并把占领区改为郡县，直接加以控制。汉军进据洛阳、荥阳等前线要地，逼近楚国边境，准备攻楚。

刘邦从善如流，接受萧何等人的建议，将秦王朝专供皇帝享用的园林、猎场全部分给老百姓耕种，增加粮食产量；免收蜀汉一带民众两年的赋税，收结人心；免除关中士卒一年的兵役，养精蓄锐；废秦社稷，建汉社稷，树立正统形象；将都城东迁栎阳，以便指挥调度。又采纳董公“顺德者昌，逆德者亡”“兵出无名，事故不成”“明其为贼，敌乃可服”等意见，郑重其事地为义帝发丧，三军缟素，遍告诸侯，号召共讨项羽，替义帝复仇。刘邦本来就是逢场作戏的高手，“袒而大哭，哀临三日”，一把鼻涕一把眼泪，歌颂义帝的恩德，诉说自己的冤屈，控诉项羽的恣肆残暴，倒也感染了不少人，起到一定的宣传作用。陈馀首先答应汉使愿意发兵协攻项羽，不过他提出了一个先决条件：要先得到张耳的人头。这个可难不住汉王。他派人找了个长得很像张耳的人来杀掉，拿着人头送给陈馀。刘邦依旧善待张耳，张耳感激涕零。而陈馀夙愿得以偿还，也觉得刘邦很给自己面子，十分开心，大笑几声对那个不知到底是谁的人头扇了一掌唾了两口又抛到地上踢了三脚，当即发兵助汉。

刘邦抓住时机，采取一系列正确得力的政策措施，建立了巩固的后方根据地，尽可能扩充地盘发展实力，同时争得了宣传舆论上的主动，并建立起广泛的统一战线。

尤为重要的是，楚汉战争中另两个关键性人物——张良、陈平，也在这个时候先后归属汉营，他们才是大汉开国谋士群的真正主角。张良和陈平的故事，后文都将有专章叙述。

项羽决心先加强攻势，速战速决解决田荣平定齐国，再抽身对付刘邦。他亲提劲旅北攻城阳，大破齐军，齐王田荣逃到平原，被民众杀死。项羽另立田假为齐王，扫荡北海，清除田荣残部。楚军沿途焚烧城郭，抢夺财物，坑杀降卒，掳掠妇女，引发齐国民众纷纷起来反抗。田荣之弟田横乘机收集散兵数万人，拥立田荣之子田广为齐王，重占城阳一带地区，抗拒楚军，攻打田假。田假战败奔楚。项王认为他太不中用，将他“咔嚓”了。三齐又成为田横的天下。项羽回过头来攻打田横，战事一时呈胶着状态。

机会主义大师刘邦当然不会错过这一良机。他趁楚军主力被田横牵制于齐地之际，率五大诸侯的联合部队共五十六万人直趋彭城，犁庭扫穴。大军进抵外黄时，彭越率部三万人加入汉军编制。汉王封彭越为魏相国，辅佐魏豹；并令他率部作为偏师，袭据梁地，从侧翼掩护主力部队行动。

联军沿途基本未经大的战斗，顺利占领彭城。战争进展之顺利出乎刘邦的预料，他紧绷的神经彻底放松，觉得该好好享受享受胜利果实了。于是连日美酒娇娃，寻欢作乐，醉生梦死。

项羽得知楚都失守的消息，并不慌乱，他立即做出了应急方案：令麾下诸将若无其事不动声色，督率大军继续攻齐；自领精兵三万，日夜兼程，回救彭城，闪击联军。项羽由鲁城绕道出胡陵，火速进至萧县，乘着刘邦沉湎享乐疏于戒备之际，由西向东突然猛攻联军侧背。激战从早晨直到中午，联军不敌楚军的劲悍攻势，被压缩在谷水、泗水之间的狭窄地带，溃不成军，损失十余万人。余部向南部山区退却，又在灵璧以东的睢水上被楚军追上，再次被歼十余万，睢水为汉军的尸首阻塞断流。

汉王自己也被楚军重重包围，势难幸免，他心里已经做了最坏打算。刘邦可没想过自杀。如果被俘，估计项羽也未必会要他的命；若能逗得项王高兴，说不定会再放他一马；运气更好一点的话，兴许还可以再弄个王侯当当呢。秦始皇够厉害吧？还不是难逃一死？反正老子原本就是一微不足道的亭长，这几年虽然辛苦，可也着实享足了艳福，要够了威风。能有今天，也值啦！……刘邦正胡思乱想百转千回之际，忽然从西北方向刮起一阵狂风，向着楚军迎头扑来，飞沙走石，树倒房塌，天昏地暗，楚军一时间乱了阵脚。

“天助我也！”刘邦回过神来，急忙率领数十精骑趁乱逃走，一路狂奔。经过沛县丰邑老家时，他想顺便接走一家老小。刚好项羽也派人追到沛县，掠取刘邦家属。但家眷事先已闻风而逃，双方都扑了个空。刘邦在路上恰巧遇到自己的一双儿女，就把他们载上车一起逃命。楚国的骑兵在后面紧紧追赶。刘邦惊魂未定，心想：“留得青山在，还怕没柴烧？岂可因小失大！”于是几次将儿女踢下车去，想减轻负担，轻车疾行。滕公夏侯婴当时担任太仆，正在刘邦左右。他觉得于心不忍，又不想愧对吕雉，就几次三番停车将两个孩子收上来。刘邦很着急，破口大骂。滕公不紧不慢地说：“虽然危急，可以将马车赶得更快一些嘛，怎么能抛弃孩子呢！”他们一起脱了险。

当时，刘邦的大舅子周吕侯吕泽率领一支生力军驻扎在下邑，远离主战场，完好无损。汉王走小路抵达那儿，心里的一块石头才算落了地。

刘老爹、吕雉与小孩失散后，在刘邦夫妇的朋友审食其侍从下，抄小路去找汉王。不成想没碰上刘邦，却遇上了楚军。楚军报告项王，项羽就把他们留在军营中，作为人质，款待照顾得相当周到。

后来战事久而不决，楚汉两军在广武对峙。霸王焦躁，就把刘老爹放在一张高案上，对汉王喊话："如果不赶快投降，我就烹了你老子！"

汉王不急不怒，不慌不忙，流里流气地笑着应招："我们都是楚人，都是怀王的臣子，怀王曾要你我二人结为兄弟，因此，我的老子也就是你的老子，你果真要烹你的老子，希望能分一杯羹给我！"

项羽气得说不出话来，要杀刘老爹泄愤。项伯劝道："天下大事还在未定之天。而且像汉王这样勇于争夺天下的人，是不会顾家的，杀刘老爹有害无益！"项王一听，似乎也有道理，就依从了项伯，并像从前一样厚待刘老爹和吕雉。不久，两军议和，项羽更是在和

两军议和（水天宏　绘）

谈气氛下完璧归赵，干脆把他们放归汉营。

彭城之战，刘邦先胜后败，差点全军覆没，不可收拾。当时韩信是否在军中，史无明载。一般认为这次战役是刘邦亲自指挥的，韩信缺席。郭嵩焘说：“‘汉王从临晋渡，劫五诸侯兵入彭城’，而不及韩信。以当时事实求之，拜信为大将部署诸将所击，则高祖之定三秦，皆信所部署，高祖不自行也。既定三秦，而高祖直趋彭城以当项羽，自是相持荥阳京索间，专意与楚争衡；而韩信渡河击魏，因击赵、击齐，始终未与高祖会攻项羽。直至垓下，乃始一当项羽。”也就是说，直到垓下决战，汉军主将韩信与西楚霸王项羽才第一次正面交锋。

纽先钟说得更是干脆：“刘邦……退守荥阳。当情况危急时，萧何立即动员关中老弱及未傅者（二十岁以下），由韩信率领出关救援刘邦。韩信并未随刘邦出关，一直尚在关中围攻废丘（章邯），所以也未参加彭城之战。”

诸侯都是墙头草，风吹两面倒，见势头不对，又纷纷背汉投楚。陈馀向楚；魏豹弃汉；司马欣和董翳一向对项王有好感，更相约逃亡到彭城投靠了项羽。刘邦回到荥阳，各路残兵败将都来会合，所幸重要将领并无损失，萧何也尽力征发新兵补充前线，汉军渐渐恢复了元气。

楚军的骑兵很彪悍，穷追猛打，迅捷自如，汉军经常吃亏。刘邦认为有必要先训练一支精干的骑兵，用来遏制楚军的速度和机动。他选中灌婴做骑将，拜他为中大夫；又令熟悉骑兵事务的前秦骑士李必、骆甲为左右校尉，辅助灌婴。这一招的效果立竿见影。不久，灌婴等指挥新鲜出炉的汉军骑兵在荥阳以东大败楚骑，楚军从此不能越过荥阳西进。当时大概谁也没有想到，仅在短短的两年多后，正是这支新锐的骑兵部队“宜将剩勇追穷寇”，使西楚霸王无从脱身，要了他的命。

楚、汉两军在荥阳、成皋一线形成相持局面。严峻的现实迫使刘邦认识到单凭自己的力量消灭项羽并不容易，更非旦夕之功。他只想独得关中了，自愿“捐（函谷）关以东”与人分享，以之作为吸引号召“可与共功者”的标的。

张良指出：“九江王（英）布，楚枭将，与项王有隙；彭越与齐王田荣反梁地，此两人可急使。而汉王之将，独韩信可属大事，当一面。即欲捐之，则楚可破也。”

刘邦对张良言听计从，一条条照办无误。

汉王命萧何谨守关中，侍候太子刘盈；制定法令；设立宗庙、宫室、社稷、县邑；统计户口，转运粮草，补充兵源。来不及请示的问题，可以便宜行事。萧何干得非常出色。是为后方。

刘邦亲率汉军主力坚守正面的成皋、荥阳一线，阻遏楚军进军关中的企图，等待反守为攻的机会。是为西线。

命彭越在梁地继续进行游击战，牵制楚军，使之疲困，协助配合汉军的正面坚守和从两翼发动的进攻。是为游军。

派得力谋士尽力游说九江王英布弃楚投汉，争取诱导他进攻楚军的侧背，开辟南方战场，扩大攻击的点与面，瓦解、分散楚军力量，减缓汉军正面压力。是为南线。

令汉军主将韩信率一部分兵力，渡河北征，逐次消灭黄河以北的魏、代、赵、燕、齐等诸侯割据势力；向楚军侧背发展，断绝其粮道；并与其他方面汉军共同对楚军形成包围态势。是为北线。

西线、后方、南线和游军，以及英布和彭越的故事，后文均将讲述。下面，集中笔墨介绍具有决定性作用的北方战场，看看军神韩信如何将兵。

韩信渡河北伐，魏王豹首当其冲。

魏豹反汉向楚，刘邦深感不安。魏地雄踞河东，处于汉军侧背，南下可以截断荥阳与关中的联系，并与楚军东西对进，夹击荥阳；西进则可以直薄关中，威胁汉军根本重地，使其首尾不能相顾。卧榻之侧，岂容他人酣睡？必须预先解决。

孙子曰，不战而屈人之兵，善之善者也。刘邦决定先礼后兵，他先派重要谋士郦食其进行游说。但魏豹已烦透了刘邦，软硬不吃，他说："汉王这人，太过简慢无礼，侮辱作弄别人是他的拿手好戏。对诸侯、群臣也是张嘴就来，跟骂奴才没有两样。而且毫无顾忌，花样翻新，无所不用其极。这教人怎么受得了？这样的主，不见也罢！"魏王说的是实情，郦食其自己对此也是感同身受。伶牙俐口舌灿莲花的郦生无言以对，只得无功而返。于是刘邦拜韩信为左丞相，率曹参、灌婴统领汉军步骑大举攻魏。

魏豹将重兵集中于蒲坂，断绝交通，阻遏汉军渡越黄河。韩信采用疑兵之计，声东击西批亢捣虚，集结船只佯渡临晋，迷惑魏军，暗中调动主力用木罂缶（一种两头小中间大的木桶）从夏阳渡河成功，然后出其不意攻其不备，掩袭魏国旧都、河东重镇安邑。魏豹措手不及，仓皇应战，兵败被俘。韩信将他送往荥阳，刘邦龙颜大悦。不过汉王倒也没过分为难这位对他的作风看不过眼的凤子龙孙，还是让魏豹享受贵宾级待遇。当然，奚落嘲弄一番是必不可免的。

韩信以迅雷不及掩耳之势平定了魏国，将魏地析置为河东、上党、太原三郡。灭魏战役几乎是"明修栈道，暗度陈仓"的翻版。接下来棋怎么走？他拟定的步骤是："北举燕、赵，东击齐，南绝楚之粮道，西与大王会于荥阳"，并要求增兵三万。刘邦完全同意，一体照准。赵、代成为下一个攻击目标。汉王又派熟悉北方情形，更对陈馀憋了一肚子气的前常山王张耳前来协助韩信，充当监军的角色。

彭城战役后，代王兼赵相陈馀发现张耳其实还活着，而且活得有滋有味有模有样。知道自己被汉王耍后，陈馀气得要死恨得要命，对刘邦这种流氓行径十分不齿，立马与他断绝了关系。陈馀听说韩信、张耳引兵东进的消息，知道来者不善，赶忙调兵遣将，加紧布防。

但韩信的进军速度实在太快，攻击方向又太过飘忽，让对手防不胜防。陈馀布置未定，韩信就率汉军在阏与大败代军，俘虏代相夏说，攻破代国。破代之战刚一结束，因为西线正面战场受到楚军强大压力，情况吃紧，韩信立刻派一部分精兵火速回援荥阳。

现在轮到赵国了。韩信、张耳率兵数万翻越太行山，准备向东突破太行八隘口之一的井陉口，一鼓作气大举攻赵。赵王歇和陈馀集中主力（号称二十万）防守井陉口，抢占有利地形，构筑工事，以逸待劳，准备与汉军决一死战。

谋士李左车向陈馀献计说："韩信挟连胜之威，孤军深入，来势凶猛，利在速战。如今井陉这条隘道，车辆不能并行，骑兵无法成列，只能鱼贯而行。汉军几万人通过，队列要拉长达数百里，运输粮食的部队肯定会远远落在后面。我请求率兵三万组成突击部队，抄小路绕到汉军背后，夺其辎重，劫其粮草，断其退路；你只需在这里深挖战壕，高筑营垒，固守阵地，不与敌人交锋。这样韩信就会进不得战，退不能还，陷入进退维谷的窘境。要不了十天，我军两面夹攻，必获全胜，韩信和张耳的脑袋，一定可以挂在你军营前的旗杆上！否则，恐怕前景不妙。"这一招击中要害，正是韩信最担心的。

成安君陈馀一向崇拜宋襄公，常常声称"正义之师，不用阴谋诡计"。他对广武君李左车的建议颇不以为然："韩信兵少力疲，有什么了不起？我看战胜他很容易。如果避而不击，诸侯会笑话我胆怯，看轻赵国，以后麻烦事就多了。”当即予以拒绝。陈馀毕竟是儒生出身，修养远非刘邦可比。他心里头没有说出的是：“我过的桥比你走的路还多，你李某居然头头是道教训起我来，真是荒谬？！你知道什么？韩信跟我比，又能算老几？！”李左车忧心忡忡、闷闷不乐地退出帐外。

韩信侦察得知陈馀不用李左车之计，非常高兴，心里的一块石头才算是落了地。他放心大胆地率军进入井陉口以西三十里的狭道，夜半派出两千轻骑，各执红旗一面，从偏僻山道进发，悄无声息地隐藏到赵军大营附近的山坳中，作为奇兵。正面则以万人为先头部队，大摇大摆出井陉口，进至绵蔓水东岸，背水为阵。赵军看到后大笑，以为韩信徒有虚名，不懂兵法。天亮以后，韩信摆开主将的旗帜和仪仗，率领主力大张旗鼓威风八面地开进井陉口，诱导赵军出击，两军发生激战。打了一会儿，汉军根据既定部署，假装战败，抛旗弃鼓丢盔卸甲退入河边既设阵地。赵军中计，以为汉军全线动摇，便倾巢出动，乘胜追击，意欲一举击败汉军，活捉韩信。背水作战的汉军退无可退，反而激发起全军上下殊死奋战的决心和勇气，回身顽强抵抗，双方陷入苦战。这时，韩信派出埋伏的两千轻骑乘虚而入，风驰电掣般地攻占赵军大营，拔掉赵军旗帜，插上两千面汉军红旗。赵军主力久战不克，打算退回大营。正撤退中，忽然发现汉军鲜艳夺目的红旗在自己的营垒中四处猎猎飘扬，那一惊真是非同小可。赵军误以为将帅被俘，大势已去，于是大为慌乱，溃不成军。汉军士气大振，前后夹击，全歼赵军，斩杀陈馀，生擒赵歇，取得决定性胜利。

当晚，汉军举行盛大的庆功酒宴。诸将呈献敌人的首级和俘虏，记录下各自功劳，并向韩信祝贺。有人请教主将：“兵法上说，布阵要右后靠山、左前临水。这次将军反而令我们背水列阵，还说打垮了赵军再行会餐。当时我们心存疑虑，并不信服。结果却一如将军所料，大获全胜。这是什么战术呢？”韩信说：“这也出自兵法，只是你们没有留心而已。孙子不是说‘置之亡地而后存，陷之死地而后生’吗？我们汉军新兵居多，来不及安抚训练就投入战斗，这跟驱赶着街市上的老百姓上阵打仗并没什么两样。在这种情况下，只有置之死地，激发本能，让他们为了活命人自为战；如果留有生路，一与敌人交锋，他们就会一哄而散脚底抹油溜之乎也，还怎么可能用来克敌制胜呢？！”将领们都佩服得五体投地，说：“很对！将军的谋略不是我们这些人比得上的。”灭赵一役后，韩信在汉军上下全面树立起崇高威望，自曹参以下的将士们无不对他心悦诚服。刘邦、项羽也都对韩信有了全新认识，刮目相看，他们感受复杂而各怀心事。

韩信认为李左车有料，很不简单，下令不许伤害他，务必生擒，并许以重赏。果然就有勇夫将广武君捆送到帅营。韩信亲自给他解开绳索赔礼道歉，对他毕恭毕敬，请他东向上坐，自己西向坐着，以师礼待之。李左车受宠若惊。韩信问道：“接下去，我准备北伐幽燕，东讨田齐。想向您请教怎样才能事半功倍获致成功呢。”

李左车推辞说：“败军之将不可以言勇，亡国之大夫不可以图存。像我这样兵败国亡的俘虏，实在不敢再对军国大事说三道四。”

韩信诚恳地说：“百里奚在虞国而虞国灭亡，在秦国而秦国称霸，这并非他在虞国愚蠢而到秦国变得聪明了，而在于国君听不听他的，用不用他的。假如成安君采用了阁下的计策，做俘虏的恐怕就是我韩信啦。正因为他不听您的，我今天才有在这里侍奉您的机会。请不吝赐教，万勿推辞！”

人非草木，孰能无情。李左车终于被韩信的礼贤下士的真诚和虚心所感动。他说：“智者千虑，必有一失；愚者千虑，必有一得。承蒙抬举，不胜感激！我就胡乱说几句，未必有什么价值，姑且提供给您做参考吧。成安君百战百胜，然而一着不慎，满盘皆输，前功尽弃，身死国灭。如今将军俘虏魏豹，生擒夏说，不到一个上午就打垮二十万赵军，一举攻克井陉，杀死成安君，名闻海内，威震天下。连农夫们都担心兵连祸结，胆战心惊，停止耕种，只图眼下穿好些吃好些，等待早日尘埃落定。这些都是您的长处。现在将军打算攻打燕国，而燕国的防守很是坚固，且汉军已经相当疲乏，以疲兵攻坚城，恐怕难以稳操胜券。如果旷日持久形成僵持局面，兵锋顿挫，粮草匮乏，就会很被动。相对较弱的燕国如果都不能顺利征服，强齐获得足够的时间加强军备，就更不好办了。齐王一定会坚壁清野，打持久战。燕、齐的问题无法解决，汉、楚之间的成败胜负，就还在未定之天。像这些却是您的短处。善于用兵的人，应该扬长避短。”

“对！那么我应该怎么做呢？”

“依我的愚见，不如休整兵马，安抚赵国民众，收结人心。再移师向北，摆出进攻燕国的态势。只需派个辩士送一封书信过去，充分展示汉军的声威，估计燕国就会归顺了。然后再派一个得力谋士到齐国，晓以利害。再聪明的人，到那时候恐怕也不知道如何替齐国出什么高招了，齐国当会望风降服。那么，天下大局可以底定。用兵之道最好是虚张声势，先声夺人，兵不血刃；实在必要时，再动刀兵。”

“说得太好了！”

韩信采纳了李左车的建议，派人出使燕国。燕王臧荼果然立即降服。他又派使者向汉王报捷，并请求立张耳为赵王，镇抚赵国。刘邦照准。因人成事的张耳不仅报仇雪恨干掉了老朋友兼新冤家陈馀，而且白捡了一个赵王称号。

北线连战皆捷，所向披靡，并陆续抽调精兵增援西线。但刘邦依然顶不住项羽的强大攻势，荥阳失守，汉军溃散，余部死守成皋。刘邦落荒而逃，身边跟随的仅有滕公夏侯婴。怎么办呢？君臣两人打起了韩信的主意。于是东渡黄河，在一个月光清冷风色萧索的黄昏，悄悄溜到了修武，胡乱找了家客栈对付着住下。韩信、张耳的大营就在附近。

第二天清晨，刘邦、夏侯婴冒充汉使驰入军营。这时，韩信、张耳都还高卧未起，汉王就从他们的卧室内夺取了印信和兵符，立即召集将领们开会，调整更换了他们的职务。韩信和张耳起床之后，

刘邦、夏侯婴冒充汉使驰入军营，韩信还在熟睡（李铁生　绘）

才知道是汉王来了，大吃一惊。汉王宣布：自己率领主力回救成皋，令张耳守备赵地，拜韩信为赵相国，留下少量部队让他带领去攻打齐国。

这次事件的性质是相当严重的。虽然当时并没有发生争执和冲突，一切顺顺当当，但刘邦采取这种非常手段，本身就足以说明他对功高震主的韩信已经深怀疑忌。韩信浑然不觉无动于衷，一方面说明他心地坦然，毫无二心；另一方面也体现出这个军事上的天才非常缺乏政治上的敏感性，对刘邦的心理和为人之认识甚为皮相。刘邦解释一下，吹捧一番，再打几个“哈哈”，并特意转达了萧何丞相对韩信大将军的亲切问候和良好祝愿，就轻松将他搞定了。整个事件的过程比刘邦预想的要顺利得多，他似乎发现了韩信的软肋，对自己也重新充满了信心。

刘邦带领大队人马增援成皋，并乘楚军分兵袭扰彭越、张耳的机会，重新夺回了荥阳，重整旗鼓。韩信领兵东进，尚未从平原津渡过黄河，就听说汉王另派广野君郦食其游说齐国成功，齐王答应归顺，就想按兵不动。可偏生有那么一班唯恐天下不乱的好事之徒，范阳辩士蒯彻即是其中突出的一个。他劝韩信道：“将军受命攻齐，而汉王只不过又暗中派遣了一个使臣游说齐国投降，又没跟你打招呼，更无诏令让你中止进军，为什么要停止前进呢！再说，郦生只不过是一介书生，坐着车子优哉悠哉来卖弄一下嘴皮子，就轻而易举地收服了齐国七十多座城邑；将军统率数万人马，浴血苦战，费时多日才攻下五十多座城池。当了几年大将军，功勋反倒不如一个臭书生，这面子往哪儿搁？！”韩信听进去了，就按原计划渡河攻齐。

齐王田广和齐相田横听从了郦食其的劝说，同意归服汉王后，就撤除了对汉军的防务和守备，挽留郦生置酒高会开怀畅饮高谈阔论不亦乐乎。韩信趁其不备，率军袭破历下，进占临淄。齐王以为是被郦食其欺骗出卖，就把他活生生扔进油锅烹了。冤哉郦生！高阳酒徒郦食其的故事，将集中在本书第四章讲述。

田广收拾残部败退高密，紧急向楚国求救。项羽向来对刘邦不以为意，但这时业已深切感受到来自韩信的威胁，于是马上派大司马龙且率兵（号称二十万）北上援齐，与齐军在高密会师。龙且是楚军名将，屡立战功，几个月前还打败过背楚投汉的九江王英布，深得项羽信任。大战在即，阴云密布。

有谋士向龙且献计说："汉军远离本土，无所凭依，只得拼死作战，锋芒难以阻挡。而齐、楚两军是在家乡作战，因为眷念家室，容易溃散。不如一方面深沟高垒，坚守阵地；一方面让齐王派他的亲信大臣，去招抚丢失的城邑，士绅父老知道了齐王还在，又有楚国大军来救援，一定会反叛韩信。汉军远离后方，人生地不熟，齐国的城邑都纷纷反正，它肯定无法得到足够的粮食，这样便可以迫使汉军不战而降。"

龙且脸蛋通红梗着脖子粗声粗气地说："我对韩信的情况很熟悉，他在项王手下毫无名气，以前还钻过人家的裤裆。什么东西嘛！量此鼠辈，收拾起来费不了多少力气！而且我奉命救齐，不打汉军就降了，太没有意思，那我还有什么功劳？打赢了，没准会赏我一半齐地，为什么不打！"

齐楚联军与汉军夹潍水摆开阵势。韩信秘密派人用一万多个装满沙土的袋子，乘着夜色堵塞了潍水上游。天亮后，汉军发动攻势，半渡时就佯败后撤，引诱龙且追击。龙且果然中计，高兴地说："我说嘛，韩信本来就是个不中用的胆小鬼！"随即挥兵渡潍，追击韩信。汉军撤除上游挡水的沙袋，河水奔涌而下，洪流滚滚，将追兵冲隔成互不相顾的两股。韩信立即回军反击，全歼已经渡河的联军，阵斩龙且。潍水东岸尚未渡河的部队一见主帅阵亡，都四散逃命，不战而溃。韩信率曹参、灌婴等乘胜追歼残敌，俘虏了全部楚军士卒，活捉齐王田广，占领三齐全境。灌婴的骑兵部队再次发挥了突出作用，灌婴还亲自生俘了楚军副帅周兰。这是汉四年（前 203）十一月的事情。

至此，韩信率领汉军在北线战场取得全面胜利。韩信军东进两千余里，在各种复杂条件下先后攻灭魏、代、赵、燕、齐等地方割据势力，消灭了部分楚军主力，迅速扩充了实力，极大减缓了其他战线汉军的压力，从东、北两个方向形成围击楚军的有利态势。他从来没有打过败仗，这在楚汉战争中是绝无仅有的奇迹。韩信将兵，百战百胜。

齐国平定后，韩信派人给汉王上书请示说："齐人狡诈多变，反复无常。齐地情况复杂，南边又邻近楚国。如果不暂设一个代理王位以资震慑，势必不能安定。为了便于安抚，请允许我暂时代理齐王。"

"此亦各欲南面而王，岂欲为将相终已邪？"这个道理连赵国的一个伙夫都一清二楚，可见在当时是人同此心，心同此理。裂土为王向来是韩信追求的人生最高目标，他对此一直很热衷。推荐张耳当赵王，固然是因利乘便做个顺水人情，更深层的考虑则是欲为今日之事张本。只是韩信既然伸出了手，却依然有几分羞人答答犹抱琵琶的模样，缺少一种志在必得舍我其谁的霸悍之气，这充分展现了他的性格特征。

当时刘邦正被楚军包围在荥阳，情况吃紧，极为狼狈。韩信的使者来到，汉王打开书信一看，勃然大怒，破口大骂："老子被困在这里度日如年，日夜盼望你早来援救，满以为盼星星盼月亮总算盼来了救兵，原来你龟儿子只想自立为王，根本不顾老子的死活！"

首席谋士张良、次席谋士陈平刚好都在旁边。他们不约而同地互相递了一个眼神，暗中踩了踩汉王的脚，然后附在刘邦耳边低声提醒说："目前汉军处境不利，自顾不暇，哪里禁止得了韩信称王呢?不如干脆做个人情，正式立他为齐王，好好待他，让他自己镇守齐国，其他事情以后再说。不然如果发生变乱，那麻烦就大了！"

响鼓不用重锤。刘邦是何等伶俐之人，他马上明白过来，回嗔作喜，改口说道："男子汉大丈夫，建功立业平定诸侯，做王就要做正式的，代理个什么！"随即请张良亲自跑一趟，去齐地主持仪式，立韩信为齐王，顺便征调他的军队来攻打楚军。韩信当了齐王，自己留在齐国镇抚治理，派灌婴率领骑兵配合彭越袭扰楚地，几度截断楚军粮道。

英布叛变，龙且阵亡，战事纠缠，形势逆转，项羽第一次感到有点儿恐惧。谋士武涉自告奋勇去游说韩信，项王欣然同意。他认为，只要此事能成功，就没有什么好担心的了。

武涉对韩信说："天下人被秦朝苦害已久，所以群雄并起合力攻灭了它。亡秦以后，根据功劳割地分封，各自为王，以便休兵免战，与民休息。如今汉王又兴兵东征，侵犯人家的疆界，夺占人家的地盘，攻破三秦，还引兵出关，纠集各路诸侯的军队，向东攻打楚国。看他的意思，是非要吞并整个天下才肯罢休。贪心不足到这步田地，也实在太过分了！况且汉王这个人从来不把信用当回事，是不可信任的，他多次落在项王手里，项王心存怜悯不肯加害，可他只要一脱险，总是立即背弃盟约，重新攻打项王。此公之出尔反尔背信弃义，一至于斯！现在大王你虽然自以为与汉王交情深厚，替他尽心尽力，可是终究还是要被他干掉的，不信你等着瞧好了！你之所以能够苟延到今天，就是因为项王还存在。当今楚汉两雄相争，你在其间举足轻重，西靠汉王，汉王就会胜；东投项王，项王就会赢。倘若项王今天败亡，下一个倒霉的就会轮到你。你与项王是旧交，为大王计，何不反汉，与楚连和，三分天下，独霸一方？那样便可以安枕无忧了。如果错过这个机会，死心塌地助汉击楚，就大大失策，这不是一个有智谋和远见的人应有的选择！”

韩信辞谢道：“我过去侍奉项王，官位不过郎中，职务不过是个执戟的卫士，言不听计不从，因此才背楚归汉。汉王任命我为大将军，让我统率数万人马，解衣推食，言听计从，所以我才有了今天，算是混出了个人样。人家对我这样亲近信赖，我背叛他实在没有什么理由，也不会有好结果，我就是死，也不会变心。请代我向项王致意！”武涉怏怏而返。

蒯彻听说了这事，又动了心思。他认为武涉不行，自己肯定行。于是精心准备了一大套说辞，层层剖析，反复取譬开导，其煽动性和蛊惑力不在苏秦、张仪之下。但韩信始终不为所动。蒯彻究竟说了些什么？韩信又是如何回答的？本章下节将做详细描述。

天心已厌玄黄血，人事难评黑白棋。楚汉两军在西线正面相持了两年零五个月，反复拉锯筋疲力尽，尚未决出胜负。项羽、刘邦决定再次讲和，订立和约，以鸿沟为界，“中分天下”。汉四年（前 203）底，项羽送还刘邦父母妻子，引兵东归。刘邦也打算西撤关中。但张良、陈平一致认为楚军面临多重压力，“兵少食尽”，是一举灭楚的大好时机，不能“养虎自遗患”，主张趁其不备，乘胜追击。刘邦认为有理，就撕毁盟约，发动突然袭击。并约韩信、彭越南下会师，合力歼灭项羽。追至固陵，韩信军和彭越军都失期未到，项羽发起反击，大败汉军，刘邦被迫“坚壁自守”。这下刘邦心里没底了，甚至有些后悔。他只得又向张良求教。张良点拨了他一招，效果立竿见影。

韩信令曹参留守齐国，亲自率领大军出征。他命将军孔熙、陈贺分领左、右翼，灌婴率骑兵作为先锋，首先攻占楚都彭城，然后出苏北趋豫东，出现在楚军背后。彭越也率部前来会师。汉将刘贾率部围占寿春，诱降了镇守九江的楚国大司马周殷，并迎回英布，合军北上进攻下城父。形势对楚军越发不利了。

在汉军重重压力下，项羽被迫改变行军方向，率军退至垓下（今安徽灵璧南沱河北岸）。韩信、彭越、英布、刘贾诸军合围楚军。这时汉军共有三十万，楚军仅余十万，项羽首次在战场上直接面对韩信。楚汉战争最后的一幕开演了。

> 汉五年（前 202），高祖与诸侯兵共击楚军，与项羽决战垓下。韩信将三十万自当之，孔将军居左，费将军居右，皇帝在后，绛侯、柴将军在皇帝后。项羽之卒可十万。淮阴先合，不利，却。孔将军、费将军纵，楚兵不利，淮阴复乘之，大败垓下。

郭嵩焘评论说：

> 韩信与项羽始终未交战，独垓下一战，收楚汉兴旺之全局。云淮阴将三十万自当之，以项羽劲敌，韩信自操全算以临之。先为小却，以待左右两翼之夹击，而后回军三面蹙之，是以项羽十万之众一败无余。

接着，便是十面埋伏，四面楚歌，霸王别姬，自刎乌江。感谢太史公“笔补造化，代为传神”，为我们留下这么精彩的文字：

项王军壁垓下，兵少食尽，汉军及诸侯兵围之数重。夜闻汉军四面皆楚歌，项王乃大惊曰：“汉皆已得楚乎？是何楚人之多也！”项王则夜起，饮帐中。有美人名虞，常幸从；骏马名骓，常骑之。于是项王乃悲歌慷慨，自为诗曰：“力拔山兮气盖世，时不利兮骓不逝。骓不逝兮可奈何，虞兮虞兮奈若何！”歌数阕，美人和之。项王泣数行下，左右皆泣，莫能仰视。

谚云，七十二战，战无不利。忽闻楚歌，一败涂地。英雄末路，慷慨悲歌，风云气壮而兼儿女情深，姿态横生，韵味悠长。

项王趁夜率精骑八百溃围而出。天亮后，汉军才觉察，韩信令灌婴带五千骑兵穷追不舍。项羽渡过淮河到达阴陵时，身边仅剩百余人，又因迷路，被追兵赶上。

于是项王乃欲东渡乌江。乌江亭长檥船待，谓项王曰：“江东虽小，地方千里，众数十万人，亦足王也。愿大王急渡！今独臣有船，汉军至，无以渡。”项王笑曰：“天之亡我，我何渡为！且籍与江东子弟八千人渡江而西，今无一人还，纵江东父兄怜而王我，我何面目见之？纵彼不言，籍独不愧于心乎？”乃谓亭长曰：“吾知公长者。吾骑此马五岁，所当无敌，尝一日行千里，不忍杀之，以赐公。”乃令骑皆下马步行，持短兵接战。独籍所杀汉军数百人。项王身亦被十余创。顾见汉骑司马吕马童，曰：“若非吾故人乎？”马童面之，指王翳曰：“此项王也。”项王乃曰：“吾闻汉购我头千金，邑万户，吾为若德。”乃自刎而死。

乌江自刎（李成勋、戴仁　绘）

三十一岁的项羽“心已死而意犹未平，认输而不服气”，他雄壮伟岸的身躯倒下了。汉军吕马童等五个骑兵军官争抢他的尸首，各得一段，后来都被刘邦封为列侯。

项羽的悲壮谢幕总让梁某想起诗仙李白别具一格的杰作《从军行》：

百战沙场碎铁衣，城南已合数重围。
突营射杀呼延将，独领残兵千骑归。

只是项羽“兵残楚帐夜闻歌”，心丧欲死，无意再战。他消灭的最后一个敌人是他自己。

描写穷途末路的血腥残酷却毫无衰飒之感，而是苍凉豪壮，沉郁雄奇，这是汉唐盛世独有的气象，也只有太史公、李太白这等顶级天才的如椽大笔才能写就。

约两千两百年后，作家潘军以第一人称为项羽作了一篇出色的别传。结尾，他用诗一般的语言写道：

> 第二年春天，这块地方开出了一片不知名的红花。有一天，一个老人领着他的小孙女到这儿散步。那孩子就问："爷爷，这些漂亮的花儿有名字吗？"
>
> 老人思忖了片刻说："有。它叫虞美人。"

败也萧何：关于韩信（下）

霸王别姬，自刎乌江，刘邦心中一块压了五年的大石头终于落地，他长长吁了一口气。但又“别有感焉”，并不觉得轻松。现在，让他担心的是韩信。韩信坐拥强齐之地，身负不世之才，倘有异动，沛莫能御。

一从垓下回到定陶，汉王没跟任何人商量，立即轻车熟路故伎重演，以迅雷不及掩耳之势驰入齐王韩信的军营，再次夺取了他的兵符。上回危机四伏中这样干，多少有点儿冒险，心里头难免七上八下。这番刘邦则胸有成竹，很有把握：他吃定了韩信。事情的进展果然一如预期那样顺利，韩信目瞪口呆却全无反抗，乖乖交出了兵权。

稍后，汉王又以义帝无后，楚人韩信熟悉楚地风俗为理由，改封韩信为楚王，辖淮北之地，以下邳（今江苏邳州市西南）为都。封王裂土，衣锦还乡，本来就是韩信的夙愿，他认为这是平生至乐。人生得此，夫复何求！虽然有点儿舍不得自己一手打下的富庶强大的齐国，他还是欣然从命，从齐地回到楚国，做了楚王。真是威风八面，一时风光无限。

韩信是个感恩念旧的人，却也不乏气度。他一当上楚王，马上召见当年给他饭吃的那位漂洗丝绵的老大娘，千恩万谢感激不尽，赐给她千两黄金。至于那位下乡南昌亭亭长，则只获赐百钱。韩信春风满面地调侃他说："老朋友，你是好人，可也是小人。耳根软没主见听娘们摆布，做好事有头无尾，有始无终，哈哈！"亭长回去后，越想越沮丧，喝点闷酒后鼓足勇气将老婆骂了个狗血喷头。待到火气平息，两口子又絮絮叨叨讨论起假如当初始终善待韩信的话现在又该当如何如何的话题，肠子都悔青了，辗转反侧，一夜都没能合上眼。

曾让韩信蒙受胯下之辱的淮阴青年屠夫群中的头面人物牛二，这些天来心里一直在打鼓，不知道等待自己的将是怎样的命运。是福不是祸，是祸躲不过，终于传来了新科楚王召见他的消息。牛二心一横，做好了最坏准备："砍头不过碗大个疤，过二十年老子又是一条好汉！"

他做梦也没想到，韩信只是客客气气地请他吃了一顿丰厚的免费午餐。不仅不念旧恶，不算老账，而且任命他为中尉，做了一个掌管巡城捕盗的武官，也算是人尽其才了。这一来，不仅牛二狂喜过望，感戴莫名，而且所有知道其间过节的人，也无不赞叹佩服。楚王轻描淡写地对身边的将相们说："牛二是个壮士。他侮辱我的时候，我难道不能一怒拔剑杀了他？那太容易了。但杀他没有任何意义，而且要偿命。我能忍受得了一时的侮辱，以之自励，才成就了今天的功业。"

与此相映成趣的是时间稍后的汉代另一位名将李广的故事。"飞将军"落职闲居，寂寞无聊，经常到长安郊外蓝田的南山打猎解闷。

一次夜归时，遭到霸陵尉轻慢，被奚落了几句，那时人家还喝醉酒了。李广怀恨在心。后来，武帝起用“故李将军”为右北平太守，他“即请霸陵尉与俱，至军而斩之”。其胸襟气度，与韩信比起来，可谓天差地远。虽说“卫青不败由天定，李广无功缘数奇”，但事情看来并非真的那么简单。

汉五年（前 202）二月，楚王韩信领衔，会同淮南王英布、梁王彭越、故衡山王吴芮、赵王张敖、燕王臧荼等上尊号，共同推举汉王为皇帝。刘邦略略做做姿态后，当仁不让，即帝位于汜水北面，是为汉高祖。义帝死后，项羽号称“西楚霸王”，“政由羽出”，成为诸侯盟主。但德威不孚众望，叛乱相继，兵连祸结。至此，天下一统，才算重新有了共主，新秩序得以全面建立。刘邦做了皇帝，定都洛阳，稍后改都长安。萧何则成为大汉王朝的开国丞相，在功臣中排名第一，受封酂侯。布衣君相，前所未有。辉煌风光，臻于极点。

滚滚长江东逝水，浪花淘尽英雄。数年扰攘，风卷云舒，当年霸王的戏下旧封，唯独剩下燕王臧荼一个种子选手了。也许是形单影只心不自安的缘故，七月他就反了。这当然不会有好果子吃。高祖率兵亲征，九月，就将臧荼俘虏了，叛乱很快得到平息。

顺便说说一个有趣的问题：陈胜起义后，六国后裔相继复国，楚有熊心，齐有田氏兄弟叔侄，韩有韩成，赵有赵歇，魏有魏咎、魏豹兄弟，“独燕无后，所立韩广、臧荼皆非燕之子孙”。这是什么原因呢？

根据清代学者王鸣盛的推测，这大概是当年燕国太子丹派遣荆轲行刺秦王，虽然没有成功，但已足令嬴政“恨之入骨”；秦灭燕后，燕国王室遭遇了灭族的残酷报复。此说近是。

刘邦升封时任太尉的长安侯卢绾为燕王。谁都知道，在泗水亭长的贫贱之交中，他最讨厌雍齿；最喜欢的哥们嘛，就数这位卢绾了，私交比跟萧何、曹参、樊哙和夏侯婴还铁。

几个月后，有人告发楚王韩信谋反。

事情的起因是这样的：项羽的大将钟离眛家在伊庐（今江苏灌云东北），接近淮阴，他与韩信是老朋友。项羽败死垓下后，钟离眛为了躲避刘邦的缉拿，化名潜逃，托庇于韩信。天下没有不透风的墙，高祖不知怎么听到了一些风声。因为钟离眛是项羽集团的中坚骨干、"骨鲠之臣"，曾让刘邦吃过不少苦头，又坚决不肯投降，所以高祖对他怨恨甚深。听说他在楚国，就下诏令将韩信立予逮捕。韩信左右为难，拖着没办。他初任楚王，巡行所属县邑，鲜衣怒马前呼后拥，进进出出都带着军队，也让刘邦闻风惊惧，坐立不安。

左右亲近将领们贪功，争着要求攻打韩信。刘邦向谋士陈平问计。陈平认为高祖的兵将都不是韩信的对手，不可力敌，只宜智取。他附在高祖耳边说了一番话，刘邦边听边点头，说："你真是太有才了。"

高祖宣布即将巡游南方的云梦泽，假托要行天子巡狩、会见诸侯的古礼，派遣使者通告诸位王侯到陈县聚会。沛公出游，意在韩信。

天子车驾快要抵达楚国的时候，韩信还在踌躇不定。以他的智商，当然不至于看不出皇上的真实用意是针对自己。起兵自保吧，自问无罪，向无异心，下不了这个决心；想去朝见高祖，又担心被抓起来，倘若说不清楚，就会失去权力地位。有人劝他说："皇上恨的是钟离眛。杀了他去见皇上，皇上肯定高兴，大王就不会有什么事了。"韩信就去找钟离眛商量。钟离眛伤心地说："汉王之所以不敢轻易攻打楚国，固然是怕你不好对付，也是因为有我在这里做你帮手的缘故。你想逮捕我去讨好他，只能是一厢情愿。我今天死，你明天就完蛋。"于是骂韩信说："你这个人忒不厚道！"随后自刎而死。

这件事，韩信处置不当，进退失据，充分暴露出他性格和见识上的弱点。战国时期，秦昭王要为丞相范雎报仇，指名索要魏相魏齐的脑袋。魏齐逃往赵国，托请平原君赵胜保护他。秦昭王骗平原君入秦，威胁他说："派人回去拿魏齐的人头来吧。不然，我不放公子出函谷关，你就一直在秦国待下去好了。"平原君回答："人显贵的时候，结交很多朋友，是为了将来贫贱的时候，好有个依靠；人富有的时候，结交很多朋友，是为了将来穷困的时候，能有地方投奔。他魏齐是我赵胜的朋友。如果在我那里，我肯定不会将他交出来！"可谓斩钉截铁，掷地有声。战国四公子中，无论才能、人品，还是事功，平原君赵胜都只能算是中等而已。就事论事，韩信较之，却不无惭德。虽然魏齐后来也还是自刎而死，但那是另一码事，跟赵胜没有关系。而秦昭王和范雎也并没有真的为此过多留难平原君。人与人是那么不同。当然，时势也发生了巨大的变化。

有了钟离昧的首级当礼物，韩信心里头踏实了不少，他去陈县觐见高祖。刘邦随即命令身边武士将他捆绑起来，押在随行的车辆上。韩信抱怨道："果然就像人们说的，'狡兔死，走狗烹；飞鸟尽，良弓藏；敌国破，谋臣亡'。现在天下已定，我是该下油锅了！"刘邦说："不好意思，有人告发你谋反。"就给韩信加带上刑具。到了洛阳，高祖征询将相意见并经过长期思考后，赦免了韩信，降封他为淮阴侯。

韩信知道高祖畏忌自己的才能，常常称病不参加朝会和侍从，日夜怨恨，闷闷不乐，羞于跟绛侯周勃、颍阴侯灌婴等人列于同等地位。有一次，他偶然路过舞阳侯樊哙的府第，兼具元老、名将、贵戚三重身份，性情也很彪悍的樊哙对韩信佩服得五体投地。他跪迎拜送，自称臣子，毕恭毕敬受宠若惊地说："大王竟肯光临臣下家门，真乃三生有幸，蓬荜生辉！”韩信出门以后，笑着对人说：“想不到我竟然沦落到与樊哙这种人为伍的地步了，郁闷啊郁闷。”

刘邦经常与韩信闲谈，评论各位将领的才能和各次战役的得失。韩信对他们的评价各有短长，但都不怎么高。高祖有次突然问：“你看我能够统率多少军队？”韩信回答：“十万而已。”高祖有点不高兴了，又问：“那么你呢？”韩信脱口而出：“多多益善。”高祖讪笑着反问：“我十万，你多多益善，那你为什么被我擒获了呢？”韩信这才意识到自己失言，于是顺势改口说：“陛下不能将兵，却善于将将，这当然更厉害，所以我活该被陛下擒获。况且，陛下的能力是上天授予的，不是人力所能达到的。”刘邦听了，哈哈大笑。

淮阴侯韩信不能就藩，居京期间，基本上无所事事。他倒也干了一件正经的大事：与留侯张良一起，比较系统地整理编次了春秋战国以来各家兵书战策，为后世研究、运用古代兵法提供了宝贵的资料。《汉书·艺文志》分兵书为四种：一权谋，二形势，三阴阳，四技巧。权谋内有韩信三篇。班固评论说：“权谋者，先计后战，兼形势，包阴阳，用技巧者也。”又总论说：“自春秋至战国，出奇设伏，变诈之兵作。汉兴，张良、韩信序次兵法，凡百八十二家，删取要用，定著三十五家。”由此可见韩信之所以能“连百万之军，战必胜，攻必取”，在群雄辈出的乱世出类拔萃，成为“兴汉三杰”之一，是因为他具有深厚的兵学修养和理论功底，寄食受辱时揣摩已久，运用起来更是得心应手出神入化，其来有自，绝非幸致。不无可惜的是韩信自著的三篇兵法早就失传了。

岁月不居，时节如流。几年时间很快过去了。

麻烦又来了，又有人反叛，而且是里通外国，勾结匈奴。这次犯上作乱的主儿，是高祖的亲信将领、“以赵相国监赵代边兵”的阳夏侯陈豨。刘邦又惊又气，不敢怠慢，亲率大军征讨，陈平、周勃、樊哙等都随高祖出征。这是汉十年（前 197）九月的事。

前方战事正酣。都城长安表面上安谧如旧。一天深夜，丞相萧何被皇后吕雉派亲信紧急召进宫中议事。这是前所未有的。萧何心想：该是什么事呢？

“有人告发韩信与陈豨内外勾结，图谋不轨。他都已经部署好了！”吕后阴恻恻地说。烛影摇红，鬼火高低明灭。

“哦，居然有这等事？”萧何大吃一惊，惊诧莫名。

“丞相不相信是吗？你是不是老糊涂了？”吕后眼一瞪，话有些不客气了。

萧何马上意识到了。他顿了顿，深吸了一口气，平和恭谨地说：“我听皇后的，你说怎么办我就怎么办。请皇后说仔细点，好让我明白个究竟。”

吕后这才高兴了。随即说明了事情的原委。

原来，有个门客得罪了韩信，韩信把他囚禁起来，准备杀掉。这个门客的弟弟就来告发，说韩信与陈豨勾结，准备反叛，并将情况密报给了吕后。告发的具体内容是这样的。当初，陈豨被任命为赵国的相国，向淮阴侯辞行。韩信拉着陈豨的手，避开随从，在庭院散步密谈。韩信仰天叹息说：“有话可以和你说吗？我想与你谈谈。”陈豨说：“任凭将军吩咐。”韩信说：“你去的赵、代是天下精兵聚集的地方，而你又是陛下亲信宠爱的近臣。倘若有人告发你有异心，陛下一定不会相信；再次告发，就会产生怀疑；三次告发，陛下一定会发怒，率兵躬行天讨。这时我在京师起兵响应，里应外合，就可以取得天下了。”陈豨一向了解佩服韩信的才能，很相信他，就说：“我一定听从你的指教！”

陈豨发动叛乱后，高祖率兵出击，张良、韩信因病没有随征。韩信暗中派人告诉陈豨说："你尽管干，我在这厢协助你。"韩信召集家臣门客们谋划，打算在晚上假传圣旨，赦免在官府服役的罪犯和奴隶，利用他们去袭击吕后和太子刘盈。业已部署完毕，就坐待陈豨方面的消息再行发动。

萧何这才明白了个中原委。他心想：这也太不靠谱了吧。陈豨本是高祖亲信宠幸的将领，与韩信向无私交。偶然礼节性拜访，韩信怎么可能与其交浅言深乃至于相约谋反呢？那些细节更是荒唐可笑，自相矛盾，漏洞百出，根本经不起推敲。陈豨原籍魏国，一向仰慕信陵君的为人，爱养宾客，这是众所周知的，也没什么；直至招致周昌的怀疑和攻讦后，高祖让他将宾客处置掉，他不愿意，这才激发反叛，并非素蓄逆谋。陈豨反后，如果韩信果真与他有往来，萧某身为大汉丞相，料理一应军国大事，怎么会毫无知闻？而且既然说韩信已经部署好，那就是箭在弦上不得不发，务必出奇制胜先发制人了，怎么可能旷日持久干坐不动，静候陈豨的消息？韩信是什么人？就算他赋闲在家，久疏军务，也不至于弄得这么小儿科吧？韩信果真要反，会等到现在？不去找彭越、英布反而去邀约陈豨，又是什么道理？……

萧何很想为韩信辩护几句，就像他后来为英布辩护一样。但那是在高祖面前，他的位置也比较稳固。这番，却是与吕后说韩信。他看看吕后苍老憔悴的面容，粗重混浊的呼吸，阴沉不安的三角眼和刚毅坚韧的唇角，话到嘴边又咽下，临时改变了主意。

他早就看出刘邦、吕后"家天下"的意味越来越明显，对各位异姓王更是犹如芒刺在背，必欲除之而后快，只是在等待和寻找适合的时机与借口罢了。高祖年事渐高，伤病侵寻，心理有些变化，越来越不好侍候。他身为丞相，也遇到过不止一次的麻烦和窘困，如临深渊，如履薄冰，战战兢兢，唯恐有失。吕后更不是盏省油的灯，她已经在着手考虑高祖身后之事，担心太子仁弱，日后镇不住场，想趁着高祖健在，先下手为强，将那些可能生事的刺头一并翦除。萧何忠于刘氏江山，对一起打天下的诸位将帅也有感情，又要自保。他在其中的难处和苦闷，难与人言。只有他自己，才如鱼饮水，冷暖自知。

举荐韩信成为灭楚兴汉的一大关键，取得了巨大成功，也让萧何这个伯乐的荣誉心得到了极大的满足。韩信感恩知己，一直对萧何亲近而尊敬。两人情投意合，厮抬厮敬，关系异常亲密。这是天下知闻并引为美谈的。只是在高祖诈游云梦之后，出于策略上的考虑，才逐渐疏淡下去。两人只在朝会或者应酬场合偶尔碰上，很少交谈，有时更只是简单地互相递个眼神，但内心的彼此好感并未稍减。韩信恃才傲物，不仅羞与绛、灌同列，甚至说起话来连皇上也不放在眼里，不知自忌，萧何是很为他担心的。他也曾利用某次机会委婉地提醒劝说过韩信。韩信笑了笑，当时没说什么，后来依然故我。正所谓“江山易改，本性难移”。

“决定性的时刻到了。不是他死，就是我亡！丞相有何高见？”

吕后的话打断了萧何的沉思。从吕后的神态和语气看，韩信这次势难幸免，他知道自己已经别无选择。他再次说：“我听皇后的。”两人随即合计起来。

商议的结果是：令人假装从高祖那儿来，带来了前线的好消息，说陈豨已经被擒斩，不日班师回朝，要列侯群臣都先进宫来庆贺，以便乘机将韩信拿下。

萧何意料之外的是，吕后坚持一定要他自己出面去请韩信。她皮笑肉不笑地说："别人去请韩信，他不一定理会，可丞相你亲自出马，他就不可能不给面子。谁不知道你俩谁跟谁嘛。"萧何无话可说，只得照办。他在心里嘀咕：我以为自己已经够精明谨慎了，谁知道到时候还是人在江湖身不由己。真正高明的，还是留侯啊！

萧何没辙，只得亲自去请韩信，说："你虽然有病，还是勉强去祝贺一下为好。"萧何丞相亲自上门敦请，还有什么好说的？韩信二话没说就上了马车。萧何看着韩信坦然不疑的高大背影，心情非言可喻。

韩信一进宫，就被吕氏安排的亲信武士擒拿捆绑。回头一看，萧何也早就不见踪影。他叹了口气，一切都明白了，只是为时已晚。

无须审讯，吕后下令立斩韩信于长乐宫的钟室，并夷灭三族。

韩信一进宫，就被吕氏安排的亲信武士擒拿捆绑（李成勋、戴仁　绘）

生死一知己，存亡两妇人。一代名将，如此收场，充分展现出封建政治的残酷本质。作为与韩信交深契厚的开国丞相，萧何出于种种考虑，患得患失，出尔反尔，明哲保身，助纣为虐，以致后人有“成也萧何，败也萧何”之叹。这也充分说明，如果没有合理的制度性保障，好人也会干出相当残忍卑劣的勾当。

韩信临刑前说：“我后悔没有听从蒯彻的计策，以至于被妇女小人所欺诈，这岂不是天意吗？”

这总让人想起《红楼梦》第七十七回“俏丫鬟抱屈夭风流，美优伶斩情归水月”中，晴雯临死前愤愤不平地对贾宝玉说：

> 只是一件，我死也不甘心。我虽生得比别人好些，并没有私情勾引你，怎么一口死咬定了我是个狐狸精！我今儿既担了虚名，况且没了远限，不是我说一句后悔的话：早知如此，我当日……

谁都知道，晴雯与宝玉的关系冰清玉洁，并无私情。

同样的道理，定谳韩信谋反，夷灭三族，实乃千古奇冤。

红颜胜人多薄命，莫怨东风当自嗟。人之将死，其言也真。名将美人这两段话的中心意思是四个相同的字：悔不当初。

历代学者多认为韩信冤枉，为其洗雪辩诬之辞不胜枚举，其中以清人梁玉绳所论最为剀切精当。梁氏曰：

> 信之死冤矣。前贤皆极辩其无反状，大抵出于告变者之诬词，及吕后与相国文致耳。史公依汉廷狱案，叙入传中，而其冤自见。一饭千金，弗忘漂母；解衣推食，宁负高皇！

不听涉、通于拥兵王齐之日，必不妄动于淮阴家居之时；不思结连布、越大国之王，必不轻约边远无能之将。宾客多，与称病之人何涉？左右辟，则挈手之语谁闻？上谒入贺，谋逆者未必坦诚如斯；家臣徒奴，善将者亦复部署有几？是知高祖畏恶其能，非一朝一夕。胎祸于蹑足附耳，露疑于夺符袭军。故禽缚不已，族诛始快。从豨军来见信死且喜且怜，亦谅其无辜受戮为可怜也。独怪萧何初以国士荐，而无片语申诉，又诈而绐之，毋乃与留侯劝封雍齿异乎？

高祖从平叛前线回到京都，见韩信已死，“且喜且怜之”。“喜”从何来？领军打仗，高祖也算是行家里手了，除了韩信，其他人都不大看得上眼，也不怎么担心；这下韩信死翘翘，他心里彻底踏实了。“怜”又当何讲？这样杰出的人才，这等莫比的功劳，这号可笑的罪名，也实在太说不过去了。不过刘邦是个善于自我排遣的人，他随即为自己找到了借口：又不是我要杀他，谁叫他撞到阿雉手里呢？那婆娘可远比老子心狠手辣！

刘邦问道：“韩信临死时说过什么话吗？”

吕后回答：“他说后悔不用蒯彻的计策。”

刘邦说：“蒯彻这厮，是齐国有名的辩士。”于是下诏令齐相曹参将蒯彻捕送长安。

蒯彻被带到，刘邦亲自审问。他问：“你教过淮阴侯谋反吗？”

蒯彻说：“没错，有这回事。那小子不用我的计策，才落得一个自取灭亡的悲剧下场。如果他用了我的计策，陛下你恐怕就没有这么神气啦。”

高祖生气了，下令：“将这个家伙丢下油锅烹了。”

蒯彻抗议道:“哎呀，怎么要烹死我?冤枉啊冤枉!”

刘邦反问道:“你唆使韩信反叛，自己都承认了，有什么冤枉?!”

蒯彻回答:“秦朝法度败坏，政权瓦解的时候，山东六国大乱，各路诸侯纷纷举兵起事，一时间，天下的英雄豪杰就像乌鸦般聚集起来。这种情形就好比秦朝失去了它的鹿，天下有心人都来追逐，只有才智高超、身手敏捷的人才能首先得到它。盗跖的狗对着唐尧狂吠，并非唐尧不仁，只是因为他不是狗的主人。那时候我唯独知道韩信，并不知道陛下，不是说‘不知者不为罪’吗?再说，我只不过说说而已，天下精英手持利器想效法陛下的人很多，只是力量不足罢了。难道你能够把他们都下了油锅?”刘邦听了，若有所思。

高祖又问:“你究竟跟韩信说了些什么?”

蒯彻看了看刘邦，心里暗暗松了一口气。他说:“那就说来话长了。”

以下是部分审讯笔录。

蒯彻:我学过看相，精于此道。

韩信:先生看相是采用哪种方法?

蒯彻:人的高贵与卑贱在于骨骼，忧愁与喜悦在于面色，成功与失败在于决断。从这三个方面加以参酌，就相当准确了，几乎万无一失。

韩信:很对。那就有请先生替我相相，看看却是如何。

蒯彻请韩信屏退左右后，继续说道:相你的“面”，不过封侯而已，而且还会出麻烦有危险;相你的“背”，却是贵不可言。

韩信:此话怎讲?

蒯彻:当初，天下大乱，英雄豪杰们相继举兵起事，纷纷建立名号，振臂一呼，应者云集，声势犹如火焰迸发，狂风骤起。那个时候，大家所考虑的只是如何早日灭掉暴秦。而今，楚汉相争，兵连祸结，致使民不聊生，死亡相继，抛尸荒野，数不胜数。项王起兵后，转战四方，横扫千军如卷席，无往而不利。后来更是乘胜追击，将汉王包围在荥阳一线。然而前进到京、索之间时，攻势顿挫，两军相持缠斗，已经历时三载。汉王将兵数十万，依仗山河之险，在巩县、洛阳一带抗拒楚军，一日数战，却只有招架之功，并无还手之力，更谈不上尺寸之功。失利逃跑，负伤挂彩，屡败屡战，于他已经是家常便饭。他们争斗数年却决不出胜负，双方都差不多智穷力竭了。长此以往拖延不决，将士们的锐气就会消失殆尽，厌战情绪会像细菌一样日甚一日地传染蔓延；粮食也要耗光；老百姓更是怨声载道，人心惶惶，筋疲力尽，无所凭依；对谁也没好处。依我看，如果没有外力强势介入推动，楚汉战争还会拖下去，不会有什么结果。而足下你，才是真正的决定性因素！你帮汉王，汉王就会赢；你帮项王，项王就会胜；他们的命运取决于你的意向！我愿意披肝沥胆，向你呈献愚见，就怕你不能采用。假如你能听从我的计策，就应该在项、刘之外建立独立的第三支势力，让楚、汉相争相持，以便两利俱存，三分天下，鼎足而立！在这种情势下，他们都得看你的脸色，谁都不敢轻举妄动。以足下的贤才圣德，占据着富饶强大的齐国，又有燕、赵两国的归附，兵精粮足，所向披靡；只需出兵控制刘、项双方兵力空虚的地方，牵制他们的后方，顺应人心，为民请命，制止楚汉之争，那么天下就会群起响应，谁敢不从！进而分割大国，削弱强国，重新封立诸侯，建立新秩序。这样，天下就会畏威怀德，归服齐国，听命足下。我听说“天与弗取，反受其咎；时至不行，反受其殃”。希望你能对鄙见深思熟虑！

韩信：汉王待我恩德深厚，把他的车给我坐，把他的衣给我穿，把他的饭给我吃。我听说，坐人家的车要分担人家的灾祸，穿人家的衣要思虑人家的忧患，吃人家的饭要为人家出死力效劳。我怎么能为了一己私利背弃大义而不顾呢！

蒯彻：你自以为与汉王交深契厚，想帮助他建立万世之功，流芳千古，窃以为这只是一厢情愿罢了。历史的经验值得注意，举两个例子说明一下吧。当张耳、陈馀都还是平民时，他们同生死共患难，可以说是过命的交情。后来却又如何呢？足下是再清楚不过了。这两个人的交情之深，大概可以算是天下之最，结果却弄到彼此都想把对方置于死地而后快的地步，却是为何？就在于人心难测，贪得无厌啊！就交情而言，你与汉王，比得过陈馀与张耳吗？春秋时期，越国大夫文种、范蠡尽心尽力历经千难万险，终于辅佐越王勾践反败为胜，灭掉强大的吴国，称霸诸侯。霸业成功后，却一个被迫自杀，一个不得已逃亡。这是为什么？就是因为“兔尽狗烹”的法则啊！就忠信而论，你与汉王，比得过文种、范蠡与勾践吗？汉王是靠不住的，他不过是利用你罢了。不当心会要命的啊！

足下“还定三秦”，水淹废丘，逼使章邯自杀；佯渡临晋，奔袭安邑，俘获魏王豹；北攻代国，活捉夏说；东出井陉，大破赵兵，阵斩陈馀，生擒赵王歇；又在历下袭破齐军主力，更于潍水歼灭楚国援军二十万，击杀龙且。我听说，“勇略震主者身危，功盖天下者不赏”。这不就是说你的吗？足下身怀无人匹敌的勇略，立下不世之功，归楚，楚人不敢相信；归汉，汉人感到震恐。哪一头也不是你好的归宿。足下身为人臣，不仅名满天下，而且功高震主。我心里很为你感到危惧！

韩信（沉默良久后）：先生暂且不要说了，让我好生考虑一下。

几天后，蒯彻又去见韩信，再次剀切进言。

蒯彻：甘心做劈柴养马等微贱勾当的人，无从染指万乘之国的权柄；谨守着微薄薪俸心满意足的人，不可能获致卿相的高位。所以说，明智的人做事坚决果断，快刀斩乱麻，犹豫不决会导致灾祸。精于打小算盘，就会贻误大计；谋而不决过于瞻顾，就会错失良机。俗话说得好："猛虎犹豫不决，不如黄蜂、蝎子用刺去螫；良马原地踏步，不如驽马稳步徐行；孟贲般的勇士狐疑不定，不如庸劣的人下定决心达到目的；虽然有虞舜、大禹那样的智慧，嗫嚅不言，不如聋哑人用手势表达自己的意思。"所有这一切都说明了一个道理：行动，只有行动，才是最重要、最宝贵的！机不可失，时不再来，当断不断，反受其乱。希望你详细斟酌考虑，早作决断！

韩信自以为劳苦功高，刘邦也待自己不薄，当个齐王安富尊荣挺滋润的，不愿也不忍背汉自立。他经过反复考量，终于明确谢绝了蒯彻的建议。蒯彻感到危惧，就装疯卖傻做跳大神的巫者去了。

……

高祖有些疲乏，也有点伤感，很久没有说话。良久，他回过神来，挥挥手吩咐道："把他放了。"刘邦赦免了蒯彻。

他又单独召见萧何，闭门对饮长谈。没有任何人知道君相之间究竟说了些什么。

约两千年后，清人德保探访淮阴侯故里，写下一首七律。诗云：

曾于古岭奠公坟，故里初来访旧闻。
胯下有人驱壮士，冢旁何处葬将军？
假王生死权萧相，震主功勋失后君。
飒爽英姿遗恨在，灵祠日暮吊寒云。

伴君如伴虎

却说刘邦亲赴邯郸前线镇压陈豨发动的叛乱，正在打仗，忽然收到紧急报告，得知萧何协助吕后干掉了韩信。他一方面对韩信之死感受复杂，另一方面则对萧何的忠心耿耿十分满意和欣慰。没有谁比他更清楚萧何与韩信彼此关系之投机深厚了。关键时刻，萧何能毫不犹豫地站在自己一边，大义灭友，真是好同志。于是他立马下令，派遣特使到长安拜丞相萧何为相国，加封五千户，并指派一名都尉率领五百名精兵，作为相国的卫队。韩信的鲜血和生命使萧何的地位和荣宠更上一层楼。

一时间，上门恭喜套瓷的各色人等纷至沓来，相府门庭若市。独有一个叫召平的，出语惊人，居然说是前来吊丧。

召平原是秦朝的东陵侯，有头有脸。秦亡后沦落为平民，在长安城东种瓜，聊以度日。因为他种的瓜又大又甜，美味可口，人们就依照他以前的侯封，称之为“东陵瓜”。

看到萧何困惑不满的样子，召平解释道：“相国的祸患从此开始了！皇上统兵在外征战，含辛茹苦风餐露宿。而你在后方留守，并没有亲冒矢石赴汤蹈火。现在却给你增加封邑，设置卫队，这是因为刚刚出了淮阴侯这档子事，笼络相国而已。设置卫队保护你，也不是什么好事，随时可能会出麻烦。相国不如加以辞让，也不要接受封赏，并尽可能把自己家里的财产拿出来捐助军资。这样，皇上就会龙心大悦，相国就会平安无事。”

行家一出口，便知有没有。萧何认为有理，一再向召平道谢。随后一一照办。刘邦果然很高兴。

短短的时间内，老于世故的萧相国情绪历经了惊诧、郁闷、内疚、喜悦诸阶段，现在则有些惶恐乃至畏惧了。依稀往事浑如梦，都随风雨到心头，萧何感到前所未有的疲乏和空虚。他挥退左右，闭上眼睛，独自陷入沉思。

早在汉三年（前 204），楚、汉两军于京、索之间相持苦斗的时候，汉王就多次派遣使者，前去慰劳留守关中根据地、全权处理一应政务的丞相萧何。开始萧何很高兴。后来，有一位鲍生提醒他说：“汉王艰辛苦战，败多胜少自顾不暇，他还要人慰劳呢，却多次派人慰劳你，这是对你有疑心了，不是什么好事！为丞相着想，不如把你的兄弟子侄中能够打仗的全部都送到前方军队参战，这样汉王才会解除嫌疑，更加信任丞相。”萧何依计行事，果然一如鲍生所料。

汉五年（前 202），项羽败死，天下平定，汉王登基，论功行赏。因为群臣争功众口难调，所以一年多过去了还没有把功劳簿和排行榜最终确定下来。高祖认为萧何的功劳最大，封他为酂侯，赏予的食邑最多。功臣们都抱怨说：“我等披坚执锐冲锋陷阵，攻城略地百战沙场，都立下大小不等的战功。而萧何并无汗马功劳，他甚至没打过仗，只是舞文弄墨，搞搞后勤，动动嘴皮子而已。现在封赏，他倒在我们之上，请问陛下，这是什么道理呢？”

刘邦反问道：“各位都打过猎，是不是？”

群臣回答："是。"

高祖又问："知道猎狗吗？"

"知道。"

刘邦眼睛半眯，用他特有的狂放不羁而又鄙夷不屑的语调说："打猎时，追逐野兽的活是猎狗干的，可发现猎物操纵指挥猎狗的是猎人。像你们这些货色，只能擒捕野兽，功劳不过也就像猎狗。至于萧何，能够发现猎物操纵指挥猎狗，他的功劳就好比猎人。况且，诸位多只是单身追随我，至多也不过两三个人。而萧何却让自己宗族里能够打仗的几十个人出来跟老子混，这个你们谁能做得到？他的功劳是不能忘记的，也没谁比得上！"听了高祖这番话，群臣就没谁再敢吭声自讨没趣了。

刘邦说得淋漓痛快，也不无道理，但有些片面，而且很过分。一千多年后，另一位同样出身于光棍布衣的大明开国皇帝朱元璋对此有一番精彩评论：

> 汉高祖以追逐狡兔比武臣，发踪指示比文臣，譬喻虽切而语则偏重。朕谓建立基业犹构大厦，剪伐斫削必资武臣，藻绘粉饰必资文臣。用文而不用武，是斧斤未施而先加黝垩；用武而不用文，是栋宇已就而不加涂塈，二者均失之。为天下者，文武相资，庶无偏陂。

明太祖说的是马上得天下而不能马上治天下，文武并重刚柔兼济的大道理。刘邦若泉下有知，一定会笑骂朱元璋："在陆贾等人的劝说开导下，老子早就对这个问题有了正确认识。你是什么玩意，轮得到你来教训我？！"

列侯受封完毕，评定位次排行时，大家都说：“平阳侯曹参身受七十余处创伤，南征北战，功劳最多，应该得头牌。”刘邦已经违拗群臣公议，给了萧何更多的封赏，这次有点不好意思再驳斥他们，但心里还是想把萧何排为第一。时任谒者的关内侯（只有封号没有食邑）鄂千秋敏感而准确地窥测到了圣心所向，觉得可以趁机讨好君相，决定搏一票。他力排众议大胆进言说：“大伙儿的议论只见树木不见森林，都是错误的。曹参转战沙场，有攻城野战的勋劳，固然很了不起，但这只不过是一时之功。皇上与楚军争斗达五年之久，常打败仗，军队丧失，士卒逃散，只身逃跑就有好几回。幸亏萧何总是及时从关中征召士卒补充军队，有好几次正当皇上万分危急的时候，萧何不等得到命令，就火速发来数万生力军救应。与楚军在荥阳相持的那几年，军中没有存粮，又是他想尽办法，用车、船将粮食源源不断地运往前线，使军队从来没有断绝过粮草补给，而这也正是楚军失败的关键所在。陛下虽然多次失去山东六国的地盘，而萧何一直确保关中，为陛下留好退路，永无后顾之忧；山东之地也失而复得，最后终于一统江山。这才是万世不朽的功勋！如今即使缺少百十号曹参这样的武夫，对我大汉王朝又有什么损失？就是得到他们，也不一定就能保全大汉天下。怎么能让一时的功劳凌驾于万世的功劳之上呢！依微臣看来，应该是萧何第一，曹参第二。”

高祖笑眯眯地看着鄂千秋，宛如看着从自己肚子中溜出的一条可爱的蛔虫。他大声说：“嗯，说得很对。”无人再敢非议。曹参眼睛瞪着，胡子翘起，呼吸紧促，血压飙升，却也无话可说。

于是确定萧何为第一号功臣，并且恩赐他“带剑履上殿，入朝不趋”。这是极高的礼遇，后世只有霍光、王莽、梁冀、曹操等极少数权倾朝野的重臣才得到过这种赏赐。

刘邦意犹未尽。他说："我听说推荐贤能的人应该获得重赏。萧何固然劳苦功高，经过鄂千秋的推荐就更为彰明较著了。"于是加封鄂千秋为安平侯，食邑两千户。当天，萧何的父子兄弟十余人都获得封赏，都有食邑。高祖又另外加封给萧何两千户，原因是当年刘亭长到咸阳服徭役时，萧何曾比别人多送给他两百文钱。这当然是因为刘邦念旧，但同时也未尝不是一种宣示和姿态：跟老子走，你肯定不会吃亏，老子对别人的点滴之恩都会牢记不忘并以涌泉相报，谁也输不掉曾经付出过的忠和爱。

三年以后，刘邦率军东进，在东垣一带围剿韩王信叛军残部。萧何则留在长安，负责处理日常朝政，并主持修建未央宫。前一年，长乐宫建成，萧何已经带着相府僚属从洛阳迁往长安办公。

未央宫是汉家宫殿中最为雄伟壮丽的建筑，设有东阙、北阙、前殿、武库和太仓。高祖回来，见到宫阙异常壮伟，却发了脾气，指责丞相说："天下苦战数年，动荡不安，成败还不好说。连老子御用的马车，滕公竟也无法找到四匹毛色一样的马来！将相们乘用牛车上朝的，更不止一个两个——这个你做相爷的不会不清楚。现在却花费这么大的力气修建如此华丽的宫室，你什么意思啊？！"

辛苦一场等来的不是夸奖而是责备，萧何心里不免感到委屈。但他了解高祖的脾气，知道不能硬顶，便委婉解释道："正因为天下尚未安定，才可以乘机修建宫殿。日月光天德，山河壮帝居，天子以四海为家，没有壮丽的宫室不足以显示威严。陛下为天下惜财，当然也是圣者仁心，那就不让后来和后世的建筑超过它好了。"高祖这才露出笑容，回嗔作喜。

"俱往矣！"萧何苦笑着睁开了眼睛。他想，自己位极人臣，所得远过于所求。处高位握大权而兼享盛名，自古没有几个人能善始善终。总须持盈保泰，小心谨慎，方能保持晚节，泽被后世。

汉十一年（前196）七月，淮南王英布反叛，高祖亲自率军征讨，又多次派遣使者回来询问相国萧何在忙些什么。得到的回答是："萧相国因为陛下亲征，留在长安处理朝政安抚百姓，一切如常。他还是跟从前一样，尽可能把自己的私财拿出来捐助军队。"刘邦听了，若有所思。

有个相府幕僚看出有点不对劲，就向萧何建言："相国不久就会像淮阴侯一样，要遭受灭族之祸了！你功劳第一，位极人臣，一人之下，万人之上，难道还可以复加吗？你从最初进入关中，就深得民心，迄今已十余年，老百姓都亲附信任你。你忠君忧国，还在孜孜不倦地勤于政事。皇上之所以屡次询问你的情况，是害怕你威望过高，倾动朝野。现在为自全计，相国不如多多地利用低价、赊欠等手法强行购买田地，故意败坏自己的名声，好让皇上安心。"萧何如受电击，依计行事。高祖得知后高兴地笑了。以前，名将王翦曾用同样的招数对付过秦王嬴政，效果良好。

高祖得胜，班师回朝。有民众拦路上书告御状，控告相国萧何低价强买了大量他们的田地和房屋。高祖回到京师，萧何觐见，高祖大笑着说："都说这个那个贪财爱货侵凌百姓，没想到啊没想到，你这个德高望重的当朝宰相，也好不到哪里去，真是天下乌鸦一般黑啊。哈哈！"他根本不在意，甚至是求之不得。皇帝把民众的上书都交给相国，说："你自己去把屁股揩干净好了，该干吗就干吗。"

萧何见刘邦并无不快，就趁机为民请命说："长安一带土地狭窄，田少人多，不少人生计困难。上林苑中已经废弃的空地很多，希望陛下让百姓进去耕种，粮食归民众所有，留下禾秆、麦秸饲养禽兽。这样，于国于民，两利俱存。"

不料，刘邦听了大怒，变脸骂道："你太过分了！一定是收了商人很多黑钱，才为他们出头打老子皇家园林的算盘！"当即下令将这位已经老态龙钟的元勋首相交付廷尉，戴上刑具，入狱讯问。朝野上下为之震惊，刘邦则充分体味和享受到一种孤家寡人独有的予取予夺为所欲为的恶毒快感。没有一个头面人物敢于出面为萧何说话，谁也不知道等待他的是怎样的命运。天意高难问，人情老易悲。

过了几天，一个姓王的卫尉在殿中执勤侍奉高祖，他小声问道："陛下突然把相国关押起来，他究竟犯了什么滔天大罪？"

刘邦气哼哼地说："我听说李斯做秦始皇的丞相，过则归己，功则归君。现在萧何做我的相国，想必是接受了臭商人的大把贿赂，居然打上了皇家园林的主意，还拿民众说事，为他自己博取名声。这岂不是过则归君，功则归己，整个掉了个儿吗？是可忍，孰不可忍！"

王卫尉谏道："在自己的职权范围内，假如因利国利民的事情而为民请命，这正是丞相的本分，是他应该做的事。陛下怎么能随便怀疑相国接受了商人的钱财呢？况且陛下过去与楚军相持苦战数年，陈豨、英布反叛时，陛下又亲率大军平叛，那个时候，萧相国留守关中主持一切，如果他当真有异心，只要晃动晃动，函谷关以西的地方恐怕就不姓刘了。相国是久经考验的革命家和领导人，他不在那个时候牟取私利，怎么可能在今天接受商人的钱财？我听说秦始皇就是因为不愿意听到自己的过错才二世而亡，李斯那种做法，又哪里值得效法呢？陛下无端怀疑丞相，恐非天下之福！"这番话既明白又犀利，高祖有点不高兴，但他听进去了。这正是刘邦高明的地方。

当天，皇帝刘邦派使者持节赦免了相国萧何。这时萧何已经上了年纪，白发飘萧。他出狱后，随即赤脚上朝，向高祖请罪。这下刘邦倒有些过意不去，他连忙说："相国不要这个样子嘛，这不是给我难看吗？你为民众请求上林苑，我不允许，不过说明我是个桀、纣那样的昏君，而你则是个贤相嘛。我故意搞搞你，就是想让百姓知道我的过错，相国也要理解我的苦心嘛！啊？"事情总算这样有惊无险地过去了。这对模范君相之间出现了平生最大的裂痕。其实，上苍留给他们的时间都已经不多了。

一位法国学者与一位瑞士学者合著了一部奇书：《病夫治国》，书中对现代东西方的一些领袖人物做了生理与心理方面的深层揭示和剖析，角度独特，见解特别，很有些意思。晚年刘邦的若干举动，如将萧何系狱、欲杀樊哙等，都是"病夫治国"的上佳例证。

汉十二年（前 195）四月二十五日，刘邦在长安长乐宫病逝。太子刘盈继位，是为惠帝。萧何作为元老大臣，继续担任相国，惠帝和吕后都对他很尊崇。两年后，萧何也不行了，惠帝亲至相府探视，并在病榻前征求他对继任人选的意见。谁都没想到，萧何推荐了曹参。

萧规曹随

年轻的皇帝看着缠绵病榻气息奄奄的开国丞相，心中很难过。他平静了一下情绪，问疾过后，开始谈正事："相国倘有不讳，请问谁是合适的继任者？"

萧何回答说："了解臣下的莫过于君主。"

惠帝问："曹参怎么样？"

萧何露出欣慰的笑容，连连点头："陛下看人很准。我死也没有什么遗憾的了！"不久，萧何病逝。

萧何购买田地住宅，必定选择在贫穷偏僻的地方，府第连围墙也不修建。他说："子孙后代如果贤能，就当学习我的俭朴。如果不肖，也不至于被有权势的人家巧取豪夺。"

西汉历代君主都对萧氏一族另眼相看，特别关照。酂侯一系几次断而复续，历二百余年，居然与西汉王朝相始终。

再说曹参，得到萧何去世、相位出缺的消息后，时任齐相的曹参立马吩咐舍人："赶快收拾好行装，我就要入朝做宰相啦！"舍人半信半疑。没几天，朝廷的使者果然来了，大家才佩服起曹参的先见之明。

萧何跟曹参是老朋友，两人关系原本一直不错。他们一起辅佐刘邦起兵，一文一武，一后方一前线，各展所长各尽所能，融洽亲密相得益彰，都为建立大汉王朝立下了殊勋。只是后来因为互争功臣排行榜第一之事暗中较劲，产生嫌隙，就谁也不搭理谁，老死不相往来了。

众多功臣不约而同推举曹参为功臣第一，不是没有理由的。自从参加丰沛起义以来，无论是先期同秦军、楚军作战，还是后来跟随韩信开辟北线战场，平定魏、赵、燕、齐等割据势力，曹参总是身先士卒浴血奋战，“身被七十创”，立下赫赫战功。他的汗马功劳，在《史记·曹相国世家》里面有详细统计：“凡下二国，县一百二十二；得王二人，相三人，将军六人，大莫敖、郡守、司马、侯、御史各一人。”这无疑是一份极为辉煌的战绩单。除了韩信、彭越、英布等独当一面的统帅级异姓诸王外，就战功而论，无论樊哙、周勃、郦商还是灌婴都比不上，曹参确实超群出众独占鳌头。当然，太史公也意味深长地加了一句说明：“曹相国参攻城野战之功所以能多若此者，以与淮阴侯俱。”大汉王朝建立后，身为齐相国的曹参对刘邦的忠诚一如既往，先后亲率齐军参加对陈豨、英布的平叛战争，立下新功。

早在高祖采用陈平的计策，诈游云梦，大会诸侯，擒下韩信的当天，龙心大悦，宣布大赦天下。田肯特意前往陈县祝贺，他对高祖建言：“陛下逮捕了韩信，又在关中建都，可喜可贺。秦地形势险要，沃野千里，士卒百万，阻山带河，与山东六国悬隔，比其他地方强出百倍。由于地势便利，一旦对诸侯用兵，就宛若高屋建瓴，势如破竹。至于齐国，东有琅琊、即墨的富饶，南有泰山之险要，西有黄河天堑，北有渤海的鱼盐之利，比其他地方要强十倍。由是观之，齐可以与秦媲美，称得上是天下的东秦和西秦。陛下自己坐镇关中；不是亲近子弟，不要封他为齐王！”高祖认为田肯说得很对，赏赐给他黄金五百斤。

“当是时也，高祖子幼，昆弟少，又不贤，欲王同姓以镇天下”，刘邦就接受大臣们的建议，将韩信降封为淮阴侯。又把韩信原来的封地楚国以淮河为界一分为二：封堂兄兼将军刘贾为荆王，管辖淮东地区，有大小城市五十二个；封同父异母弟刘交为楚王，辖治淮西，有三十六处城池。另封庶出的长子刘肥为齐王，食邑七十余城，百姓中能讲齐地方言的都划属齐国。齐王刘肥是刘邦当年与一个姓曹的女人搞婚外恋珠胎暗结产下的孽种，他自己平平庸庸无足道，却生了一个很了不起的儿子——朱虚侯刘章。这是后话。

刘邦对齐国的重要性已经有了充分认识。将治理这个最大诸侯国的重任交给阿肥，只不过是因为他在诸子中年岁稍长而已，实属无奈之举，并不能让人放心。那么，为他选配一位得力的相国，代行镇抚治理，就显得十分必要了。几经斟酌，刘邦选中了曹参。

作为新手，曹参上任伊始，也只能摸着石头过河。他邀请齐国数以百计有名望的“长老诸生”前来共商治国之道。结果众说纷纭，莫衷一是。后来他听说胶西有位盖公才是真正的高人，精研黄老学说，就派人带着厚礼把老先生请来。盖公认为“治大国如烹小鲜”“治道贵清静而民自定”“我无为而民自化，我好静而民自正”。最好的办法就是清静无为，尽量让百姓自治，这样社会就会安定，经济就会繁荣，国家就会富强。这与曹参的想法不谋而合，他正是这样想的，不过思路没有如此明晰而已。经此点拨，犹如醍醐灌顶。曹相国喜出望外，于是让出自己的正厅给盖公居住，请他做自己的政治高参。此后，曹参治理国家就一秉黄老之术，大力推行以轻徭薄赋、节俭省刑为核心内容的各项政治经济政策，“安集百姓”，与民休息。齐国很快走上了稳定发展的正道，曹参也成功而迅速地完成了由猛将到贤相的角色转换，“相齐九年，齐国安集，大称贤相”。高祖的眼光果然了得。

有意思的是，曹相国与那位我们已经很熟悉的蒯彻同志也颇有渊源。他很看重蒯彻，曾礼聘蒯彻为高级幕宾，协理政事。

当初，齐王田荣怨恨项羽，密谋举兵反叛，劫持齐国士人参与，不从就杀掉。齐国处士东郭先生、梁石君遭田荣劫持，只得勉为屈从。后来田荣败死，两人幸免于难，自惭形秽，不求进取，一同跑到深山隐居不出。

有人对蒯彻说：“先生深受曹相国礼遇，拾遗举过，显贤进能，都凭你说了算。梁石君和东郭先生是齐国的拔尖人才，世俗之人莫能望其项背，这你应该是知道的。先生为何不将他们推荐给曹相国呢？”

蒯彻说：“很对。”随后讲述了一个饶有意趣的小故事。乡里间有个妇人，平素与邻居们相处得挺不错。一天，这个妇人家夜里丢了一块肉，婆母以为是她偷走的，就要将她赶出家门。妇人凌晨起身离家，向隔壁邻里辞行，顺便说起被逐的原因，并感谢大家平日的关照。有位老婆婆说：“你走慢点，我有办法让你家里的人去追你回来。”于是抓了一把乱麻，去丢肉的人家借火，编了一套话说：“昨天夜里，几只狗争抢一块肉，咬死了我家的狗。我来引一把火，去炖狗肉吃。狗肉滚三滚，神仙站不稳。回见！”丢肉的人家赶忙去赔礼道歉追回了媳妇。

蒯彻接着说：“拿这事来说，乡里婆婆并非舌辩之士，乱麻乞火也不是还妇之道。然而事物可以类比，道理都是相通的。我趁便就去向曹相国说说，你等着瞧就是。”

稍后，蒯彻面见曹参，进言说：“妇人有丈夫死了没几天尸骨未寒就忙不迭改嫁的，有幽居守寡闭门不出的。如果让相国选择，你会要哪一个？”

曹参丈二和尚摸不着头脑，不无困惑地回答：“当然要守寡的。”

蒯彻笑道：“对头。其实，用人也是一样道理。像东郭先生和梁石君，都是齐国一等一的俊杰，他们隐居不仕，不曾卑辞屈节刻意求官。愿相国派人以礼相请，量才委用。”

曹参这才明白究竟。他早就听说过这二人的贤名，于是也笑着说：“恭敬不如从命，就按先生说的办。”当即派人迎请出东郭先生、梁石君，待为上宾，两人的才能都得到发挥展现的机会。

当初，蒯彻还与齐人安其生交好。安其生曾游说过项羽，项羽不用其计策，却要封他们做官。蒯彻和安其生都没有接受。

蒯彻深入研究过战国策士们的权变之术，并阐发自己的见解和评论，编成《隽永》一书，凡八十一篇。《汉书·艺文志》载有《蒯子》五篇，收归纵横家（共十二家，包括苏秦、张仪、李斯等）。今皆已失传。

曹参离开临淄前往长安。临走前，他语重心长地嘱咐专门前来恭送并请教的继任齐相傅宽说：“对于那些教唆犯罪、包揽词讼、资助盗贼以及投机的商人聚集的场所，要慎重对待，不要轻易搅扰。”

傅宽有点不解，问道：“政事没有比这更重要的吗？”

曹参解释说：“这倒不是。这些场所善恶并容，可以藏污纳垢。如果你严加治理，就会使奸人无处容身。倘若纵容他们四处作恶，那就麻烦了。所以我特别重视这个问题。”这表面谈的是治安问题，其实是敲打后任不要改变他根据黄老之学制定的宽松政策。

傅宽亦非等闲角色，此公很有来头，且与曹参有颇多相近之处：名将出身，获封阳陵侯，在功臣排行榜中名列第十。在曹参治齐的基础上，他继任齐相大体可算是愉快胜任。

升任大汉王朝的第二任相国后，曹参“举事无所变更，壹遵何之约束”。他从各郡和诸侯国中专门挑选那些质朴厚道、讷于辞令的人来担任相国的属官。官吏中那些擅长文辞、深文周纳、琐屑苛刻、好大喜功的人，则往往被斥退，丢了饭碗。曹参自己整天饮酒高卧，不理政务。公卿大夫和宾客们看到曹参这个样子，心里头都有些发急，想试探劝说他一番。可这些人一来，曹相国就请他们喝酒，绝口不谈国事。有的人还想说点什么，曹参就又让他们再喝，喝好，喝痛快，直至喝得酩酊大醉，始终没有开口的机会。大家慢慢也只好习惯了。

相府的后花园靠近官吏的宿舍，官舍里成天饮酒高歌，大呼小叫，沸反盈天，不亦乐乎。相国的随从官员很厌烦，但又无可奈何，就请曹参到园中游玩，希望相国大人眼见心烦，出面制止。谁知曹参看到后，笑逐颜开，居然责骂：“如此好事，怎么不早些告诉我呢？嗯？”随即让人取来好酒，摆开座席，加入狂欢并掀起高潮。如果谁犯了一般性过错，曹参也总是睁只眼闭只眼，不加追究。相府上下井井有条，相安无事。

相门之子曹窋在朝廷中任中大夫。惠帝心里对相国不理政事感到些许不快，以为曹参是因为皇帝年轻而怠慢自己。他就吩咐曹窋：“你回家去后，私下试着问问你的父亲：‘高祖刚刚去世，皇上很年轻，你作为相国，成天喝得醉醺醺的，不向皇帝请示汇报，如何考量国家大事呢？’不过不要说是我让你去问的。”

曹窋回家休假时，觑个空子，把惠帝的意思换成自己的话，质询了一番老爸。不料曹参听了一反常态，大发雷霆，亲自动手打了儿子两百大板，喝道：“畜生，赶快进宫侍奉皇上履行公务去，天下大事不是你这等黄毛小子所应该与闻的！”

上朝的时候，惠帝责备曹参：“是我让曹窋去问你的。你为什么打他？”曹参先是免冠谢罪，进而辩解道：“依陛下看，圣明英武你比得上高祖吗？”

惠帝说：“我怎么敢与先帝相比呢！”

曹参又问：“那陛下看我的才能贤德比得上萧相国吗？”

惠帝顿了顿，回答：“似乎也有所不及。”

曹参说：“陛下说得很对。高祖与萧何平定天下，制定了明确的法令。如今陛下垂拱而治，清静无为；臣等谨守职责，各尽本分，只需遵循先帝和萧相国的法令而不妄加兴革，按既定方针办，不也挺好吗？”

惠帝说：“没错。没事了，你去休息吧。”

萧规曹随（程远宏　绘）

曹参执政三年，把自己任齐相时遵奉并行之有效的黄老学说作为治理国家的指导方针，不显山不露水，不搞“新官上任三把火”，不标新立异，对汉初的政治稳定、社会平安和经济发展做出了重要贡献，也为后来的“文景之治”和武帝时期“外攘夷狄，内兴功作”的鼎盛国力奠定了初步的物质基础。

子曰，知人者智，自知者明。萧何一秉大公，一切从国家的长治久安着眼，不计较个人恩怨；曹参相信萧何的人格，深知萧何不会以私废公，并竭力保持了萧何制定的一系列政策的稳定性和连续性，不立异以为高。这两位风格迥异的“千秋贤相”的政治品质和风度，是后人应该深思效法的。太史公在《史记·曹相国世家》的末尾，以凝重仰慕的心情，引用记述了一首当时流传很广的称颂萧、曹的民歌：

萧何为法，㙞若画一；
曹参代之，守而勿失。
载其清净，民以宁一。

“萧规曹随”，成为千古佳话。

第二章

张良

帝者师
博浪椎与圯上老人
风云际会
鸿门宴
运筹帷幄
定国安邦
功成身退
黄老学说与汉初政治

帝者师

当年博浪金椎，惜乎不中秦皇帝！
咸阳大索，下邳亡命，全身非易。
纵汉当兴，使韩成在，肯臣刘季？
算论功三杰，封留万户，
都未是，平生意。
……

这是素有清代首席词人之称的金风亭长朱彝尊的名作《水龙吟·谒张子房祠》的前半阕。

如果说萧何、韩信是刘邦的左右手，曹参、周勃是其爪牙，樊哙、夏侯婴是其心腹的话，那么不妨也可以说，张良是刘邦的大脑。

张良深明韬略，文武兼备，气度恢宏，见识高远，精通黄老之术，在大汉开国谋士群中稳坐第一把交椅，是刘邦身边摇鹅毛扇的宾师和决策人物。

贵族出身的张良，在汉初开国布衣将相群中显得鹤立鸡群，是一个难得的异数。清代学者赵翼指出："汉初诸臣，惟张良出身最贵，韩相之子也。其次则张苍，秦御史。叔孙通，秦待诏博士。次则萧何，沛主吏掾；曹参，狱掾；任敖，狱吏；周苛，泗水卒史；傅宽，魏骑将；申屠嘉，材官。其余陈平、王陵、陆贾、郦商、郦食其、夏侯婴等，皆白徒。樊哙则屠狗者，周勃则织薄曲吹箫给丧事者，灌婴则贩缯者，娄敬则挽车者。”

一般而言，刘邦是个雄才之主，又特别喜欢侮辱捉弄别人。吕后则为人刚毅，果于杀戮。就三杰而言，以萧何之老成练达，小心谨慎，亦曾锒铛入狱，饱受凌辱。以韩信之英武才略，功高盖世，终于难免兔死狗烹，身死族灭。其他如勇将英布、谋臣郦食其，开始都遭受过刘邦难堪的戏弄，英布甚至差点儿因之愤而自杀。周昌是参与丰沛首义的老同志，既是重臣（在功臣榜中排第十六名，封汾阴侯，任赵相，受命辅佐戚夫人所生高祖爱子赵王如意，其“为人强力，敢直言，自萧、曹等皆卑下之”），又是烈属（周苛是其堂兄），却被刘邦骑在脖子上作威作福耍弄！但这对活宝却自始至终对张良毕恭毕敬。

刘邦称帝前后，对萧何、韩信以下一概都是直呼其名，可于张良却是唯一的例外，一直称其为“子房”，字而不名，表现出一种特别的亲近和尊重。他对张良一贯言听计从，十分信服。吕后则因为让次兄建成侯吕释之强请留侯点拨，终于保住了太子刘盈岌岌可危的地位，所以对他格外感恩戴德礼敬有加。奇怪的是，当初项羽也很买张良的账，一再受骗却痴心不改，对他非常信任。

刘邦几乎所有重要的政治、军事决策，如设计先入关中，抢占咸阳；还军霸上，避免决战，利用项伯，鸿门脱险；烧绝栈道，迷惑项羽，激楚攻齐，调虎离山；重用韩信，联结彭越、英布，建立广泛的统一战线，使项羽左支右绌，应接不暇；明察时势，不立六国之后；割地韩、彭，合击项羽，宜将剩勇追穷寇；群臣争功人心浮动时，果断先封雍齿，达成安定团结；迁都长安，以图长治久安；巩固太子地位，稳定政局……凡此种种，都是根据张良的建议或得到他的支持才做出决定的。

张良对黄老之术的研究和运用十分精到，其心计之融通，手段之高明，令人叹为观止。他先帮刘邦跟秦朝斗，再帮刘邦跟项羽斗，而后又在刘邦和功臣的争斗中置身事外，还苦心孤诣留着心眼并以适当的手法跟刘邦、吕后斗。作为指挥若定的大军事家，张良并不直接掌兵。作为运筹帷幄的大政治家，他极少出任实职，更从未掌握过国家的具体行政权力。作为刘邦心悦诚服的兴汉三杰之首，“以三寸舌为帝者师”，他却在天下底定、大功告成后毅然急流勇退，明哲保身，尽量不介入错综惊险波诡云谲的现实政治，犹如闲云野鹤，优游自如。张良以其杰出的才能和智慧，在大汉开国前后的整体表现极为出彩，几乎无可挑剔。难怪一向持论甚苛的宋儒朱熹也对留侯敬服不暇，一再说：“论三代以下，人品皆称子房、孔明。”真德秀所论则更为全面：“子房为汉谋臣，虽未尝一日居辅相之位，而其功实为三杰之冠，故高帝首称之。其人在伊吕之间，而学则有王霸之余。其才如管仲，而气象高远过之。其汉而下，唯诸葛孔明略相伯仲。”

汉业存亡俯仰中，留侯于此每从容。有心的读者，不妨用心来领略吟味，什么才叫天才人物，什么才是大家气度。

博浪锥与圯上老人

陕西留坝张良庙有一副言简意赅的名联：

辞汉万户，

送秦一锥。

它出自民国元老兼书法大家于右任的手笔。寥寥八个字，简约传神地勾勒出了留侯张良一生的两项主要事迹。“辞汉万户”，后文再叙。先说何为“送秦一锥”。

公元前221年，秦王嬴政削平六国，一统天下，自号“始皇帝”，建立起以汉族为主体、中央集权、高度专制的大秦帝国；嗣后，“百代都行秦政治”。这是中国历史上空前的伟业。诗仙李白由衷赞叹：秦王扫六合，虎视何雄哉！狂人李贽更是无限景仰地称之为“千古一帝”。

秦始皇出巡途中突然发病暴死在沙丘（今河北广宗西北），只活了四十九岁（前259—前210）。这明显出乎他的意料，很多重要的军国大事（包括至为关键的继承人选定）都根本没来得及安排妥当。大秦帝国勃兴忽灭，“二世而亡”，与此干系匪浅。

嬴政的一生，固然波澜壮阔，威武雄壮，却也曾数度被人行刺，受到莫大的惊吓。虽然结果都有惊无险，但这肯定对他的精神和身体都造成了无法愈合的双重打击，严重损害了他的身心健康。

最有名的一次遇刺事件，即众所周知的“荆轲刺秦王”。事情发生在秦王政二十二年（前 227），强秦攻灭六国的战争正如火如荼的当儿。谁也未曾想到，九年之后，在早已走进“普天之下，莫非王土；率土之滨，莫非王臣”格局的新时代，竟然又有居心叵测胆大妄为之徒想要始皇帝的性命。

这年春天，秦始皇率领大队人马，东游抵达博浪沙（今河南省原阳县东南）地界，庞大的车队正在蜿蜒起伏的山路上不紧不慢地行进。说时迟那时快，忽然间，一只大铁锥从天而降，“嘭”的一声巨响，将中间的一辆车子砸得粉碎。秦始皇就坐在它前面紧邻的那辆车上。他回头一看，不禁魂飞魄散：肯定自己才是行刺目标，要不是差了那

博浪锥（张鹿山　绘）

么一点点，误中了随行副车的话，恐怕十有八九已经一命呜呼。

事出突然，长长的车队停下来待命。嬴政回过神来，由惊转怒，立即下令侍从武士四面搜索。并紧急通告全国各地进行地毯式搜查，不惜一切代价捉拿刺客。结果却毫无所得。他至死也不知道，这次谋刺事件的主使，是一个名叫张良的青年。

张良，字子房，韩国人，贵族出身，身世显赫，他的祖父张开地、父亲张平先后担任过五位韩王的丞相。张平死后二十年，秦灭韩。那时张良年纪还小，未及在韩国出仕，但已经在心中埋下了报复嬴秦的种子。仇恨入心要发芽。长大成人后，他的家财还很丰饶，光是奴仆就有三百人之多。张良别有怀抱，兄弟死了也只是草草安葬，却不惜用全部财力访求得力刺客，密谋干掉秦始皇，颠覆秦国，为韩国报仇，企图相机复国。

为了增长见识和历练，张良外出游学。在淮阳学习礼仪时，结识了当地很有名望的高人仓海君，两人成为忘年之交。仓海君知道张良的心愿后，介绍了一个有神力的勇士给他。张良大喜，倾心结纳。勇士被感动，情愿为他赴汤蹈火。张良特意铸造了一个重达一百二十斤的大铁锥，打算利用秦始皇巡游四方的机会，选择其必经之地，在险要而便于自身逃脱处隐蔽埋伏，伺机狙击。于是他精心组织、一手策划了博浪沙事件。可惜人算不如天算，结果误中副车，功亏一篑。

博浪沙事件至少说明了三个问题。一是张良对秦帝国仇恨之深。这在六国旧族中很具代表性，并非个别现象，折射出貌似强大的秦朝完成统一大业后很多相关问题没有得到妥善处理，后遗症很多，各种尖锐矛盾只是暂时潜伏下来，一旦遇到合适的气候和土壤，就会迸发并迅速感染。二是张良的决心、胆量和行动能力突出。行刺当今皇帝，是泼天大胆的灭族勾当，张良敢想敢干，而且居然能够全身而退，诚非项羽、刘邦所能梦想，足以说明这个青年很不寻常，具有过人的才能和胆魄。三是张良当时没有也不可能找到反抗秦朝的适当办法和手段，只是依仗匹夫之勇，冒险犯难，以求一逞。

作为一种副产物，这次未遂的行刺，倒是在历史上留下不少有趣的谈资。

唐代大诗人白居易“晚年惟好静，万事不关心”。分司东都洛阳后，更是明哲保身，纵情山水，阅尽人间春色。唯一让他感到美中不足的是膝下无子。与他齐名的好友刘禹锡作诗劝慰道：“雪里高山头白早，海上仙果子生迟。”

无独有偶，清代著名诗人袁枚重蹈了白乐天的遗憾。袁子才“文章草草皆千古，仕宦匆匆只十年”，名满天下，优哉游哉，可惜就是从未享受过弄璋之喜。他在诗中一再抱怨：“情疑中副车！”

当代诗人余光中同样膝下无子，单有四位千金，他笑称自己是一连中了四次副车。余光中倒只是自我调侃而已，并无不快。毕竟时代不同了，生男生女都一样。

智深勇沉的张子房如果得知身后自己的生死一搏被历代文人弄成这般文绉绉酸溜溜的说辞，恐怕会哭笑不得。

为了躲避搜捕，张良隐姓埋名，逃到下邳（今江苏睢宁）隐居。他一方面不敢造次，尽量夹起尾巴做人；另一方面毕竟心高气傲，血气方刚，猛气难以自抑。他兀自行侠仗义，打抱不平，逐渐也有了一些名气。项伯杀了人，就慕名前来投奔，隐藏在张良那儿，得到很好的庇护和招待。

那些日子过得不好不坏，就是比较郁闷。闲暇无事时，张良喜欢独个儿到下邳的桥上散步，有一搭没一搭地想些心事。他抬头看看天边如血的残阳，又低头看看桥下滚滚东逝的河水，心想：难道就这样不尴不尬不稂不莠地混将下去吗？

想起江山故国，秋水伊人，张子房忽然感觉很烦躁，于是他吟诗一首，自我排遣：

似一曲不尽悲歌萦绕在我的心头，
你就是那歌中最凄凉的音符。
时间令我识破了那么多虚伪丑陋，
心中便只剩下了冷漠与虚无。

往日的一切像一座隆起的坟墓，
我蒙受着永远失去你的痛苦。
梦魂若是一叶眷恋江河的扁舟，
就让它载着我漂洋过海把你寻求。

期待着有一天能再见到你的倩影，
像冻僵的百灵仍然在歌唱春之树。
向着大地我千声呼唤：你在哪儿？
我的纯真，我的青春，我的爱慕？

要来的早晚会来，事情终于有了变化："圯上老人"出现了。圯，就是桥的意思。

这天，张良又在桥上随意溜达。忽然有个老人，穿着粗布短衫，径直走到他跟前，故意将鞋子掉到桥下，冲着他嚷："小伙子，下去替我把鞋子捡上来！"张良感到莫名其妙，看着老人那副大大咧咧的样子，很想揍他一顿，好让他知道马王爷有三只眼。念他是个须发皆白的老者，张良就强捺住性子，下去把鞋子拾了上来。

不想老人得寸进尺，又说："给我穿上！"

张良想：反正已经到桥下帮他把鞋子取上来了，干脆好人做到底，就给他穿上吧，看他葫芦里到底卖的是什么药，就蹲下来帮老人把鞋子穿好。

老人伸着臭烘烘的脚丫让张良把鞋子给他穿上，而后头也不回地离开了，嘴角带着一丝高深莫测的微笑。张良一直注视着老人渐行渐远的背影，隐隐觉得这事不无蹊跷。

老人走出里把路，又折返回来，对张良说："孺子可教！五天后的拂晓，与我在这儿碰头。"

张良知道遇到了异人，心中一阵狂喜，恭恭敬敬地跪下来说："是。"

张良帮老人把鞋穿上（程远宏　绘）

五天后，天刚蒙蒙亮，张良就到桥上赴约，可是老人已经先到了。老头儿生气地说：“与老人约会，为什么迟到？”不等张良解释，拔腿就走，又回过头说：“过五天再在这儿见。你小子来早点！”

又过了五天，鸡一叫，张良就去了，可是老人又已先期而至。老头儿又生气地说：“怎么又迟到了？”还是不待张良解释，拔腿就走，只交代了一句：“过五天来得更早点！”

再过了五天，张良半夜就去了桥上。没等候多久，老人也来了。这回老头儿总算高兴了，喜滋滋地说：“这样就对头了。”

他郑重其事地拿出一部书交给张良，说：“精读了这本书，你就足够做帝王的老师了。十年以后你就会发迹变泰，十三年以后你到济北来见我，谷城山下有块黄石，那就是我。”说完就走了，没有别的话。张良从此再也没有看见过他。

天已经蒙蒙亮，张良借着晨光端详老人送他的书。好家伙，原来是一部《太公兵法》！秦火焚书之余，这书可着实是太稀罕了。张良知道这本书的价值，极为珍视，时常研读揣摩。日积月累，他的政治、军事理论水平有了突飞猛进的提高。

圯上老人犹如神龙见首不见尾，其人其事其言其书，扑朔迷离，虚诞飘忽。他的出现，改变了张良的整个人生。子房的性情也发生了巨大变化，由凌厉刚猛转而英华内敛，气定神闲。

宋代大文豪苏东坡在其名作《留侯论》中对此曾有精辟分析：

> 古之所谓豪杰之士者，必有过人之节。人情有所不能忍者，匹夫见辱，拔剑而起，挺身而斗，此不足为勇也。天下有大勇者，卒然临之而不惊，无故加之而不怒。此其所挟持者甚大，而其志甚远也。

夫子房受书于圯上之老人也，其事甚怪。然亦安知其非秦之世，有隐君子者出而试之？观其所以微见其意者，皆圣贤相与警戒之义；而世不察，以为鬼物，亦已过矣。且其意不在书。

当韩之亡，秦之方盛也，以刀锯鼎镬待天下之士。其平居无罪夷灭者，不可胜数。虽有贲、育，无所复施。夫持法太急者，其锋不可犯，而其末可乘。子房不忍忿忿之心，以匹夫之力而逞于一击之间；当此之时，子房之不死者，其间不能容发，盖亦已危矣。

……夫老人者，以为子房才有余，而忧其度量之不足，故深折其少年刚锐之气，使之忍小忿而就大谋。

已忍伶俜十年事，强移栖息一枝安。在长达十年的颠沛流离逃亡生涯中，张良广泛接触社会各个层面形形色色的人和事，又深刻领悟了《太公兵法》的奥义，出落得世事洞明，人情练达，辩才无碍，足智多谋。作为一个高瞻远瞩的开创型人才，他自身已经做好了蜕变腾飞的一切准备。所等待的，只是时代给他提供的契机了。

他比姜太公幸运，没有“书生老去机会方来”，不用等到七老八十等白了胡子。秦二世元年（前 209）七月，陈胜、吴广在大泽乡揭竿而起，首树义旗，天下豪杰争先恐后群起响应。不久，张良与刘邦萍水相逢。他们风云遇合，一见如故，如鱼得水亲密无间地合作导演了覆秦、灭楚、兴汉的伟大史剧。

风云际会

陈胜首义，天下景从。张良也聚集起身边一百多个不安本分的年轻人，打算去留县投靠已经自立为楚假王的景驹，大干一场，刚巧在半路上碰到了沛公刘邦。刘邦这时已有几千人马和基本班底，正由丰、沛向下邳以西地区扩张。刘邦与张良风云际会，极为投契，一夕饮谈，相见恨晚，杯盘狼藉，不知东方之既白。在沛公盛情邀请下，张良当即决定入伙丰沛集团，不去景驹那儿了。刘邦大喜，任命他为管理军马的厩将。子房多次根据《太公兵法》向沛公献策，刘邦响鼓不用重锤，一点就通，言听计从，几乎无往而不利。可是张良对别人解说兵法战策的时候，却无人能懂。张良仰天长叹道："沛公的才智，大概是老天授予他的吧，没人能比得上。"他们彼此之间更加相互欣赏，情好日密。

诗云，靡不有始，鲜克有终。幸运的是，张良与刘邦的关系是一个难得的例外。

张良随沛公来到薛县，拜见项梁。这时陈胜已经败死，项梁成为义军新的盟主。他接受范增的献策，拥立流落民间替人牧羊的楚国公子熊心为楚怀王，以资号召。张良想趁机恢复韩国，就对项梁说："你已经立了楚王后裔，大快人心。韩国的公子横成君韩成颇为贤能，

刘邦与张良风云际会（曹同煜　绘）

何不立他为韩王，以增强自己的党羽，作为臂助？”项梁一听，认为有道理，就派张良找到韩成，立他为韩王，并任命张良为韩国的司徒（丞相）。于是张良告别刘邦，与韩成率兵千余人向西攻略韩国故地，倒也占领了一些地盘和几座城邑，分散吸引了部分秦军兵力。但因实力有限，秦军反攻时又屡次将城池夺了回去，双方形成拉锯战。韩成、张良所部就成为一支游军，在颍川一带往来游击。

秦军主将章邯冒雨夜袭定陶，击杀连胜后骄傲轻敌、疏于防备的项梁，重挫楚军。他志得意满，趾高气扬，错误估计形势，认为“楚地兵不足忧”，放过了剿灭项羽、刘邦等部的良机，没有穷追猛打，以竟全功，而是率领秦军北渡黄河，进攻赵国。

楚怀王获知项梁战死的消息后，采取了一系列措施来应对新的局面。他从盱眙迁都彭城，整顿军力，调整人事：将项羽、吕臣率领的两支劲旅收归自己直接指挥；以项羽为长安侯、鲁公，参与军事决策；以吕臣为司徒，吕青（吕臣之父）为令尹，负责政府日常运转；以刘邦为武安侯、砀郡长，率所部从西边屏障彭城。随着秦军主力北上，义军力量迅速恢复壮大起来。

当时天下大势是：章邯所部主力秦军与王离所部精锐边防军正在会攻赵国，赵王歇和张耳被包围攻击，承受着巨大压力，危在旦夕，连连告急求救；黄河以南直至关中，则已经没有秦军较大较强的机动部队，异常空虚。

在这种情势下，楚怀王决定兵分两路：派宋义、项羽率楚军主力北上救赵，寻歼秦军主力，再转进关中；派刘邦率一部兵力乘虚西进，犁庭扫穴，直捣咸阳。怀王引进激励机制，与义军领袖相约："先入定关中者王之。"

俗话说，瘦死的骆驼比马大。陈胜、项梁相继牺牲，秦军经常打胜仗，貌似还很强大。救赵固然是啃硬骨头，挺进关中也困难重重，良非易易。多数将领都还对秦军心存畏惧。"独项羽怨秦破项梁军"，自告奋勇，愿与刘邦一同入关破秦。但怀王周围有一帮近臣对项羽有看法，他们说："项羽为人彪悍狡黠，以前他攻打襄城，军民几乎都被坑杀，剩下的活人没几个。这厮残暴成性，河边洗手鱼也死，路过青山树亦枯，他所经过的地方没有不遭到残灭的。不如另派忠厚长者率军西征，恩威并用，依仁义行事，向秦人讲明道理。秦地父老对君主给予他们的痛苦已经忍无可忍，如今要是派个能干厚道的人前往主事，不使用暴戾手段，善待他们，关中不难攻取。项羽凶暴，不可派遣。只有沛公素来恢宏大度，必能愉快胜任。"怀王认为有理，就做出了上述人事安排。秦二世二年（前 208）闰九月，两路楚军分头出发。

花开两朵，各表一枝。项羽破釜沉舟、全歼秦军主力的伟大壮举，上文已作过交代。这里单说刘邦的进军路线。

受命西进关中时，刘邦所部不过万人。他率部从彭城出发，经由砀、城阳、成武、栗、昌邑等地，一路收集陈胜、项梁的散兵游勇和其他小股部队，招兵买马，攻击秦军，保存自己，消灭敌人，打得赢就打，打不赢就绕道走，力量像滚雪球一样膨胀。其间，“高阳酒徒”郦食其慕名投奔，从此成为刘邦的重要谋士。郦生的故事，将在《郦食其》一章专门介绍。刘邦采纳郦生的建议并派他为说客，招降了陈留郡守，获得大量粮秣军资，得到了充分补给。又收编了郦食其之弟郦商的队伍四千人，实力大增，为进一步西进创造了条件。郦商亦非寻常之辈，他后来获封曲周侯，在功臣排行榜中稳坐第六把交椅，是大汉开国名将中响当当的角色。郦商的儿子郦寄在历史上也有些名气，被认为是“卖友”的代表性人物。

刘邦进攻开封，不克。再与秦将杨熊战于白马、曲遇，大败秦军。攻打荥阳，没有得手，便率军转折向南，攻占颍川。又北攻平阴（今河南孟津），封锁了黄河渡口，以防偏师西进的赵将司马印先行入关。除了打击敌人，还要阻遏盟军，够忙活的。刘邦进攻洛阳时，再度失利，便向南迂回，与韩成、张良的游击部队会师。刘邦商请张良跟随自己西征，让韩王成率部留守阳翟（今河南禹州市），牵制洛阳一线秦军，保证主力翼侧安全。经过反复考量，刘邦接受了张良的建议，决定不走当年周文大军由函谷关进入关中的老路，出其不意攻其不备，攀越轘辕关（今河南偃师东南）险道，改由武关切入关中。

秦二世三年（前 207）六月，西征军进至犨邑东面，大破南阳郡郡守吕齮的军队，占领了南阳郡大部分地方，吕率残部退入宛城（今河南南阳）凭险死守。刘邦急于进关，不愿在坚城之下耗费时间和力量，依照老办法，率军绕过宛城西进。张良认为不妥。他说：“抢占先机入关固然是当务之急，但秦军还不少，又有险可守，斗志尚未崩溃。如果不攻下宛城就冒进，宛城的守军从后面追击，强大的秦军在前面阻拦，这样会导致我们腹背受敌进退失据，是非常危险的！”刘邦认为有理，就根据张良的计策，偃旗息鼓连夜回师，黎明时分就将宛城包围得水泄不通。吕齮没料到楚军去而复来，惊慌失措，在门客陈恢的劝说和运作下，举城投降。刘邦封吕齮为殷侯，让他继续镇守南阳。又赏给陈恢食邑千户。

榜样的力量是无穷的。秦法极为苛刻，兵荒马乱之际，将领和地方官员们兢兢业业加倍小心，还是时刻提心吊胆，担心稍有闪失，就会招致身死族灭的灭顶之灾。现在好了，归顺义军不但可以活命，而且照样当官，甚至加职晋爵。如此好事，何乐而不为？这在以后起了极佳的示范作用，大大消解了秦军的斗志，减少了义军西征的阻力。

刘邦在宛城稍事休整。七月，继续西进，所过城邑大多望风降服。到丹水，收编了戚鳃、王陵等部。回军攻打胡阳时，遇到鄱君吴芮的部将梅锅，会同攻下析、郦两城。八月，攻破关中的东南门户武关。这时，章邯屡战失利后已在赵国率领全军投降了项羽。项羽率领麾下的铁血雄师经过短暂休整后正兼程西进，准备抢占秦都咸阳，一举灭秦。

两支楚军日益逼近。在强大的军事压力下，秦王朝的末日即将来临，分崩离析，内部矛盾进一步激化，接连发生宫廷政变，力量进一步削弱。

秦二世在赵高的唆使下，诛杀了李斯、蒙毅等大批功臣、能臣，又大量杀戮宗室贵族。赵高指鹿为马，欺上罔下，专权恣肆，也让

指鹿为马（张鹿山、王井　绘）

秦二世渐渐有所觉察和不满。根据张良的提议，刘邦派人潜入咸阳与赵高暗中联系，以图里应外合事半功倍。赵高深知秦廷大厦将倾，又担心秦二世会对自己不利，决定先下手为强。经过密谋，他令郎中令赵成（赵高之弟）、咸阳令阎乐（赵高之女婿）率亲兵千余突入秦二世居住的望夷宫，击杀宫廷侍卫数十人，捉拿秦二世。大祸临头，秦二世这才如梦方醒。他埋怨一个留在身边随侍未走的宦官说："赵高居然是这种人！你们为什么不早些告诉我呢？那也就不至于弄到现在这样不可收拾！"宦官见皇上命在旦夕，胆子也壮了，回答说："臣不敢说真话，才苟活到了今天。假设早说，也早就做了陛下的刀下之鬼，哪能看得到今天这出戏！"秦二世面红耳赤不再说话。

这个十足的孬种，死到临头还心存侥幸，企图苟免。他先哀求阎乐："愿得一郡为王。"阎乐摇头不许。又退而求其次："愿为万户侯。"阎乐依然摇头不许。于是索性一下子退到底线："愿与妻子为黔首。"只求活命，夫妻相守，做个老百姓就心满意足了，可是阎乐兀自摇头不许。生子如此，而且居然还是"祖龙"事业的继承人，不知秦始皇地下有知的话，该会作何感想？阎乐面无表情阴恻恻地说：

“丞相有令，只要陛下的脑袋。对不起了！”

逼杀秦二世后，赵高以义军蜂起、秦地缩小、山东六国后裔皆已继立为理由，废除皇帝称号，立“二世兄子”子婴为秦王。同时派出使者来到刘邦军中回报，提出共灭秦室、分王关中的计划。刘邦虚与委蛇，不置可否，只是加紧了进军的步伐。九月，芒刺在背惴惴不安的秦王子婴与两个儿子合谋，在斋宫将赵高刺杀。

客观地说，新科秦王子婴应该算得上是个人才。他既不像秦始皇那样残暴，更不比秦二世那般昏庸。子婴头脑清醒，心思缜密，行事果决。即位没几天，就采取迅雷不及掩耳的霹雳手段，将枝繁叶茂盘根错节的神奸大憝赵高干掉，“三族高家以徇咸阳”，着实了得。只是形势比人强，秦二世已将秦朝积累的雄厚资本挥霍殆尽，历史已经没有子婴进一步施展才智的时间和舞台。才自精明志自高，生于末世运偏消。时势比人强，奈何？

子婴垂死挣扎，增派军力防守峣关。峣关前据峣岭，背靠蒉山，地势险要，是由武关北上咸阳的最后一道关卡。张良建议一方面在山上遍树旗帜，作为疑兵；一方面派得力谋士郦食其、陆贾联袂去游说出身屠户的秦军守将，诱之以厚利。刘邦依计而行，守将“果欲连和，沛公欲许之。”张良又认为这只是守将贪利欲叛，“恐其士卒不从，不如因其怠懈而击之。”于是刘邦率兵乘绕过峣关，翻越蒉山，趁其不备，发动突然袭击，取得大胜。又连败秦军于蓝田（今陕西蓝田），逼近咸阳。

汉元年（前 206）十月，刘邦率军进抵霸上，并向子婴下了最后通牒。这时，秦军军心民气已经完全瓦解，抵抗已经没有任何意义和可能。秦王子婴无可奈何，素车白马，脖子上系着丝带，双手捧着皇帝的玉玺和符节，拜伏在轵道亭旁边，向沛公刘邦投降。曾几

刘邦谁的话都可以不听，只有张良是唯一的例外（李成勋　绘）

何时，烈火烹油之盛的大秦帝国灰飞烟灭。刘邦与身边的张良对了一个眼神，彼此会心地露出胜利者的微笑。

左右亲信有人主张杀掉子婴，以绝后患。沛公说："当初怀王选派我入关，就是因为老子能宽大容人。再说，人家降服以后还去杀他，没有道理，也不吉利。"于是把子婴交人管束，待之以礼，自己率部开进咸阳。

刘邦进入秦朝的宫殿，看到巍峨雄伟的宫室、精致秀美的帷帐、奇形怪状的狗马、琳琅满目的珍宝，尤其是那些婀娜多姿楚楚动人的美女，土包子开了洋荤，大开眼界，目瞪口呆，迈不动脚步了，立马想留下来在宫里住宿，尽情享受。樊哙有些担心，劝他还是远离这些玩意出去居住，做好下一步的打算，刘邦不听。

又轮到张良出场了。他说："正是因为秦朝无道，你沛公才能有今天。为天下铲除凶残的民贼，当以崇尚朴素为是。而今刚到秦宫，就像亡秦那样耽于安乐享受，那无异于助纣为虐，是不能久远的。忠言逆耳利于行，良药苦口利于病。樊哙说得很对，希望你听从他的意见。”刘邦谁的话都可以不听，只有张良是唯一的例外。虽然这回多少有点不情不愿，他还是率领军队回驻霸上，顺便捎带了两个最招眼的靓女。

沛公爽了几把，精神焕发，开始做正经事。他根据萧何、张良的意见，召集秦地父老豪杰，对他们说：“列位苦于秦朝的严刑苛法，已经很久了。诽谤朝政的要灭族，偶尔埋怨几句也要杀头，什么事嘛，至于吗？我与诸侯们一同接受怀王的约定，先入关中者王之，这关中王当然就非我刘某莫属了。现在与各位父老约法三章：杀人的抵命，伤人和抢劫的依法治罪，其余的秦法，一律作废！所有官吏和百姓都各依故常，该干吗还干吗。我来这儿，是为了替父老们兴利除害，不会胡来，大家不要害怕！我回军霸上，是等候各路诸侯到来，制定纪律大家一体遵守。”大伙儿一听乐坏了，台下传来长时间的、热烈的、暴风雨般的掌声。

刘邦派人与前秦官吏一起到各个县、乡、邑，进行广泛宣传。秦地百姓都很高兴，争先恐后送些牛羊酒食慰劳士卒。沛公一再谦让不肯接受，说：“我们仓库的存粮很多，并不缺乏，不想再麻烦百姓了。”人们更是争口相传感恩戴德，唯恐刘邦不在秦地为王。刘邦就这样收结了人心。

有人献计说：“秦地比其他地方富足十倍，地势又很险要。听说章邯已经投降项羽，项羽把关中之地封给了他，称为雍王。他一来，这地盘恐怕就没你沛公什么事了。不如赶快派兵把守函谷关，不让诸侯军队进来；同时在关中逐步征兵，增强实力，御敌于国门之外。”

刘邦未暇深思，连称“好计”，照着做了。

个把月后，项羽率领诸侯军队浩荡西进，进抵函谷关，却见关门紧闭。又听说刘邦已经捷足先登，尽享胜利果实，拟自为关中王，而以子婴为丞相。项羽不由大为震怒，立即命令英布等攻破函谷关。十二月中，大军到达戏水，准备攻击刘邦，夺占咸阳。

一时间，波涛汹涌，阴云密布，战争一触即发。

鸿门宴

这时，项羽拥兵四十万，号称百万，驻扎在新丰鸿门（今陕西临潼东之项王营）；刘邦的部队也扩充到十万人马，号称二十万，驻屯在霸上（今陕西西安东南灞水西面之白鹿原）。两地相距四十里。

刘邦派兵守御函谷关，又迟迟不来晋见，本来就让项羽很不开心。正好沛公的左司马曹无伤派亲信潜来密报："沛公打算称王关中，用子婴为丞相，独吞全部珍宝。"这无异于火上浇油。项羽更为愤怒，向亚父范增问计。

范增说："沛公在山东的时候，贪财好色，胸无大志。入关后却一反常态，不收取财物，不贪恋妇人，看来是得了高人指点，其志不可小觑。我叫人观察他那边的云气，说是五彩缤纷，呈龙虎状，这是天子的气象啊！要先下手为强，赶快发兵攻打他，勿失良机！"项羽边听边点头。当即下令："明日早晨好好犒劳士卒，准备击灭沛公！"身边文武立刻着手备战。这可急坏了项伯。

项伯，名缠，是项梁的兄弟，项羽的叔父，时任楚国左尹（左丞相）。他倒不在乎刘邦的生死，而是担心张良的安危。项伯跟张良很要好，是过命的交情。早在秦始皇时代，项伯杀了人，曾逃到下邳张良那儿长期隐蔽，度过了一段难忘岁月，两人可谓是患难之交。

项伯这个人挺念旧，他知道张良在沛公军中，唯恐殃及池鱼玉石俱焚，就连夜快马加鞭赶到霸上军营，悄悄会见张良，把事情的来龙去脉原原本本告诉了老朋友，想让张良当即跟他一起走，先脱离险境再说。至于高官厚禄，自然是题中之意，一个都不能也不会少。他说："君子不立于危墙之下。项王兵锋，势不可挡！你赶紧跟我一起走吧，犯不着陪着沛公白白送死。"

张良说："老朋友就是老朋友，真是太感谢你了！只是，你向来深知我的为人。我受韩王之命陪伴沛公，今天他危在旦夕，我却私下逃走的话，就太不仗义了，实在说不过去，我不能不对他说明。区区微衷，还望老友谅察！"

这一层却是项伯情急之中没有预料到的，他一时间目瞪口呆无言以对。既然找不到合适的理由来说服张良，又了解张良的性格，无奈之中，他只得勉为默许。张良马上入见沛公，详细禀告了相关情况。

刘邦大吃一惊，急得连连跺脚："麻烦了！麻烦了！这可如何是好呢？"

张良反问道："是谁为大王支了这个高招？"

刘邦说："咳，别提他了，他叫我派兵把守函谷关，不让诸侯进来，说那样就可以独占关中自立为王了。都怪我一时糊涂，听信了他的话，也没顾上征询你的意见。"

张良说："依大王看，你的军队能够抵挡项王吗？"

沛公沉默了一会儿，回答："当然抵挡不了。事情已经这样了，还是先说说咱们该如何应付吧。"

张良道："眼下只有沛公自己去向项伯解释清楚，说明你不敢背叛项王，事情才可能有转圜的余地。"

刘邦点头称是，又好奇地问："你是怎么认识项伯的，关系还那么铁？"

张良笑着说："秦时项伯就与我交游。他杀了人，我救过他。今天我有急难，亏他不忘旧情，投桃报李，特意来告诉我一声。"

原来如此。刘邦一听也笑了，这才放下一半心来。此公思维呈跳跃性，脑子转得飞快。他又问道："你和项伯谁年长？"

"他比我大。"

"好的。有劳子房去把他请进来，我要以兄长之礼隆重接待他。"

于是张良出来，邀请项伯会见沛公。事已至此，恭敬不如从命，只能走一步算一步。项伯就跟着张良进来。

溜须拍马灌迷魂汤本来就是刘邦的强项。他对项伯满口恭维，十分客气；更兼张良在一旁穿针引线指导渲染，几杯酒下肚后，项伯彻底放松，飘飘然起来，对沛公油然产生了同情与好感，打心眼里感到他是个被委屈了的好同志。刘邦一再向项伯敬酒，两人一拍即合，洽谈甚欢，并约为儿女亲家，转眼间两人居然成了哥们兼亲戚。张良冷眼旁观，也不得不在心里佩服刘邦的灵活机变。

刘邦笑容满面地说："大哥啊大哥，兄弟入关以后，登记吏民，封存府库，除了本性难移玩了两个女人，其他都秋毫不敢染指；至于派兵守关，那是为了防备强盗出入和发生意外情况，属于维护地方治安的临时措施。兄弟日想夜盼项王早日到来，看他的意思行事，他说如何，便当如何。项家的门第功业，全楚第一，无人能比！不听项王的，还听谁的？我刘季就是做梦，也不敢想到反叛。天地良心，兄弟我冤枉啊！还望老兄在项王面前代为分说，消除误会。在下绝无二心，绝不是妄自尊大忘恩负义的小人！"刘邦的美酒、好话让项伯沉迷，张良深沉而热烈的目光则让他感到一种无可闪避的责任感。他不能不硬着头皮答应下来。

项伯嘱咐刘邦："我跟子房的关系，非同一般，他的事就是我的事。何况我们又是亲家了，我也相信你无罪有功。项王面前，自会尽力而为。不过，无论如何，你明晨务必趁早亲自来鸿门向项王解释道歉。"

刘邦一口应承："多谢，多谢！一定，一定！"

张良送项伯上路返程时，已经帮他编好一套说辞。刘邦一贯出手阔绰，当然也绝不会让新亲家空手回去，馈赠相当够意思。这些且略过不表。

吃里扒外以私废公却又秉性忠厚问心无愧的项伯不虚此行满载而归。他夤夜赶回鸿门军中，在自家稍作停顿，就赶去晋见项王，把刘邦的话添油加醋学样了一遍。当然，他谎称是张良主动找了他。见侄子沉默不语，项伯进而又说："沛公率先打进关中，立下头功，我们才得以轻易入关，人家既有功劳，又有苦劳。他对我们老项家特别是大王你，可是毕恭毕敬推崇备至。如果我们不分青红皂白就去击杀人家，这是违背道义的行为，天下人都会寒心。沛公有意明早主动前来谢罪，当面说清原委，解除嫌隙。依我看，不如善待人家。"项王沉思良久，认为有理，点头应允。范增年老，早就进入梦乡，对这些变故全然不知。

次日清晨，刘邦在张良陪同下，率樊哙、纪信等轻骑百余人，来到鸿门，晋见项羽。其他人留在军门，张良随刘邦进入中军大帐。来的都是客，全凭嘴一张。项王留他们饮谈，于是有了历史上著名的"鸿门宴"。

刘邦显出既高兴又难过的样子，向项羽谢罪说："我与将军兵分两路，合力攻秦。将军神武，在河北歼灭了秦军主力；我才得以在河南乘虚而入，率先进入关中，有幸在这里与将军胜利重逢。九死一生，不胜侥幸！遗憾的是，没想到有小人从中挑拨，使将军和我有了隔阂。”

经过项伯的分说，项羽已经在心里原谅了刘邦，把他视为战友、兄长而非敌人；刘邦这一番分说，听起来又是如此恳挚动情。于是项王漫不经心大大咧咧地笑着说：“这可都是你沛公的左司马曹无伤告的状。要不，何至于误会到这等地步呢。哈哈！”刘邦掂量项羽的语气、表情和脸色，心里踏实了些。同时，他下意识地暗暗咬了咬牙关。除了张良，没有人注意到这个微枝末节。

开场白过后，鸿门宴上演。项羽、项伯向东坐，范增向南坐，刘邦向北坐，张良向西陪坐。

酒过三巡，范增见项羽兀自若无其事谈笑风生的样子，心中着急，几次给项王递眼色，并再三举起自己佩戴的玉玦向项王示意该动手了，可项王一直默然不应。项伯、刘邦和张良看出不对劲，各怀鬼胎，心里头又都七上八下起来。

范增轮番将在座的几个人打量一番，又歪着脑袋想了想，终于大致明白了是怎么回事。他起身离席，出去招来项羽的堂兄弟、健将项庄，对他说：“大王心地仁慈，心肠不狠，对沛公动了恻隐之心。这怎么得了！这样吧，你进帐去敬酒，敬酒完毕，请求表演舞剑，趁机将沛公在座席上一剑结果！其余一应事宜由我负责，你不用管。否则，坐失良机，后果不堪设想，我们这些人迟早都要成为他的俘虏！”项庄应命而入。

敬完酒后，项庄说：“君王与沛公欢饮，军中没有什么娱乐，请让我舞剑助兴。”项王认为这个主意倒是不错，说：“好。”项庄于是拔剑起舞。张良见不对头，目视项伯，于是项伯随即也拔剑起舞。两人舞剑的时候，项伯经常用自己的身体掩蔽刘邦，使项庄一时得

鸿门宴（李成勋　绘）

不到刺杀的机会。在座诸人，除了项羽外，都很紧张，刘邦的额头开始冒冷汗，场面非常富有戏剧性。

张良看情形不对，急忙出帐来到军门找到樊哙。樊哙问："现在情况怎么样？"张良简明扼要做了介绍，说："项庄舞剑，意在沛公。情势十分危急！"樊哙说："真是要命！狭路相逢勇者胜。我马上进去，与沛公同生共死！"立马持盾带剑，直入军门。守门的卫兵两戟交叉，不许他进去。樊哙用盾掩护，侧过身子将卫兵撞倒在地，排闼直入。

樊哙急奔大帐，掀开帐帷，向西而立，横眉怒目，正对项羽，头发直竖，眼眶欲裂。

项王又惊诧又好奇，按剑起身，平静地问道："客从何来？"

张良赶紧说："他是沛公的随身护卫樊哙。"

项羽点点头，说："嗯，像是一名壮士！赐他酒喝。"左右斟了一大杯酒送过去。樊哙拜谢过项王，站起来一饮而尽。

项羽又点点头，露出赞许的微笑："嗯，果然是壮士！赐他猪腿吃。"左右又送过去一只生猪腿。樊哙把盾翻过面搁在地上，将生猪腿放上去，拔出剑来切开大嚼。

“这厮端的是条汉子！你还能再喝酒吗？”项羽越发欣赏樊哙了。

“我死都不怕，一杯酒算得什么！秦王心如虎狼，严刑峻法，杀人如麻，天下人困苦不堪，都起来造反。怀王与诸将有约：‘先攻破秦军进入咸阳的为关中王。’如今沛公拔得头筹，纹丝不动，秋毫无犯，还军霸上，专候大王前来处分一切。至于派兵把守函谷关，只是为了防范强盗和发生意外而已。如此劳苦功高，却连封侯之赏都没捞到一个！这且不说，大王反而听信小人之言，要杀无罪有功之人。樊哙敢问，这样做与亡秦的暴虐无道有何区别？良心何在？天理何存？窃以为大王如此对待沛公，很不可取！”武夫樊哙的一席长篇大论，铿锵有力慷慨激昂，居然使得四座皆惊，二项的剑舞也戛然而止。项王脸膛发红，无言以对，竟然感觉有几分惭愧。他只是对樊哙说：“坐。”樊哙就在张良下首坐下。酒筵重开，局面却有几分尴尬。

过了一会，沛公起身如厕，做出不胜酒力的模样，招呼樊哙一道出去照应。稍后张良也跟着出帐。剩下的几个人面面相觑，也许是喝多了酒，都有点大脑供血不足，一时都没反应过来。

刘邦出帐以后好久没有消息，项羽就派都尉陈平去看看情况并促请沛公回席。项王自问并无恶意，但他却没有设身处地换位思考一下，觥筹交错刀光剑影之下的“鸿门宴”对于客人是什么况味，没想到人家已经不寒而栗准备不辞而别了。只是沛公倒还是有些担心和过意不去。他说：“是该走了。只是我们出来时没跟项王辞行，怎么办呢？”樊哙朗声说：“大行不顾细谨，大礼不辞小让。如今人为刀俎，我为鱼肉，趁项王还没改变主意，早走为妙，哪里还顾得上那些形式！”张良说：“樊将军所言极是。三十六计，走为上策。

你们马上就走，我留下来负责处理善后就是。不会有什么事的。”又问刘邦：“大王来时可带了什么礼物？”沛公说：“我带来白璧一双，打算献给项王；玉斗一双，打算送给大将军亚父。遇到他们生气，没敢进献，请你替我奉上吧。子房多加小心！”张良说：“遵命。”

为了不惊动主人，张良让沛公将带来的百余车骑都留下来，单身匹马疾速返程，令随同而来的亲信将领樊哙、夏侯婴、靳强、纪信四人手持剑盾步行侍卫，从骊山经芷阳抄小路返回霸上。刘邦对张良说：“子房如此安排，甚是稳当。从这条路到我们的军营，不过二十里。我们赶紧走，估计到了，你再进去道歉。”话音未落，刘邦拍马溜之乎也。

张良估计沛公等人已回到霸上军营，才回到大帐赔罪。他说：“沛公酒量有限，已经醉得一塌糊涂，不能亲自来向大王辞行。特意叫我奉上白璧一双，拜献给大王；玉斗一双，拜送给大将军。区区菲物，不成敬意，尚请笑纳。”项王问：“沛公现在哪里？”张良回答：“他本来就喝多了，又怕大王责备，就先走了。现在想已回到霸上军营。”

项羽接过白璧，放在座上。范增接过玉斗，抛在地上，拔剑怒击，玉斗粉碎。老头儿恨恨地说：“唉，竖子不足与谋！将来夺取项王天下的，必定是沛公。良机坐失，夫复何言！”张良毫无表情，没有作声。

项羽也没有说话。作为叱咤风云的一代霸主，他的智商并不低。其实，各色人等心中的那点小九九，他基本上洞若观火一清二楚，只是不动声色罢了。他何尝不知道亚父是全心全意为自己打算，何尝不晓得此时干掉刘邦事半功倍易如反掌。但是，他不愿，不肯，更不屑。

范增接过玉斗，抛在地上，拔剑怒击，玉斗粉碎（李成勋　绘）

刘邦很可能是个潜在的麻烦制造者。不过，他既然是有功之臣，又已经低眉折腰表示坚决拥戴自己，服从命令听指挥，自愿交出关中之地，无条件接受对他的一应安排……也满够意思了。凭什么杀他？杀他有什么好处？何必杀他？

项羽崇尚力量，对自己更有充分的、基于实力之上的自信。刘邦不制造麻烦，安分守己，当然再好不过。万一他真要搞事，瞧他那副孬样，又能搞出什么名堂？能经得住几次揍？敉平扫荡，轻而易举，而且名正言顺，师出有名。总而言之，项羽之所以在鸿门宴上放了刘邦一马，归根结底，还是因为自信和对刘邦的蔑视。

刘、项双方两个奸细，作用本来近乎致命。他们的结局，又如何呢？

先说曹无伤。沛公一回到军中，立刻诛杀了曹无伤。曹无伤是个人物，左司马的位置也非同小可。与曹无伤同时或在其前后担任这项职务的，尚有孔臧（蓼侯）、陈贺（费侯）、唐厉（斥丘侯）等人，他们后来都成为大汉开国名臣，封侯拜将。也可以说，杀死曹无伤的，其实是嘴上不把风的项羽。由此足见此公缺乏政治头脑和用间意识，一味盲目自负，不知变通。原在楚营的韩信、陈平等拔尖人才争相弃项归刘，英布、周殷等勇将则先后被诱降；汉将周苛、枞公等人被楚军俘虏后，则坚拒威胁利诱，宁死不屈——却并无相反的情况发生，看来绝非偶然。

再说项伯。他继续获得项羽的信任，后来又多次帮过刘邦的忙，劝项羽厚待被楚军俘为人质的刘邦父亲和妻子，后来更干脆将之完璧归赵，即为一例。所以，项羽败亡后，项伯幸运地成为覆巢之下的一只完卵，赐国姓，封射阳侯，良非幸致。

运筹帷幄

三国谋士群中的顶级高手、晋朝的实际奠基人司马懿说过，两军对垒，不外乎五种结果：战、和、走（逃跑）、降、死。

由于实力悬殊，刘邦只得违背本愿，冒着风险亲赴鸿门向项羽赔罪。张良成功利用了项羽性格中固有的自大轻信和妇人之仁，全力斡旋，终于达成谅解，有惊无险，全身而退。既然即时开战等于以卵击石，毫无胜算；那么退而求其次，在拱手交出主导权和战果后尚能适当保证自身利益，在弱势明显的情况下暂时求得和局，也算是差强人意了。

首先攻入关中的第二大帮主刘邦既然已经公开表示服软听命，其他人自然就更无话可说。项羽得到众诸侯的一致拥戴，以盟主的身份统一主宰天下权力和利益的重新分配，堂哉皇哉，威风八面。汉元年（前206）正月，项羽论功行赏，大封王侯。分封的具体内容，可参看第一章第五节。

项羽的理想是割土自立，衣锦还乡。他自称西楚霸王，统辖梁、楚九郡之地，定都彭城，打算引兵东归。他自己不要关中之地，但也不愿交给刘邦。霸王封沛公为汉王，统辖边远的巴、蜀两郡；而将关中之地一分为三，分封给对自己十分恭顺的秦朝降将章邯、司马欣和董翳，并令他们联手遏制汉王或有的异动。这让刘邦和手下将领们愤愤不平，甚至不惜冒险一战。在萧何、张良的极力劝说下，刘邦恢复了冷静，认清了形势，决定强忍一口恶气，等待时机，以退为进，从长计议。

巴山蜀水，山高水长。如果真的一退千里，远赴巴蜀的话，届时天下有变，汉王想要进取，恐怕也难以及时应变。张良又在沉思中皱起眉头。

刘邦自然也要论功行赏。他赐给张良黄金百镒，珠玉两斗。张良计上心来，借花献佛，全部转赠给了项伯；同时诉说了沛公所受到的不公正待遇，要求项伯伺机向霸王进言，将汉中之地加封给汉王，稍作弥补，示天下以大公。老友一如既往的慷慨，让项伯既高兴又有点儿过意不去，他对张良唯一的要求二话没说就一口应承下来，拍着胸脯包办。事情果然很快办妥。刘邦得到地沃人丰、临近关中的汉中，改都南郑，不用前往巴蜀了。汉中与巴、蜀连为一片，地形险要，易守难攻，退则足以自保，进则便于突前。这是至关重要的一招，汉军的战略态势顿时改观。刘邦知恩图报，通过张良厚馈了亲家，两人彼此有数心照不宣。

汉王奉命率领三万人马，就国汉中。张良一直送他到褒中，距南郑已经不远了。天下没有不散的筵席，又到了分别的时候。刘邦泪眼婆娑地说："送君千里，终有一别。子房请回吧。后会有期！"两人依依惜别。张良身为韩相，只是刘邦的客卿，辅助沛公完成覆秦大业、送沛公就国后，他准备回到韩都阳翟，一展身手治国安邦，韩王成已经派人来催请过好几回了。

张良最后说："大王何不烧毁所经过的栈道，向天下人表示自己安于本分，没有东归的意图呢？这样还可以使项王更安心，自己也更安全。”刘邦立马照办。那些天，秦岭的崇山峻岭悬崖峭壁上，狼烟滚滚，火光熊熊。

揆情度理，刘邦当时应该并无威加海内唯我独尊的雄心，张良似乎也没有一定要扶刘灭项兴汉亡楚的壮志，他们都还只不过是见机而作、走一步看一步而已。然而，形势比人强。

回去后，张良却很郁闷。原来霸王因为张良充当汉王谋主的缘故，迁怒于韩王，不让韩成就国，裹挟他跟随自己东归，一起回到彭城。张良多方譬解，无奈项羽不听。后来，项羽更将这个可怜的王爷降封为侯。即便如此，兀自意犹未平，又干脆将他杀死。

杀害韩成，梁子结梗，事情做绝，绝则错。项羽无疑就成了张良不共戴天的生死冤家。奇怪的是，项王似乎对此浑然不觉，全然缺乏应有的敏感。无国可立，无家可归，张良成为丧家之犬，除了辅助刘邦，已经别无选择。悍然杀戮无关轻重又没有纤毫罪过的韩成，让张良铁心成为自己的死敌，政治上的失策，起码不在命人击杀义帝之下。这充分展现出项羽其人政治上幼稚和性情上暴戾的一面。

在范增的聒噪下，项羽还是有些担心刘邦，并对在鸿门宴上没对刘邦采取断然措施不无后悔。他还去问张良："跟你关系好得很的那个家伙究竟有没有异心啊？"张良说："汉王烧掉了栈道，已经没有再回来的意思了。"

不久，田荣在齐国首先反叛，挑战项羽的权威；陈馀随即在赵、代响应。项羽大怒，亲自领军前往齐地镇压。刘邦、韩信乘其无暇西顾，明修栈道暗度陈仓，轻而易举还定三秦。几方警报同时拉响，项羽一时左右为难，对攻击的方向和秩序心存犹豫。这时张良写信给他，说刘邦只不过想得到本来就应该属于他的关中之地，目的只是达成当年怀王旧约，不敢有其他打算；又将田荣邀约各诸侯的策反书信故意送给项羽，危言耸听地强调指出，“齐与赵欲并灭楚”，诱导项羽孰轻孰重，孰后孰先。西楚霸王果然中计，被抑留牵制在北线战场，使得刘邦乘隙东进，势如破竹。张良趁机逃离彭城，抄小路投奔汉王。

今夕复何夕？共此灯烛光。刘邦大喜过望，连呼“天助我也”。两人执手对望，恍如梦寐。至此，兴汉三杰张良、萧何、韩信齐聚汉王麾下，铁三角形成，项羽的日子不好过了，从此每况愈下。

海纳百川，有容乃大。刘邦出身流氓，性情粗鄙，斗大的字识不得几箩，有种种可嗤可笑之处。但他确实又极具人君风范：灵活机变，能屈能伸，高瞻远瞩，恢宏大度，知人善任，从谏如流。就三杰而论，张良来自第三方；萧何是老哥们、首义英雄；韩信则自敌营来归。韩信独立率兵开辟北方战场，负责战，克敌制胜；萧何留守关中，建设后方根据地，负责守，确保后勤供应；张良身体不好，没有亲自带兵，也不能料理繁务，刘邦封他为成信侯，让他留在身边当自己的军师，负责谋，运筹帷幄，决胜千里。三杰各得其所，各尽所能。没有人能随随便便成功，汉王当然也不例外。

汉二年（前205）春，刘邦为义帝发丧，号召各路诸侯征讨项羽。四月，他统率五国诸侯联合部队共五十六万大军，趁楚军主力转战于齐地的间隙，浩荡东征，攻占彭城。刘邦趾高气扬，以为自己稳操胜券，项羽已经难成气候。其实，当时楚汉双方综合实力并没有发生根本性变化，汉王统率数十万乌合之众，长驱直入，切到楚军腹地，虽然一时侥幸得手，但协调指挥大成问题，粮饷筹措也很伤脑筋，实难持久。攻下彭城之后，又未能及时采取正确的政治、经济、军事各方面的政策措施来瓦解敌人，收结民心，布置攻防；而是恶习发作，耽于享乐。他更没料到心雄万夫的西楚霸王竟然星夜率三万精锐部队回援，出其不意猛烈逆袭联军。刘邦措手不及，一败涂地，几乎全军覆灭，连父亲刘老爹和妻子吕雉都被楚军俘虏，诸侯们纷纷叛汉投楚。他只与几个亲信带了几十个骑兵仓皇出逃，一路狂奔，抵达由大舅子吕泽率领一支完整的生力军驻扎的下邑时，才惊魂稍定。

新败之余，刘邦万念俱灰，下马坐在马鞍上，长长叹了一口气，然后问道："独霸天下看来是不可能了，就算想回到汉中，项王恐怕也不会答应，只得与他周旋到底了。听说'重赏之下，必有勇夫'，我准备豁出函谷关以东地区不要，作为封赏。诸位看谁可以与我共同对付霸王建立功业呢？"

张良进言说："九江王英布，是楚军数一数二的猛将，与项王有隔阂；彭越是个将才，他正与齐王田荣一起在梁地与楚军对攻；这两个人眼下就可以使用。而汉王的将领，只有韩信可以委任大事，独当一面。如果要舍弃关东地区，那就给韩信、彭越、英布这三个人好了，这样肯定可以打败楚军。"这就是历史上著名的"下邑之谋"。

汉王深以为然。于是派遣谋士随何去游说策反九江王英布，又派人去联络彭越，都获得了成功。不久魏王豹反叛，刘邦就委派韩信率军攻击，先下魏地，接着先后攻占了代、赵、燕、齐等国，开辟了北方战场，所向克捷，一路凯歌。刘邦亲自掌握的正面战场，情况却一直不甚美妙，常常吃紧，败多胜少。最后得以战胜楚军，凭借的果然是张良所说的这三个人的力量。

汉三年（前 204），刘邦被项羽紧紧围困在荥阳，忧愁恐惧，就同郦食其商量对策。郦生献计说："从前商汤讨伐夏桀，封夏朝子孙于杞国。周武王讨伐商纣，封商朝子孙于宋国。秦朝却不取法先贤，一反常态，失德弃义，侵吞六国，灭其社稷，实行郡县制，使得诸侯的后代没有立锥之地。陛下如果能够重新拥立六国后裔，授予他们国王的大印，各国君臣和百姓必将感恩戴德，竭诚拥护。须知仁者无敌！随着德义的施行和声名的远播，陛下就可以称孤道寡独霸天下。就算项王，别看他现在多么牛，到时候也不得不整肃衣冠，恭恭敬敬地前来朝见陛下！”刘邦大喜道：“居然有这等好事。高见，高见！分封六国之后就有劳先生了。赶快刻印，你出发时好带着。”君臣自以为得计，置酒高歌，夜深才散。

郦食其还没动身，张良从外面回来，进见汉王。刘邦正在吃饭，说：“子房来得正好！有人给我献了一条削弱楚军力量的妙计。”随即眉飞色舞滔滔不绝地把郦食其的话转述了一遍。然后问：“子房，你看怎么样？”

张良反问：“是谁给陛下出的这个主意？真要这样做，陛下的大业就完了。”刘邦大吃一惊，追问：“此话怎讲？”张良说：“请让我借用陛下面前的筷子，把形势比画一下。”刘邦赶忙将空置的一双筷子递给他。张良接过筷子，一边比画，一边连珠炮似的说出了一番令刘邦醍醐灌顶的道理：

从前商汤伐桀、武王伐纣而封其后人，那是汤、武自料能够置桀、纣于死命。今天陛下有把握得到项羽的人头吗？此其一。

周武王进入商都朝歌后，在商容住过的闾巷口树立牌匾进行表彰，拜谒箕子的住所以示尊崇，重修比干的墓表达追思。今天陛下能够做得到吗？此其二。

周武王曾经尽发巨桥的粮食、尽散鹿台的钱财以救济贫穷的百姓。今天陛下能够散发府库的粮食和钱财来周济久困兵事生计艰难的民众吗？此其三。

武王灭商后，把战车改成轩车，倒置兵器并用虎皮覆盖，向天下表示偃武修文，不再用兵。今天陛下能够放弃武装，推行文治，不再用兵了吗？此其四。

武王将战马放在华山南面牧养，表示不再使用。今天陛下做得到吗？此其五。

武王又将牛放在桃林北面牧养，表示不再用来运输和积聚粮草。今天陛下做得到吗？此其六。

尤其紧要的是，那些追随陛下的谋臣勇士，他们之所以愿意抛妻弃子背井离乡，内在的驱动力只不过是梦想能够得到一块哪怕是小小的封地。今天如果重新分封六国，拥立韩、赵、魏、燕、齐、楚的后代为王，那么这些谋臣勇士就会离心离德，一哄而散，返回本国，各事其主，与自己的亲朋好友相聚，祭扫祖坟，建功立业。还有几个人会跟着陛下玩下去？你会成为一个真正意义上的孤家寡人。还能依靠什么平定天下？此其七。

况且，力量决定一切。楚国目前一枝独秀，强大无敌。重新封立的六国，也只会唯楚国马首是瞻。陛下凭什么能使各国臣服听命呢？此其八。

刘邦听了，如梦方醒。他放下碗筷，把吃到嘴里尚未咽下肚去的饭菜吐了出来，仿佛那就是郦食其的主意似的。他恨恨地骂道："老郦这个书呆子，险些坏了老子的大事！多亏子房回得及时！"当即下令将已经刻好的六国王印予以销毁。

吕思勉指出：

> 封建之制，至秦灭六国，业已不可复行。然当时之人，不知其不可行也。乃以秦灭六国，为反常之事。陈涉一呼，旧邦悉复；戏下之会，益以新封；几谓带砺山河，可传苗裔。然不可行者，终于不可行也。五年扰攘，所建侯王，几无

不殒命亡国，耗矣。

所论自然极是。强大如项羽，高明如韩信，都见不及此，到死都没能明白这个根本性的道理。刘邦其实也是似懂非懂，他的问题出在另一方面，“于是有汉初之封建”。这个且待后文再说。不过，窃以为吕先生应该补充一句才算得上公允确切：“独有张子房已知其不可行也。”

出身“相韩五世”的贵族之家，自己也曾竭力拥立、辅佐韩王成并亲自担任韩相的张良，与时俱进，独具慧眼，看清了历史发展的趋势和方向，思想和认识的高度超过了同时代的所有人。他成为千古一人的“帝者师”，实在是实至名归。

汉四年（前 203），韩信攻破齐国，想自立为齐王，令苦于应付楚军的刘邦极为恼怒。经张良劝说，汉王派遣他亲至齐地把齐王大印授予韩信。这其实做的是一桩顺水人情的无本生意，却有效笼络住了说客盈门的韩信，效果极佳。诚如东汉荀悦所论：“取非其有以予于人，行虚惠而获实福。”刘邦倘若当时与韩信闹翻，后果将不堪设想。

汉五年（前 202），汉王追击项羽到固陵。诸侯军失约未至，汉军战败。刘邦向张良问计。张良说：“楚军已是强弩之末，崩溃在即。韩信、彭越没有得到明确的封地，他们不来会合是很自然的。如果陛下能够大方一些，说话算数，与他们共分天下，他们就会争先恐后立马前来。如果不这样做，事情就不好说了。不如把陈县以东直到海滨的地区都给韩信，将睢阳以北直到谷城的地盘许给彭越，让他们好有新的动力，各自为扩大自己的封地而战。这样，打败楚军就不会很费力，成功可以计日而待。”刘邦依计而行。果然使者一到，韩信、彭越就各率大军前来会合。于是才有垓下会战、四面楚歌、霸王别姬、乌江自刎等精彩历史剧目的轮番上演。

同年二月，刘邦在山东定陶即皇帝位，是为汉高祖，定都洛阳。大汉王朝正式建立。六月，迁都长安。

第二年正月，高祖大封群臣。有人认为张良并无战功。高祖笑道："运筹帷幄之中，决胜于千里之外，这就是子房的功劳。哪个都没有这等本事，包括朕！请子房自择齐地三万户作为封邑。"

张良推让说："当初我在下邳起事，有幸在留县与陛下遇合，这实在是天意。陛下用我的计策，侥幸时或成功。只要把留县封给我就足够了，三万户是不敢当的。"恭敬不如从命。于是高祖便封张良为留侯，食邑万户，在功臣中排名第一、获封酂侯的当朝宰相萧何，食邑也不过八千户而已。

秦朝、项羽相继灭亡，大汉立国，君臣们都心花怒放，欢欣雀跃。唯有张良的心情异常平和冷静。他悄悄去祭扫韩成的墓，若有所思。

这年冬天，汉都长安下了第一场鹅毛大雪。雪絮飘飞的深夜，留侯张良写下了一首新诗：

雪夜迷踪

说是去看你　其实
是我温暖的围巾渴慕冰凉的雪
却又不能像雪花一样
恣意飞舞　所以
说是去看你

选了这么一条路
说是去看你
路也非路
一切都来投靠白色的苍茫与辽阔
什么都遮住了
什么都遮不住
草原的心事蕴了整个冬季
终究被雪说破
说得满身遍野
当我沉静
幽然独行

如果我也怀藏着心事
风雪寒夜会更诗情些
通往你门前的雪也会更哀愁些
然而，我什么也没带
枯树望我
轻淡似雪

说是去看你　其实
是雪的冰凉想测我围巾的温度
其实是你决定这个方向
我不过是雪花无心
恣意飞舞

定国安邦

大汉开国，刘邦登基。他先裂土分封了八个异姓王，又依次封赏了主要功臣二十余人。其余的人日夜争功，一时间决定不下来。

高祖在都城洛阳的南宫里，从阁道上望见将领们常常三五成群坐在沙地上交头接耳，就问留侯：“这些家伙在扯什么呀？”张良故意危言耸听：“陛下不知道吗？他们在准备谋反呢。”刘邦将信将疑：“是吗？天下刚刚安静下来，怎么又要搞事呀？”

张良说：“陛下起自布衣，利用这些人浴血奋战，终于取得天下。而今你贵为天子，预先获得封赏的，都是萧何、曹参这帮与你关系亲近的老朋友；而所诛杀的，则是陛下平生所仇恨疏远的人。现在军吏计算战功，恐怕就是拿出整个国家的地盘来，也不敷封赏之用。这些人担心好事轮不到自己，反被陛下抓住过去的小辫子加以诛戮。于是便心事重重，惴惴不安，聚在一起预谋反叛。”

刘邦担忧起来，急切地问：“那该如何是好呢？”

留侯反问道：“功臣当中，一向被陛下憎恶，又为群臣所共知的，谁数得上头名？”

刘邦脱口而出：“当然是雍齿。这厮跟我也算是老熟人，却不止一次侮辱过我，使我蒙羞。后来又一度反水。本来早想干掉他的，看在这家伙也立了不少战功的份儿上，一直不忍心下手。”

留侯说：“那好。就赶快先行封赏雍齿吧，借此向群臣传递一个信号。大家看到雍齿受封，就会安下心，明白一个都不会少，要来的早晚会来。”

刘邦是何等聪明伶俐之人，一点就透。连称：“子房就是有办法！高，实在是高！”

于是马上摆设酒宴，封雍齿为什方侯，食邑两千五百户。同时催促丞相、御史大夫督率有关部门抓紧工作，加快定功行赏的进度。

这一招的效果立竿见影。不唯雍齿喜出望外，叽叽喳喳的群臣一下子也都放下心来，鸦雀无声。个个都在心里美滋滋地想：“雍齿尚且如此，还能少得了我那份？用不着瞎操心啦。”一场潜在的轩然大波就这样被化解于无形，事情轻松圆满得以解决，结果皆大欢喜。

功臣们大多身经百战九死一生，为大汉江山的横空出世，立下过汗马功劳。他们获得各等封赏，也是实至名归理所当然的。然而也有例外的侥幸者，比如齐人娄敬。

群臣争功那会儿，娄敬还是个即将前往陇西服役的戍卒。队伍路过洛阳歇息时，他放下拉车的绳套，穿得破破烂烂，前去拜见老乡虞将军说：“我想觐见皇上，陈述有利于国家的大事。”虞将军知道这人有点名堂，答应引见，并叫人拿出一套靓衫来，让他换上。娄敬却不愿意换，说本色一些，素面朝天，也许效果更好。虞将军也就不再勉强。高祖听说有新兵蛋子要面见他陈说军国大事，有些好奇，就召见娄敬，赐了娄敬一顿美食。娄敬吃得满口油光，心花怒放，擦擦大嘴巴，开始说话。

他建议高祖迁都关中，说了一大篇理由。刘邦听了，犹豫不决，便征求群臣的意见。左右大臣几乎清一色是山东六国人，众口一词认为建都洛阳蛮好，不必迁往关中。他们说：“洛阳东有成皋，西有崤山、渑池，背靠黄河，面朝伊、洛，阻山带河，地形险要，足资凭借。再说，周朝建都洛阳，世祚传承了好几百年；秦朝建都咸阳，却二世而亡。完全没有必要多此一举。”高祖就去请教留侯。张良说：“洛阳四周虽有山河之险可资凭借，但中间地区狭小，不过数百里，缺少纵深，没有回旋余地；土地贫瘠，四面受敌，不是适合的用武之地。至于关中，左有崤山、函谷关，右有陇山、岷山，中间地区宽阔，沃野千里，又没有遭受战争破坏。更兼南有富饶的巴蜀之地，北有边塞的畜牧之利，西、北、南三面可以凭险固守，只需掌握东面，就可牢牢控制诸侯。这样，如果天下安定，就可以利用黄河和渭水的漕运来输送全国物资，以供应京师；如果有人反叛，大军可以顺流而下，粮草物资也可以顺水输送。这就是所谓金城千里，天府之国。娄敬说得没错。”高祖大喜，立即决定迁都，西入关中。先选址栎阳（今陕西临潼北），不久徙至长安（今陕西西安西北）。长安就此成为大汉王朝的帝都，是全国的政治、经济、文化和交通中心。

太史公说得好，读书不如力田，力田不如逢年。机运对每个人而言实在太重要了，当然你还要有能力把握住它才行。娄敬就是一个很好的例子。

建言迁都得到首肯，龙心大悦，娄敬自然不用再去戍边。刘邦赐他国姓，改名刘敬，任命为郎中，号为奉春君，备受亲宠。当然，皇上烦了的时候，一样骂得他狗血喷头。刘敬尝到甜头，更是来劲，又建议高祖将六国诸侯后裔及豪杰贵族社会贤达十余万人一并迁徙到关中居住，以便控制。后来，更因参与汉朝与匈奴的战和事务有功，获封为建信侯，食邑两千户。

如果张良来个恶作剧，故意不认可娄敬的意见，大加批驳，说他纯属无事生非妖言惑众，刘邦会不会龙颜大怒，立马将这个不安本分夸夸其谈的家伙砍头呢？

作家孙犁说他读《韩非子》，单对其中两句话印象最深：其一是“儒以文乱法，而侠以武犯禁”；其二是“色衰爱弛”。

刘邦认为年轻美貌能歌善舞的戚夫人所生的儿子赵王如意像自己，想废掉太子刘盈，改立如意。很多大臣苦苦谏争，但郎心似铁，没有一个人能够使高祖改变主意。人老珠黄的吕后惶惶不可终日，坐立不安，却又无计可施。

有人向吕后献计：“留侯足智多谋，又深得皇上信任。如果能让他帮助拿个主意，太子的地位就会安如泰山，皇后也就可以高枕无忧了。”吕后认为言之有理，就去找二哥建成侯吕释之商议。吕释之认为计策虽好，但不大好办：留侯清高淡泊，基本上杜门谢客，不与外人交往；大汉建国后，更是称病引退，极少过问政务。吕后哀求老兄看在外甥的份儿上一定得想想法子，说否则会后患无穷。做舅舅的其实何尝不明白其中的道理，只得硬着头皮答应下来。

兼有勋臣、外戚和旧友三重身份的吕释之跟张良搭得上话的时候也不是很多。他精心设计了一招“霸王请客”，终于创造出一个机会。建成侯半央求半胁迫地说：“阁下身为本朝首席谋士，陛下一向对你言听计从。如今，他打算更换太子，势必引发政局动荡，你怎么能高枕而卧不闻不问呢？”

张良说：“当初皇上屡次处于困难危急的状况之中，狼狈不堪，确实常常采用我的计策。现在天下已经安定，情况发生了变化。皇上因为个人喜好而想更换太子，这只是他骨肉间的家事。疏不间亲，我等外人，不便参与意见。”

吕释之坚决要求道：“无论如何，你一定要为我出个主意。”

留侯本来就曾与建成侯有点交情，对皇后吕雉和太子刘盈也并无反感，内心并不认可高祖关于废立太子的打算。瞧吕释之那副架势，不点拨一下他，看来难以脱身，面子上也不大好看。于是便说："这种事很难用口舌去争辩，只能另想办法。有四位名宿，年高德劭，素有贤名，称为'商山四皓'。皇上很尊重他们，想招用而未果。他们知道皇上很傲慢，喜欢侮辱人，就逃避在山里，不愿做大汉的臣子。如果你能够不吝惜金银财宝，让太子写封亲笔信，派遣一个能说会道善于办事的人，用谦卑的言辞、舒适的车辆，去诚恳邀请，相信他们是会来的。请来之后，作为贵宾款待，让他们随从太子参加朝会。皇上看到后，必然感到惊异，加以询问。问明白了，他也许就会改变主意。这对于巩固太子的地位，或许会有些帮助。我可以走了吧？"吕释之千恩万谢，自不待言。

好不容易总算不辱使命，吕释之颇有成就感，如释重负。他立刻进宫去见妹子，两人密谈良久。吕后黄不溜秋的苦瓜脸上终于绽开了久违的笑容。

特使进了一趟山，"商山四皓"就随之进了京城，住在吕释之家里。一切都在有条不紊地进行。王阳明评论说："果于隐者必不出。谓隐而出焉，必其非隐者也。"清人吴汝纶说得更为刻露："金玉璧帛可招致，则其人可知。"

汉十一年（前196），淮南王英布反叛。这时，刘邦正在生病，打算让太子锻炼一下身手，统率军队前往平叛。"商山四皓"商量说："我们到这里来，目的就是要保全太子。果真让太子率军平叛的话，事情就危险了。"于是就向东家吕释之建议说："太子领军，有了战功，地位也无法再提高；无功而返，就会遭殃。何况从征诸将，都是跟随皇上打天下的元老功臣，一个比一个凶猛强悍。今天让太子驾驭他们，无异于让一只羊去统率一群狼，他们都未必肯尽力，建立战功谈何容易！我们听说‘受宠的母亲所生的孩子，常常被父亲抱着’，如今戚夫人日夜专宠，常常被抱在皇上怀里的是赵王如意。皇上坦言‘反正不能让不肖之子居于爱子之上’，由此看来，更换太子已经是箭在弦上。你何不赶快让皇后寻找机会向皇上哭诉，就说‘英布是天下闻名的猛将，善于用兵，如今可用的将领们又都是陛下旧日的平辈，要是让太子率领他们，无异于让羊去率领狼，他们是不会为太子卖力的。英布听说以后，就会无所顾忌，大张旗鼓向西进军，那麻烦就大了。陛下虽然有病，为天下社稷计，仍以御驾亲征为宜。这样，将领们就不敢不尽力，叛乱也较易得到平息。当然皇上要多吃些苦。但为了江山，为了妻儿，还是应该勉力一行’。”

吕释之连夜去见吕后。吕后就利用机会在高祖面前按照“商山四皓”的意思痛哭流涕地诉说了一番。

刘邦长长叹了一口气，说：“我就知道这小子不中用，指靠不上！没有法子，老子还是亲自走一趟吧。”高祖无奈，只得带病统军东征英布。留守的群臣都送行至霸上。留侯当时正在病中，也勉强起来送行，到了曲邮，觐见高祖，说：“我本来应该跟从陛下，实在是病体难支。楚人勇猛迅捷，希望陛下不要与他们争锋。”又顺便提议：“可令太子为将军，监护关中兵马，确保后方无忧。”刘邦点头同意。又说：“子房虽然有病，还请你勉力辅助太子。”当时叔孙通是太子太傅，留侯就挂了个太子少傅的名义。这样，不管怎么说，留侯张良与太子刘盈之间，就有了一层私人关系。

第二年，刘邦敉平叛军，胜利回京。只是龙体宿疾未愈，又添新伤，身子骨和精气神都散了架。高祖心知来日无多，越发想更换太子。张良劝谏了一次，刘邦不听。这是绝无仅有的。留侯从此称病不出，不再过问任何政事。太傅叔孙通屡次三番苦口婆心引经据典劝说皇上，甚至以死力争。高祖表面上松了口，心里头还是老主意。然而事情终于出现了转机。

有一天，高祖自我感觉良好，来了兴致，就在宫中设置酒宴。太子在一旁侍奉。“商山四皓”全体出动，都随侍在太子身边。四个八十开外的老头子，须眉雪白，衣冠壮伟，精神矍铄，鹄立在一个文弱恭谨的小伙子旁边，确实很打眼，别是一道风景。高祖见了果然很惊诧，问道：“这几位是干吗的？”四人上前，各自说出自己的名号：东园公、角里先生、绮里季、夏黄公。高祖大为惊讶，说：“原来是‘商山四皓’！失敬，失敬！我访求你们好几年了，你们躲避不见。今天怎么倒愿意与我儿子交游呢？”四个人都说：“陛下看不起士大夫，喜欢骂人。我们不愿受你侮辱，所以才隐藏起来。听说

高祖知商山四皓辅佐太子（程远宏 绘）

太子仁义孝顺，礼贤下士，天下人无不归心，愿意追随太子，为他效死力。于是我们就来了。”刘邦听了，沉默无语。过了好半天，才说：“很好，很好。那就有劳各位始终如一好好调护太子吧。”

“商山四皓”向皇帝敬酒完毕后，跟随太子起身辞去。威加海内为所欲为的刘亭长思前想后，一时间万念俱灰。他召来戚夫人，指着四个老头子的背影，说：“我本来想更换太子。可这小子有了‘商山四皓’的辅佐，羽翼已成，很难变动了。算了吧！吕后真成你的主子啦。”戚夫人美梦破灭，悲惧交加，哭得泪人似的。刘邦说：“你给我跳楚舞，我给你唱楚歌。”戚夫人擦了一把泪，翩翩起舞。刘邦慷慨悲歌：

鸿鹄高飞，一举千里。
羽翮已就，横绝四海。
横绝四海，当可奈何！
虽有矰缴，尚安所思！

一连唱了好几遍。戚夫人泣不成声，高祖起身离去。酒宴就这样散了。刘邦从此打消了更换太子的念头。

高祖心里明白，元老重臣中，大多同情、拥护太子，几乎没什么重量级的人物支持废长立幼。吕释之、樊哙、周昌、叔孙通……这班文武倒还罢了，而张子房对此事介入之深，看来出乎自己的想象。吕后果然厉害，手眼通天啊！自己年事已高，精力不济，如果一意孤行，恐怕将更为孤立，如意不仅无法顺利继承大位，甚至可能遭遇不测。唉，别折腾了，大家各守本分吧。道高一尺，魔高一丈。刘邦英雄一世，终于逃不脱吕雉的掌握，废立太子的计划被迫放弃。

这对汉初政权的稳定、巩固和顺利过渡，倒是善莫大焉。

从汉五年（前202）大汉建国到惠帝六年（前189）因病逝世，时间长达十三年。其间，留侯张良除了与韩信一起系统整理编次了春秋战国以来的兵书战策外，大抵就做了上述三件事：劝封雍齿、支持迁都、保全太子。他的想法和做法与绝大多数功臣都决然不同：这位中国历史上表现非常特殊的忠臣和智士，主动选择了功成身退。

功成身退

渭水钓利，桐江钓名，名缰利锁，牢笼天地。人世悠悠，红尘滚滚，百年千载，概莫能外。

孔子虽被推尊为圣人，但那都是身后的事。辛弃疾说得好："身后虚名，何似生前一杯酒！"其实，夫子一生颠沛流离到处碰壁，活得根本谈不上潇洒，甚至可以说是相当落魄狼狈，经常要依靠子贡等门下高足的接济关照，才能免于饥寒。家喻户晓的《唐诗三百首》五律部分首选篇目就是《经鲁祭孔子而叹之》，作者李隆基。首创中国历史上真正的黄金时代"开元盛世"的大唐玄宗皇帝劈头写道："夫子何为者？栖栖一代中。"尊重同情之余，似乎也不无揶揄之意。

义利之辨，是人生观和价值观的具体展现。孔夫子本人，好像也对此充满迷茫困惑，左支右绌，莫衷一是。

他一方面说："君子喻于义，小人喻于利。"分明轻利重义。"己所不欲，勿施于人。"强调将心比心，反对见利忘义，尤其反对无原则的损人利己行为。

另一方面却又说："富而可求也，虽执鞭之士，吾亦为之；如不可求，从吾所好。"对富贵的欣慕艳羡和求之不得的情态溢于言表呼之欲出。"邦有道，贫且贱焉，耻也；邦无道，富且贵焉，耻也。"公然将符合道义的贫穷和违背道义的富贵等量齐观，都认作可耻之事。“惠则足以使人”，更明明是说唯有实际的利益和好处，才是驱动人做事的动力。

孔老二毕竟是孔老二，既辩证，又有原则。经过几番颠簸历练后，他确信“君子爱财，取之有道”，认定“不义而富且贵，于我如浮云”。他打消了指点江山兼济天下的雄心壮志，不再谋虚逐妄，退而求其次，专心讲学课徒，终于成为千古一人的“万世师表”，在另一个向度上取得了成功。

对待名利的态度，孔圣人尚且如此二三其辞把持不定，何况芸芸众生乎。

司马迁在《史记·货殖列传》中已经说得非常明确：“天下熙熙，皆为利来；天下攘攘，皆为利往。”稍后的桑弘羊在《盐铁论·毁学篇》中进一步引申发挥道：“赵女不择丑好，郑姬不择远近，商人不丑耻辱，戎士不爱死力，士不在亲，事君不避其难，皆为利禄也。”

大家知道，《史记》是一部纪传体通史，而“世家”这种体例是太史公的独创。他将万世师表的布衣孔丘和首举义旗的佃农陈涉列入“世家”，尤见其眼力和勇气，备受后世称誉（当然也受到少数迂腐不堪的正统论者的攻击诋毁）。

大汉开国功臣中，司马迁仅仅依次为萧何、曹参、张良、陈平、周勃这五个人修撰了“世家”，其他人都无此荣幸。按功臣排名，萧何第一，曹参第二，他们又是名垂千古的一代贤相，列为“世家”并排首次，无可争议。陈平虽然在功臣榜中只居第四十七，但他六出奇计，智术超群；特别是后来又与排名第四的周勃（周勃之子周亚夫是景帝时期平定吴楚七国之乱的汉军主将，立下不世之功，《绛侯周勃世家》其实是周氏父子二人的合传）一起诛灭诸吕，安定刘氏江山，再建殊勋；他俩又都出任过丞相，也算得上是锱铢悉称。

张良在一百四十三位功臣中仅排第六十二名，开国后更是急流勇退不理政务，位置却如此显要，这是为什么？汉高祖倾心推崇当然是一个不可忽视的原因，但主要应该还是太史公本人对留侯其人格外敬仰。这大体包括才能智慧和人格风度两个层面。

作为深明韬略、文武兼备的“兴汉三杰”之首，烽火岁月，无论情势如何，张良从未在汉营直接带过兵。和平年代，除了因为种种机缘曾挂名过太子少傅外，未曾出任过任何实际政府职务。立国十余年间所干的三件事（劝封雍齿、支持迁都、保全太子），无一出自主动。这是绝无仅有，很不寻常的。

非不能也，是不为也。仔细分析，在张良而言，这有身、心两方面的原因。

留侯多病，当是事实，毋庸多说。至于心理原因，就比较复杂了。

张良与刘邦一见如故，情投意合，这是没有问题的。女为悦己者容，士为知己者用，张良对刘邦，大约也有一种深切的感恩知己之心吧。但真正的智者，通常总是比别人思考得多一些，远一些，早一些，深一些。

早在遭逢刘邦之初，张良就为自己设计好了退路。他先是打出“为韩报仇”的旗号，在秦朝灭亡甚至是韩成被害后，还经常重申此事，明显是别有用心。其次，他一再强调自己多病，开国以后，更是以此为借口，长期闭门不出，甚至一度依照道家的养生方法，练习气功，不食五谷。他说：“我家世代相韩，关系异常深切。韩国被秦国灭亡以后，我不惜万贯家财，为韩国向强秦报仇，博浪一锥，震惊天下。如今凭着三寸之舌，成为皇帝的老师，位居列侯，食邑万户，作为一个平民而言，这已经登峰造极无以复加，我已经心满意足了。我愿意抛弃人间的俗务，去和仙人赤松子交游。”

高祖去世后，惠帝刘盈顺利继承大位。吕后不忘旧事，感激留侯，劝说道：“人生一世，犹如白驹过隙，转眼即逝，何必这样自找苦吃呢？”张良不得已，勉强接受了她的意见，重新开始吃饭。这实在很有意思。张良也许认为在惠帝和吕后治下，自己的安全系数反倒比刘邦在位时要高得多，已经没有必要故弄玄虚装神弄鬼了吧。

赤松子和黄石公一样，大约都是张良为了保全自己而制造出来的烟幕弹。据说遭遇圯上老人十三年后，张良跟随刘邦路经济北时，果然在谷城山下看见有块黄石。张良把它取回，当作珍宝供奉起来，按时祭奠。留侯病逝后，遗言嘱咐把这块黄石和他葬在一起。张氏后人每年夏、秋两季扫墓时，都要一并祭奠黄石。在迷信盛行的当时，这样做的效果不难想象。不过，这应该是“旁观者迷，当局者清”啦。

宋代史学大师司马光倒是看得很清楚。他说：

> 夫生之有死，譬犹夜旦之必然。自古及今，固未尝有超然而独存者也。以子房之明辨达理，足以知神仙之为虚诡矣。然其欲从赤松子游者，其智可知也。夫功名之际，人臣之所难处。如高帝所称者，三杰而已。淮阴诛夷，萧何寄狱，非以履盛满而不止耶！故子房托于神仙，遗弃人间，等功名于外物，置荣利而不顾。所谓明哲保身者，子房有焉。

矛盾是永远存在而不断发展变化的。就大汉开国皇帝刘邦的主要矛盾对象而言，开始是秦朝，然后是项羽；秦、项相继灭亡，汉王朝建立后，就依次演变为异姓王、功臣乃至于吕后及诸吕。这是不以人的意志为转移的冷冰冰的客观现实。张良冷眼旁观，看透了这一切。他清醒地意识到功高震主的危险性，深知皇帝是靠不住的，最好的办法，莫过于最大限度（根本是不可能的）地消除他的疑虑，若即若离，敬而远之。

留侯清高淡泊，看轻名利，既不愿同流合污，更不肯助纣为虐。于是便由大显身手转而置身事外。在汉初接连不断的清洗运动中，明哲保身之余，他的手上没有血迹。这是多么不容易的事！

封建帝制家天下的非人道本质，决定了它的自私性和残酷性。就功臣而论，君主用得着他们时，解衣推食，无所不至。一旦成为障碍和对立面，甚至哪怕只是莫须有，立马就翻脸不认人，痛下杀手，必欲除之而后快。最常用的罪名，当然是十恶不赦的谋反。倘还嫌不够，就再加上点诸如里通外国这种猛料，让你身败名裂。刘邦临死前，甚至连樊哙都要杀！如果不是日薄西山英雄迟暮，废立太子之事，高祖恐怕不会那么善罢甘休，他与张良之间的关系，将面临前所未有的严峻考验。好在死神比圣意更加彪悍。

张良散尽家财为故国复仇；拿自己的赏赐转赠项伯为刘邦谋得汉中；群臣争功，气氛紧张，高明如萧、曹，亦未能免俗，嫌后不怕先，嫌少不怕多，都卷入进去推波助澜，唯独张良推辞掉“自择齐地三万户”的优厚赏格，劝封雍齿，平息事端。加以比照，高下立见。

纳兰容若词云：人生若只如初见，何事秋风悲画扇。梁某认为，张良选择他与刘邦初遇的留县作为封邑，也是不无深意的。初见时的美好记忆，可以化解许多或有的误会和戾气，减少很多不必要的麻烦。

刘邦对待张良，犹如一个财大气粗趾高气扬的暴发户在一个神清气爽温润如玉的世家子弟面前一样，得意洋洋之余，未免自惭形秽。诚如林伯桐所言：

汉高一生最喜狎侮，又多猜忌。老成如酂侯，英雄如淮阴，皆不免于猜忌。他如黥布之勇，郦食其之辩，其始皆不免于狎侮。唯遇留侯，则自始至终无敢失礼，亦无有疑心。岂徒以其谋略哉！观留侯自称，一则曰“为韩报仇强秦”，再则曰“愿弃人间事，欲从赤松子游”，其进退绰绰有余于功名禄爵之外者矣。考其生平，居得为之地，而无田宅之好，无声色之嗜；至其经营天下，则如行所无事者，谁能及之哉？太史公称曰：“无知名，无勇功，图难于易，为大于细。”斯观其深矣，安得不令汉高心折也乎！

一百四十三个榜上有名的大汉文武功臣及其继任人，从高祖时受封起，中经惠帝七年，吕后八年，文帝二十三年，景帝十六年，一直到武帝元封六年，历时一百零二年。他们的封邑封号，从高祖时代起即开始被取消，到武帝末年，最后幸存者仅五个。君子之泽，五世而斩，信然。

留侯一脉的传承就更为短暂。张良去世后，他的儿子张不疑袭封为留侯。文帝五年（前 175），不疑因犯“不敬”之罪，被削去爵位，废除封国。唐人刘长卿诗云，“汉文有道恩有薄”，由此可以得一旁证。

张良的所作所为，当然是有其指导思想的。他对黄老之术的研究运用，可谓已臻炉火纯青的化境。

黄老学说与汉初政治

经历秦朝苛政和楚汉战争后，社会面貌和人民的心理都发生了显著变化，急需休养生息。汉初约七十年间，儒、法显学失势，一向备受冷落的道家忽然如鱼得水大行其道，其主要流派——黄老学说，更成为中国历史上第一个公认的盛世——“文景之治”时期的国家官方哲学。老子的清静无为思想得到大力提倡，成为当时文化学术界的主流，并对现实政治和经济产生了直接而巨大的影响。武帝“罢黜百家，独尊儒术”后，黄老学说逐渐式微。但道家思想依然薪尽火传，流布不息，当然其间也发生了不小乃至质的变异。

著名学者、司马迁之父司马谈在《论六家要旨》中引述《易大传》“天下一致而百虑，同归而殊途”的观念，对当时“此务为治者也，直所从言之异路，有省不省耳”的阴阳、儒、墨、名、法、道德这六大流行学派的“要旨”逐一做了评述。他全面比较分析了六家学说的优劣短长，都有所肯定，也有所批评，他个人的思想倾向则极其鲜明。

六家之中，司马谈重点比照了儒、道两家。在他看来，儒家的长处只是“序君臣父子之礼，列夫妇长幼之别”而已，却“博而寡要，劳而少功”；而且儒家“以为人主天下之仪表也，主倡而臣和，主先而臣随，如此则主劳而臣逸”，结果必然是“形神骚动，欲与天地长久，非所闻也”，认为儒家迂远而阔于事情。佯褒实贬的意味是明显而浓厚的。

六家之中，司马谈对道家情有独钟，认为其“因阴阳之大顺，采儒墨之善，撮名法之要”，融汇了诸家之长而无其短。至于效果，“与时迁移，应物变化，立俗施事，无所不宜，指约而易操，事少而功多”，与儒家的“博而寡要，劳而少功”恰成对照。

司马谈说：

> 道家无为，又曰无不为。其实易行，其辞难知。其术以虚无为本，以因循为用。无成势，无常形，故能究万物之情。不为物先，不为物后，故能为万物主。有法无法，因时为业；有度无度，因物与合。故曰“圣人不朽，时变是守”。虚者道之常也，因者君之纲也。群臣并至，使各自明也。其实中其声者谓之端，实不中其声者谓之窾。窾言不听，奸乃不生。贤不肖自分，白黑乃形。在所欲用耳，何事不成？乃合大道，混混冥冥，光耀天下，复反无名。凡人所生者，神也；所托者，形也。神大用则竭，形大劳则敝，形神离则死。死者不可复生，离者不可复反，故圣人重之。由是观之，神者生之本也，形者生之具也。不先定其神，而曰：“我有以治天下”，何由哉？

司马谈的说法是有根据的。他所说的道家，不是传统意义上的老庄道家，而是指战国后期到秦汉之际道家与名家、法家等融合后形成的新流派。《史记·孟子荀卿列传》说，齐国“稷下学者”慎到、田骈、接子、环渊等人“皆学黄老道德之术，因发明序其指意”。《史记·老子韩非列传》记载，著名法家申不害之说“本于黄老而主刑名”；法家集大成者韩非则“喜刑名法术之学，而其归本于黄老”。司马迁以史学宗师的卓绝眼力，一针见血地看出了道、法两家迥然不同的外貌下内在本质的一致性。王国维刻意讥评太史公不该将老子与韩非同传，实属智者千虑一失的皮相之见，并无道理。

当代学者金春峰进而指出，黄老刑名（法）是一个思想体系。他说：

> 汉初黄老思想，主张清静无为，对秦代的严刑酷诛来说，似乎确是一百八十度的大转变。但是，它的实质仍然是严酷而毫不放松控制与镇压的“法治”。它纠正与改变的是秦代对法治的滥用，而其法治的精神与立场，则是没有改变的。黄老思想，正如帛书《黄帝四经》所表明的，本身就是一种法家思想。它对政治、人生、社会、社会秩序，不诉诸道德说教和宗法情谊，不祈求于理性的自觉，而完全求助于漠然无情的暴力和物质手段的奖罚，认为唯有法律、法令、吏治、强力，才是巩固统治、建立社会秩序的可靠手段。汉初统治者在清静无为的宽容面貌下，所严守不失的，正是黄老或法家思想的这个基本精神与立场。因此，“汉承秦制”，不只是指具体的政治经济制度、社会结构、施政大纲，也包括秦代奉行的法家指导思想。

这种说法虽然比较偏至，但透过表象看到了问题的本质，值得重视。

其实鲁迅早就说过：

> 刘邦除秦苛暴，“与父老约，法三章耳”。
>
> 而后来仍有族诛，仍禁挟书，还是秦法。
>
> 法三章者，话一句耳。

鲁迅进而指出：

> 老子尝为周室守书，博见文典，又阅世变，所识甚多，班固谓“道家者流盖出于史官，历记成败存亡祸福古今之道，然后知秉要知本，清虚以自守，卑弱以自持”者盖以此。然老子之言亦不纯一，戒多言而时有愤辞，尚无为而仍欲治天下。其无为者，以欲“无不为”也。

黄老一派学者拉大旗作虎皮，抬出传说中的黄帝与老子相配，以抬高本派地位，故称“黄老学派”。其主流思想，则被称为“黄老学说”。

黄帝又称轩辕氏，是中国历史传说中的帝王。他原是古代部落首领，与同母异父兄弟炎帝不睦，长期征战不息。其中以与炎帝后裔蚩尤在涿鹿一战，尤为惨烈。蚩尤请风伯、雨师相助，黄帝有应龙、天女魃等帮手，战况几度反复。其间蚩尤做大雾，黄帝靠玄女教导战法，又令风后做指南车辨别方向，终于战胜蚩尤，取得决定性胜利。从此黄帝被华夏各族首领一致拥戴为部落联盟领袖。

据说，黄帝不仅武功烜赫，文治也成就卓著。举凡文字、音律、医学、算术、冕旒、衣裳、釜甑、舟车等，都为他和臣下所创制。黄帝还钻燧取火，教民熟食；又蒸谷为饭，穿阱猎禽。黄帝的妻子嫘祖发明了蚕丝，诸臣也多有创造发明。后世尊黄帝为中华民族的始祖。这是一个被高度神圣化、符号化、象征化了的传说中的史前英雄人物。《周易·系辞下》说："黄帝、尧、舜：垂衣裳而天下治"，又将他作为垂拱而治的榜样。

老子姓李名耳，字聃，春秋时期楚国苦县（今河南鹿邑东）厉乡曲仁里人，大思想家、道家学派创始人，和孔子同时而稍早，又称老聃。与博尔赫斯一样，老子做过周朝"守藏室之史"（国家图书馆馆长）。孔子西游至周都洛阳，曾向他问礼。老子开导孔子说："一个优秀的商人，深藏财货，而外表看起来仿佛是一无所有；一个有修养的君子，品质超群，而外表看起来好像是迟钝愚蠢。你务必去掉骄矜之气和贪欲之心，那些对你没什么好处。我所能告诉你的，仅此而已。"

自己干坐清水衙门的冷板凳，多年没有升迁，仕途渺茫；又看到周室每况愈下，日渐衰落，大环境也不甚美妙，老子心灰意冷，决定抽身退步溜之乎也。出关的时候，恰巧碰到了一向敬仰他的守关头目尹喜。尹喜苦苦请求说："先生就要归隐了，以后难得一见。你平时不肯动笔，这次无论如何，有劳你勉强为我写一本书吧。"同时吩咐手下好酒好肉侍候。老子实在推辞不过，只得恭敬不如从命，暂作勾留写下一本书来，内容以谈"道""德"为主，共约五千言，计八十一章，分为上、下两篇。这就是道家的开山著作《老子》，又称《道德经》。老子写好书后立马走人，从此宛如在人间蒸发，没有谁知道他的下落。

老子提出"道"的观念，认为"道生一，一生二，二生三，三生万物"，"道"是宇宙万物的本原，否定天的最高权威。主张"不行而知"，反对追求知识。对儒、墨两派的道德观不以为然，认为真正的道德是不追求道德。强调“柔胜刚，弱胜强”；“天下之至柔，驰骋天下之至坚。江河所以为百谷王者，以其善下之”；“人之生也柔弱，其死也坚强。草木之生也柔脆，其死也枯槁”；“大方无隅，大音稀声。大象无形，大巧若拙”；“吾有三宝，一曰慈，一曰俭，一曰不敢为天下先”，提倡柔软虚静，减少私欲，慈悲节俭，知足不争。老子心目中理想政治是无为而治，理想社会是小国寡民，“邻国相望，鸡犬之声相闻，使民至老死不相往来”。《老子》一书包含朴素的辩证法因素，提出“反者道之动”“祸兮福之所倚，福兮祸之所伏”，一切事物都有正反两面，对立面互相转化。《老子》是中国历史上屈指可数的最重要的具有原创性的几本经典著作之一，对中国思想史和政治史都有着巨大而持久的影响力。

黄老学说为何独领风骚于汉初？张荫麟对此有一段鞭辟入里痛快淋漓的论述：

> 汉初在武帝前的六七十年是道家思想的全盛时期，帝国的政治和经济都受它深刻的影响。
>
> 为什么道家会在这时有这么大的势力呢？道家学说的开始广布是在战国末年。接着从秦始皇到汉武帝的一个时期的历史恰好是道家学说最好的注脚，好像是特为马上证实道家的教训而设的。老子说：“法令滋章，盗贼多有。”秦朝就是法令滋章而结果盗贼多有。老子说：“民不畏死，奈何以死惧之？”秦朝就是以死惧民而弄到民不畏死。老子说：“飘风不终朝，骤雨不终日。”秦始皇和楚项羽就都以飘风骤雨的武功震撼一世，而他们所造成的势力都不终朝日。老子说：“为者败之，执者失之。”秦始皇就是最“有为”的，

而转眼间秦朝败亡；项羽就是一个“战胜而不予人功，得地而不予人利”的坚执者，终于连头颅也失掉。老子说：“柔弱胜刚强。”刘邦就是以柔弱胜项羽至刚至强。老子说：“自胜者强。”刘邦的强处就在能“自胜”。他本来是一个“酒色财气”的人，但入了咸阳之后，因群臣的劝谏，竟能“财帛无所取，妇女无所幸”，并且对项羽低首下心。老子说：“将欲歙之，必固张之；将欲弱之，必固强之；将欲夺之，必固与之。”刘邦所以成帝业的阴谋，大抵类此。他始则装聋作聩，听项羽为所欲为；继则侧击旁敲，力避和项羽正面冲突；终于一举把项羽歼灭。他始则弃关中给项羽的部将，并且于入汉中后，烧毁栈道，示无还心；继则弃关东给韩信、英布，以树项羽的死敌；而终于能席卷天下。像这样的事例，这里还不能尽举。道家的学说在战国末年既已流行，始皇的焚书，并不能把简短精警的五千言从学人的记忆中毁去。他们当战事平息，痛定思痛之际，把这五千言细加回味，怎么不警觉它是一部天发的神谶。况且当时朝野上下都是锋镝余生，劳极思息；道家“清静无为”的政策正是合口的味，而且是对症的药。我们若注意，当第一次欧洲大战后，与道家学说素无历史因缘而且只能从译本中得到朦胧认识的德国青年，尚且会对老子产生狂热的崇拜，一时《道德经》的译本有十余种（连解释的书共有四五十种）之多；便知汉初黄老思想之成为支配的势力是事有必至的了。

大汉开国后，“萧何次律令，韩信申军法，张苍为章程，叔孙通定礼仪。则文学彬彬稍进，《诗》《书》往往间出矣。自曹参荐盖公言黄老，而贾生晁错明申商，公孙弘以儒显，百年之间，天下遗文古事靡不毕集太史公”。

汉初君臣，如高祖、惠帝、吕后，张良、萧何、曹参、陈平等，都是黄老学说的信奉者，并将之直接运用于政治和社会，达成天下大治。陆贾则是儒道并尊。

一般认为，在汉初，第一个从理论上提出系统运用黄老学说指导政治的人，是谋士陆贾；第一个从实践上自觉运用黄老思想指导政治的人，则是宿将曹参。这当然是不错的。不过，追根究底，作为大汉开国皇帝刘邦的宾师，亦即所谓“帝者师”，张良其实才是黄老之术不动声色的始祖。具种种心术手段，相信读者诸君已经有所领教。张荫麟如上列举的刘邦的诸种做法，正是他听计于张良的例证，给人的感觉，刘邦有时简直就像是一个傀儡，张良则如同在幕后扯线牵动傀儡的人。司马迁说：“运筹帷幄之中，制胜于无形，子房计谋其事，无知名，无勇功，图难于易，为大于细。”宋人杨时的说法，刚好可作其注脚：“老子之学最忍。他闲时似个虚无单弱的人，到紧要处发出来，令人支吾不住，如张子房是也。子房如峣关之战，与秦将连和了，忽乘其懈击之；鸿沟之约，与项羽讲解了，忽回军杀之：这便是柔弱之发处。可畏！可畏！”

英国学者鲁惟一写道：

> 在无为的思想和皇权的行使之间存在着明显的关系。避免有意识地采取行动或做出决定，这部分是由于对人的价值和个人判断力的新的认识；类似的思想应用于对君主适当的地位和权力的看法方面。按照理想的模式，君主应在行政或决策方面力戒起个人作用；他不应有意识地打算行使

自己的权力，而是应该满足于安然自得，袖手旁观，让自己的臣属去治理国务。他以自己的存在和无言的沉默来治天下，就像无形的道控制着自然界的一切活动那样。

文帝、景帝和窦太后也都尊崇黄老学说。《史记·儒林列传》说："孝文帝本好刑名之言。及至孝景，不任儒者。而窦太后又好黄老之术，故诸博士具官待问，未有进者。"《史记·外戚列传》说："窦太后好黄帝老子言，帝及太子、诸窦，不得不读黄帝、老子言，尊其术。"

窦太后则是汉初黄老学说承先启后的关键性人物。她和她的婆母薄太后的故事，都富于传奇色彩，饶有意趣，颇值一说。

史称"汉承秦制"，这大抵是事实。当然，时代不同了，环境和条件都发生了巨大的变化，为了适应社会的发展和需要，汉初各项制度，对秦制有因有革，从而具有自己的特色。

秦统一六国后，推行单一的郡县制，朝廷大权独揽。汉初则郡县制与封国制并行，实行的是一种混合式政体，大汉王朝由朝廷、地方郡县和各诸侯王国三大部分组成。

皇帝作为高高在上的"至尊"，是权力的核心掌握者和最终裁决者。朝廷的中央行政机构，设有丞相、太尉、御史大夫，分司行政、军事、监察大权，称为"三公"。"三公"之下，设有"九卿"，包括太常、郎中令、卫尉、太仆、廷尉、典客、宗正、治粟内史和少府，分管各项具体政务。三公九卿共同构成政府首脑机构，发挥国家职能的中枢作用，负责国家机器的日常运转，并向皇帝负责。

丞相是最高行政长官，是皇帝最重要的辅佐，是大政方针的主要决策者和执行者，专设有由其自行掌控的庞大办事机构"丞相府"，总理百僚，位高权重。汉初丞相，多由位居列侯的开国重臣出任，如萧何、曹参、王陵、陈平、周勃、灌婴等人，都先后担任过这一要职。首任丞相萧何协助吕后谋杀韩信后，再度加封，丞相更名为相国，以示尊崇；继任者曹参去世后，相国恢复为丞相原名。丞相有时一人，有时则有两人，分置左右。汉制以右为尊，右丞相事权稍高于左丞相，是实际上的首相。

太尉是最高军事长官，但这更多只是一种名义上的荣衔而已。因为太尉没有自己独立的官署，属吏寥寥，也没有调兵的权力。出统军队，必须有皇帝颁发的符节，才能有效行使职权。汉初，太尉这一职务时置时废，大抵因事设人。卢绾、周勃、灌婴等名将都当过太尉。

御史大夫官秩相当于九卿，实际权力则大得多。举凡监察文武百官，弹劾不法；管理重要档案，制诏转达；以及核算、审计等重要政务，都在其职掌范围之内。御史大夫是皇帝的近侍，协助丞相处理朝政，实际地位差不多是副相。灌婴、赵尧、周昌等汉初名臣先后担任过这一职务，前文提到过的相国曹参之子曹窋，积极要求进步，很快也由中大夫升任至御史大夫。后来有两任御史大夫，景帝时的晁错和武帝时的桑弘羊，建树和名气都更大，只可惜他们生不逢时，殊途同归，下场不妙。

太常职掌宗庙礼仪，后来也兼管博士、太学。帮助刘邦取名、制订朝仪的“圣之时者”叔孙通，就是大汉首任太常。

郎中令职掌侍卫皇帝，多由亲贵子弟出任，与皇帝亲密接触的机会很多，获得升迁的机会当然也水涨船高，是当时仕进的终南捷径。武帝以后改称光禄勋。本书主人公之一陈平曾长期担任郎中令。

卫尉职掌宫廷守卫，负责宫门警卫，统率皇家禁卫军。名将郦商（本书另一主人公郦食其的弟弟）曾任卫尉。

太仆职掌舆马，包括皇帝銮驾仪仗、宫廷车马、朝廷马政等。

最有名的太仆当然是在功臣榜中排名第八、长期得到高祖和吕后格外信任与尊重的开国名将夏侯婴。

廷尉职掌刑狱，是最高司法长官。汉初最有名的廷尉当数张释之。

典客职掌诸侯王及各少数民族事务，负责其入朝觐见时的接待、礼仪等。武帝以后改称大鸿胪。

宗正职掌皇族事务。按照惯例，向由皇家子弟出任。

治粟内史职掌全国财政，负责钱谷盐铁赋税和国家的财政收支、各地贡物调度等。武帝以后改称大司农。

少府职掌皇家财政，负责征收计提山海池泽等专项赋税和皇室手工业制造，专供皇室花销。少府机构庞大，属官众多——只有这样，才能更好地完成任务，满足皇室的需要。曾经连败义军、投降项羽后获封雍王，又被刘邦“还定三秦”时逼得自杀的秦朝名将章邯，就是少府出身，秦汉之际做过少府的官员没什么人比他名气更大。

三公九卿之外，主要的中央政府官员，还有主管京师治安与防务的中尉、主管列侯事务的主爵中尉、主管少数民族事务的典属国、主管宫室修缮的将作少府等。京师的地方长官为内史，但官秩相当于列卿，稍高于一般郡守，首善之区嘛。

汉初地方行政机构的设置，跟秦朝一样，施行郡县制。郡设郡守，管辖全郡一应军民事务，如劝民农桑、稽征赋税、典郡兵事、治安司法、选举孝廉、属县吏治等。景帝时，郡守更名为太守。郡又设有郡尉，协助郡守掌管本郡军务。景帝时，郡尉改称为都尉。

郡下设县。县设县令，不满万户的小县设县长，管辖一县民政。又设有县丞、县尉，分别协助县令（县长）管理民政、司法及治安、兵役等事务。乡设三老、啬夫、游徼，属于地方基层自治机构，不在公务员编制之列。

为与汉初新的政治制度相适应，大汉王朝建立了新的军制，军队分为中央军与地方军两种。中央军驻屯京师，一称南军，一称北军。南军由朝廷直辖的各郡征调来的精壮兵士组成，人数在两千人左右，是皇室的卫队，并负责皇帝外出时的警备；南军分散驻守，没有固定的营垒，在北军之南，故称南军，由卫尉统率。北军多由京畿三辅地区选调的材官（步兵）和骑士（骑兵）组成，人数达数万之多，是京都长安的卫戍部队；其营垒在未央宫之北，故称北军，由中尉统率。

地方军称为郡国之兵，组成者为各郡县和诸侯王国的应役男子，每人必须服满两年兵役，由郡守、郡尉或诸侯国中尉统率。地方军根据各地区不同地理特点分为材官、骑士、楼船（水兵）三大兵种，朝廷有事时可以随时征调。

汉初，全国约有五十四个郡，每个郡通常辖治十几个县。但中央政府能够直接管辖的，只有云中、河东、南阳、汉中、巴、蜀、陇西、上党等十五个郡，其他三十九个郡，都裂土分封为诸侯王国。就是在直属中央的十五个郡中，还包含有很多公主和列侯的食邑。也就是说，郡县制只在少数地区得以施行，全国大多数地区，实行的是诸侯王国制，即封国制。

刘邦坐稳江山后，“惩戒亡秦孤立之败”，一方面着手找茬翦除异姓诸王，一方面开始大封刘氏子弟，作为汉廷羽翼。用不了几年，除了地偏人稀安分守己的长沙王外，其余诸位异姓王先后灰飞烟灭。与之相对应的是，刘氏诸王则遍地开花，七年时间立了九个，不少都是乳臭未干的黄口小儿。

在汉初政体中，“多者百余城，少者乃三四十县”，可以坐享本国赋税和徭役的诸侯王国权力很大，“宫室百官，同制京师”，无异于一个个国中之国。王国政府中，除了丞相由朝廷指派外，其余一切都由国王说了算。尾大不掉的局面势无可免地形成，成为皇帝的心病。

汉廷终于发现，削弱并驾驭诸侯王国的诀窍，在于“众建而少其力”。数代君臣费尽移山心力，使用各种手法（包括残酷的战争手段），终于逐步弱化了诸侯王国的力量，化解了它们对朝廷潜在的威胁，强化了中央集权。《汉书·诸侯王表》说：“文帝采贾生之议分齐、赵，景帝，用晁错之计削吴、楚，武帝施主父偃之策下推恩之令，使诸侯王得分户邑以封子弟。自此以来，齐分为七，赵分为六，梁分为五，淮南分为三。皇子始立者，大国不过十余城。长沙、燕、代，虽有旧名，皆无南北边矣。”

然而，新的问题随之出现，两个更大的麻烦纷至沓来：宦官与外戚。这两个封建制度的毒瘤和痼疾，给中国历史带来了无尽的灾难，历代王朝一直没能从制度的层面予以根本性解决。这是后话，且略过不表。

汉初数十年间，政府尊用黄老学说，与民休息，奖励生育，轻徭薄赋，宽刑简政。结果人口猛增，农业生产很快得到恢复和发展，经济繁荣，社会和谐。汉廷废除关卡和桥梁的过路费，又开放山泽，听人采掘垦殖，给工商业带来一个空前的发展机会。战国后期至西汉前期，又正是牛耕逐渐推广的年代，耕牛的普遍使用代替了很多人力，使农村中出现大量剩余劳动力，其中一部分流向都市，这进一步促进了工商业的兴旺发达。

一要生存，二要温饱，三要发展。世界潮流，浩浩荡荡，顺之则昌，逆之则亡，没有什么不能改变的清规戒律，与时俱进才是硬道理。

武帝时期，政权高度集中，内患完全解除，经过几十年的发展积累，国家财富已相当可观，民力充裕，民气踔厉风发，国家蒸蒸日上欣欣向荣，正是大有作为的好时光。

岁月无敌，时过境迁，在全新的情势下，黄老学说的消歇沉寂，已经成为历史的必然。

黄老学说博大精深，治国方面的效用已见上述。其实，无论修身还是用世，它也都是上佳的器具。

清朝咸丰年间，曾国藩以在籍侍郎身份，奉旨帮办团练，以对抗太平军，湘军横空出世。但开始几年并不顺利，经常失败，到处碰壁。咸丰七年（1857），曾国藩丁父忧回家守制。其间，一些亲友对他以往一味蛮干的做法给予了批评和劝导，他自己思前想后，也对前几年的经验教训进行了全面深刻的反思。除悟出领兵不兼督抚则处处受制外，还对自身修养作风、为人处事方面的种种不足认真做了一番点检。他搁置儒学，聚精会神精研黄老之术，极有心得，自感十分受用。一年多后复出时，曾国藩的行事作风发生了巨大的变化，由刚猛激烈转为柔婉沉静，以致胡林翼批评他“渐趋圆熟之风，无复刚方之气”。但意气用事并无用处，事实才是最好的说明：曾国藩从此左右逢源，得心应手。

曾文正公居家学习黄老学说时，曾写下一段心得。录此共享，并借以结束本章：

> 静中细思，古今亿百年无有穷期，人生其间，数十寒暑，仅须臾耳，当思一搏。大地数万里，不可纪极，人于其中寝处游息，昼仅一室，夜仅一榻耳，当思珍惜。古人书籍，近人著述，浩如烟海；人生目光之所能及者，不过九牛一毛耳，当思多览。事变万端，美名百途，人生才力之所能及者，不过太仓之粒耳，当思奋争。然知天之长，而吾所历者短，则忧患横逆之来，当少忍以待其定；知地之大，而吾所居者小，则遇荣利争夺之境，当退让以守其雌。

第三章

陈平

一个足智多谋的大帅哥之非凡人生

女子

主子

点子

左右逢源

三朝元老

一个足智多谋的大帅哥之非凡人生

秦末汉初，天下大乱，群雄并起，英才辈出。即便如此，陈平的才能和建树依然相当突出。他的人生道路也几经曲折，绝对非凡。

陈平是个大帅哥。却因出身贫寒，险些连媳妇儿都娶不上。后来抓住机会，一石三鸟，不仅得到嫁奁丰厚的美妇，而且提升了自己的社会地位。他曾数度投机，三易其主。终于认定刘邦后，攀龙附凤尽心尽力，成为参与决策举足轻重的核心谋士，跻身大汉开国名臣，封侯拜相。楚汉战争时期，他巧施反间计，离间了项羽的心腹，极大削弱了楚军的中坚力量和战斗力。又说服刘邦广泛吸收、大胆任用有利于争夺天下的各方人士，大大加速了夺取战争胜利的进程。在战略要地荥阳即将被项羽攻陷的危急时刻，陈平先是放出打算投降的烟幕弹，麻痹楚军；然后使出奇招，让将军纪信率两千名女兵迟滞掩护，李代桃僵，使刘邦利用这一间不容发的空隙，乘机脱逃。高祖率二十万大军亲征勾结匈奴的韩王信，冒顿单于亲率四十万精骑驰援，将汉军围困在平城白登山达七天七夜，粮尽援绝，情况万分危殆；最后又是依仗陈平所献的秘计，才得以出围脱险。刘邦忧虑韩信，放心不下，又不敢轻易动武；陈平建议高祖诈游云梦，结果不费吹灰之力，就使百战百胜称霸一方的楚王韩信做了阶下囚。高祖临终前，令他到前线军中监斩樊哙；陈平经过精算，终于以适当的方式将这个极为棘手、动辄得咎、吃力不讨好的差事巧妙应付了过去。吕后执政时，他虚与委蛇，视“白马之盟”为无物，醇酒妇人，力求自保。吕后去世后，他审时度势，在陆贾的串联下，和周勃、刘章等人联手，诛灭吕党，平息内乱，避免了战争和分裂，维护了大汉王朝的安定统一，客观上也有利于苍生百姓，更为自己赢得“安刘”的好名声和诸多现实好处。在艰难时世中活出了精彩人生，而且履险如夷善始善终，这个帅哥不寻常。

有意思的是，战争年代，陈平常常与首席谋士张良英雄所见略同，不谋而合。和平岁月，两人的行事风格却大为不同。同样足智多谋，但无论是思想深度还是处世风度，比起张良来，陈平总是显得相去一程。这除了因性格、学养和经历不同外，跟他们的出身也不无关系。刘邦、吕雉两人对待陈平虽说比不上像对待张良那样毕恭毕敬，却也还客客气气，从未失礼过。这已经很不容易，也算难能可贵了。

陈平少年时期就喜好黄老之术，精心揣摩研习。他一生得力于智谋，智谋是他的看家本领。他以之建功，以之自全，终于成为一代重臣贤相，在历史上也享有盛名。

然而，对陈丞相的心术和做派，历代也一直不乏讥评，而且似乎并非没有一点道理。其中，当代学者韩兆琦的观点颇具代表性。韩氏说：

陈平是以智谋（或者更准确地说是“阴谋”）著称的，但是他那一出对付项羽、两出对付韩信的所谓“奇计”，却不为太史公所赞赏。至于他那种云蒸雾变、屈伸随时、察因观衅、鹰击鸷搏的功夫，则恐怕更是为太史公所惊讶、叹息，而自认永远学不来的事。

女子

金圣叹在他自我作古一手杜撰的所谓“贯华堂所藏古本《水浒传》序”中劈头就说：人生三十而未娶，不应更娶；四十而未仕，不应更仕。

确实，娶妻与做官，古往今来，都是成年男子需要优先考虑的两件大事。白皙的面庞上已经长出黑黑髭须的帅哥陈平，刻下正面临来自这两个方面的困扰和烦恼。

陈平出生于阳武（今河南省原阳县）户牖乡一个自耕农家庭，家中有三十来亩田地，父母早已亡故，靠哥哥陈伯一手把他拉扯大。陈伯是种庄稼的好手，跟刘邦的二哥刘仲有得一比。他节衣缩食精耕细作，全力支持天性聪颖喜爱读书的小弟外出求学。岁月不居，时节如流，转眼间，陈平长大成人，出落得高大英俊，风度翩翩，反应敏捷，吐属儒雅，看上去一表人才，蛮像个人物了。做哥哥的看在眼里，乐在心头。

然而根据秦法，家贫者“不得推择为吏”，陈平想要找到一个称心如意的职位，并不容易。嫂子看到陈平整天东游西荡不务正业，心中早就存了怨气。正巧有人问她：“你家里那么穷，可你那小叔子却高高大大白白胖胖，你给她吃了什么好东西呀？嘻嘻！”这真是哪壶不开偏提哪壶。嫂子脱口而出：“中看还得中用！吃的什么？也不过是装了一肚子秕糠罢了。这样的小叔子，倒不如没有他的好！”

陈伯听说这事后，就坚决把妻子休掉了。这让陈平感动之余，深为不安。

做官尚无着落，娶妻也有波澜。

陈平已经成年，该娶媳妇了。然而事情并不好办：富有人家的女儿瞧不上他，穷人家的女儿呢，他又瞧不上。陈平自视甚高，又深知“贫贱夫妻百事哀”的道理，不肯降格以求。当时又没有网恋，要不他倒是肯定会很抢手。就这样，时光荏苒，一拖数年。

要来的早晚会来。

户牖乡有个富户名叫张负，他的孙女小名娜娜，前后嫁了五次，说来也怪，五个老公居然都死翘翘了，没有留下一枝半叶。孀居的娜娜只得回到娘家居住，成天以泪洗面，埋怨自己命苦。人们都以为她命硬克夫，饶你荣华富贵花容月貌，也从此不再有人问津。高不成低不就的大龄未婚青年陈平，却对娜娜动了念头。

恰巧，乡邑里有个头面人物去世，丧事办得隆重体面，由张负负责主持打理。陈平自愿前去帮忙，早出晚归，殷勤得体。张负一眼看中了陈平，认为他体貌奇伟，才智超群，两人从此成为忘年交。

有一天，张负随着陈平到他的家里小坐。陈家住在一条靠着城墙的陋巷子里面，门口悬着一领破草席，杯盏用具都很简陋破败，家徒四壁，穷得叮当响。但张负是个有心人，他固然亲身感受了陈家的贫窘，但同时却又发现，蓬门之外有不少贵客停车的辙印。他心里越发有数了，更加坚信自己的眼光和判断，于是打定了主意。

张负回到家里，对儿子张仲说：“我打算把娜娜嫁给陈平。”张仲目瞪口呆，好一会儿才反应过来。他问父亲：“陈平那么穷，又什么事都不做，全县的人都笑话他的所作所为。谁不好嫁，为什么偏偏要把娜娜嫁给他呢？”张负斩钉截铁地说：“像陈平这等出色的人才，又长得仪表堂堂，怎么可能会长久贫穷卑贱呢！再说，如果人家家庭条件好一点儿，恐怕上门提亲的人早就摩肩接踵，又怎么可能会轮到咱家娜娜？我看他们很般配！”张仲想想也是。俗话说“女大不中留”，又拗不过老爹，便不再作声。张娜与陈平终于珠联璧合，琴瑟和鸣。

因为陈平贫穷，张负就借钱给他作聘礼，又给了他一大笔钱，将婚事操办得热热闹闹风风光光。老头还特意嘱诫掌上明珠般的孙女说：“穷人自尊心强，特别敏感，你千万不要因为人家穷，就有轻慢失礼之处。陈平跟他哥哥感情特别深厚，你侍奉哥哥陈伯要像侍奉父亲一样，侍奉嫂嫂要像侍奉母亲一样。小伙子会有出息的，相信爷爷吧！”张娜一边眨巴着一双水灵灵的大眼睛，一边点头。

张娜本来就是一个聪明伶俐的女孩，只是有些娇生惯养罢了。青春妙龄，居然连续五次遭遇丧夫之祸，一颗柔婉的心早被伤透，对生活本来已经不抱多少指望。不料第六任丈夫陈平外表俊朗，才能出众，机智幽默，床上功夫也着实了得，让她从精神到肉身都感觉到一种前所未有的舒展和爽快。她对陈平十分温柔体贴，与其他方方面面的关系也都处得大方得体，所有人都认为陈平娶了一个漂亮贤惠的好媳妇。张娜经常含情脉脉笑眯眯地看着老公，从心里一再感念爷爷慧眼识人。

陈平也对张娜十分满意。虽然偶尔想到自己的几个前任时会稍有不快，但张娜热烈温存的眼神和美艳丰腴的身体很快让这种不期而至的念头烟消云散。娶了张娜，不断得到岳家的资助，资用日益宽裕，交游也更加广泛，社会地位向上提升了一大截。陈平是个现实主义者，他很知足，不过张娜还是有好几次发现陈平深夜失眠。问他呢，又不肯说。

古人祭祀土神，仪式非常郑重，并分为春、秋两次：在春日者叫春社，祭祀以祈年丰；在秋日者叫秋社，祭祀以谢丰年。每到社日，“四邻并结宗会社，宰牲牢，为屋于树下，先祭神，然后分享其胙”。

这年，户牖乡库上里举行春社，陈平被推举为主持人，一切进行得井井有条，祭肉也分得很公平。父老们交口称赞说：“陈家这孩子主事也好，分祭肉也罢，干得可真棒！”陈平别有感焉，喟然长叹道：“假如陈某有机会主宰天下，我也会像分祭肉一样，公平地道，驾轻就熟！”

陈平带了一条祭肉回家，把父老们的称道和自己的感慨说给妻子张娜听。他有几分疑惑地问：“你说我还会有机会吗？”张娜不容置疑地说：“有的，肯定有的！绝对有的！”陈平拥住张娜，两人进了内室。

谁都没料到，机会说来就来。

陈平带祭肉回家（程远宏　绘）

主子

福建侯官（今福州）人黄浚，字秋岳，博学高才，兼通文史，著有《花随人圣盦摭忆》。其书“援引广博，论断精确，近来谈清末掌故诸著作中，实称上品”，甚至被认为差堪与宋代洪迈的《容斋随笔》比肩。其人又是晚清名家陈石遗最得意的弟子之一，诗工尤深，观赏杏花时，曾写下“绝艳似怜前度意，繁枝犹待后游人”这样意境深远的清词丽句，传颂一时。抗战军兴，身任国民政府行政院要员的黄秋岳却因“通敌罪”被处决，让不少人大跌眼镜。陈寅恪写诗感叹道“世乱佳人还作贼”，言下不胜唏嘘。

但有一句俗语却更为流行：乱世出英雄。

确实，如果不是天下大乱的话，饶是才高八斗也好，学富五车也罢，陈平充其量也不过就一小邑名流，很难出人头地，更别指望封侯拜相了。大泽乡起义为普通百姓提供了可遇而不可求的全新机会。

话头从魏咎说起。魏咎是魏国的公子，曾获封为宁陵君。他是信陵君无忌的旁系后裔，魏豹就是他的胞弟。秦灭魏，把他废为庶人，从此颠沛流离，艰难度日。陈胜起兵自立为王后，魏咎前往投效。陈王派遣魏人周市攻略故魏之地，地盘打下来了，部属们都想拥立周市做魏王。周市却另有打算，他说：“天下混乱的时候，正好可以看出谁是忠臣。如今举国上下都起来反抗暴秦，揆情度理，我们魏人必须要立魏王的后裔，才能成事。”齐、赵两国各派车骑五十辆相助，支持周市自立，但他坚决不肯答应。周市先后五次派人去陈县请示陈胜并迎接魏咎，陈胜才勉强答应把魏咎放回去立为魏王，同时任命周市为魏相。

当时秦军还很强大，与魏咎在临济（今河南省开封市东北）一带你来我往你攻我守，形成拉锯战。

陈平认为机会来了。他毅然告别哥哥陈伯和妻子张娜，和一帮不甘凡庸的年轻人一起去临济投奔了魏王咎。魏咎很赏识陈平，任命他为太仆，执掌乘舆和马政，名居王国九卿之列。陈平非常兴奋，一再向魏王献策，但魏咎没有采纳且不说，陈平反而还遭到近臣诋毁，魏王也逐渐疏远了他。陈平认为抱负难以施展，弄不好连人身安全都无法保证，就在一个月黑风高的夜晚不辞而别溜之乎也。

不久，秦将章邯攻灭陈胜。又转兵临济，攻打魏王。情势危急，魏咎赶紧派周市到齐、楚两国求救。楚、齐分别派项它、田巴率兵随周市一起救援魏国，但援军为章邯击败，周市等人战死。秦军进而将临济团团包围。

粮尽援绝，一夕数惊。为了保全城中的百姓，魏王向秦军提出愿意有条件投降，章邯答应了。魏咎下令停止抵抗，然后自焚而死。秦军随即入城。章邯看着余烟未熄遍地狼藉的王府，心里说：这也算是条好汉！吩咐左右礼葬魏咎。魏豹侥幸逃脱，潜往楚国。只是此公跟他的老兄一样，也是个悲剧人物，后文还会写到他。

陈平得知魏王身死国灭的消息后，既为前主人难过，又为自己庆幸。过了些日子，项羽率楚军北上援赵到了黄河之滨，陈平就投奔了他，随从征战，先后参与巨鹿之战、入关灭秦等著名军事行动，并获封卿爵。后来项羽自称西楚霸王，定都彭城，引兵东归。当项王亲往最先反叛的齐地进行弹压时，汉王刘邦乘机回军平定三秦，尽得关中之地，然后挥师东进，与楚军逐鹿中原。首当其冲的殷王司马卬哪里是汉军的对手，一战被俘，乖乖归顺了刘邦，并获准留任。

项羽闻讯，加封陈平为信武君，派他与逃到楚国的魏国客卿一起率兵前去攻打殷王。陈平成功地降伏了司马卬然后凯旋。项王大喜，立马论功行赏，派项悍拜陈平为都尉，赐给黄金二十镒（一镒为二十四两）。可是过了不久，汉王又攻下殷国，殷王再度降汉。项羽痛恨司马卬反复无常，迁怒于陈平，准备杀掉曾经前去平定殷国叛乱的将领和官吏。陈平觉得很委屈，害怕被杀，又不敢向盛怒之中的项王分辩，就把项羽赏赐给他的金银细软一并收拾妥当，挂印封金，如数璧还，自己只身带把宝剑从小道逃亡。

谁谓河广？一苇航之。扁舟北渡黄河时，艄公见陈平气宇不凡，单身独行，出手就给了自己一块金币，估计他八成是个私逃的将官，

项羽加封陈平为信武君（张鹿山　绘）

认为逃官嘛，肯定很肥，腰袋中一定藏有金银玉器，说不定可以发一笔横财。他的一双死鱼眼贼溜溜地上下打量着陈平，准备伺机下手。

想那陈平是何等伶俐机警之人，察言观色，早已心知肚明。他想，总算是逃过了威加海内的项王的白刃，但手头已经没有一个子儿，形同白板；如果被一个贼头贼脑不知名的贪财船夫干掉抛尸浊流，那就未免太不划算。

眉头一皱，计上心来。陈平借口热燥，将衣服脱个干净，故意重重掷到船板上，然后赤条条地走到艄公旁边，一边搭讪，一边帮助他撑船。因为命运莫测情绪紧张，一身白肉微微发抖，在阳光照耀下，沁出一道道汗珠，非常炫眼。船夫见陈平行囊空空如也，一无所有，又似乎有了警惕，就打消歹念，放了他一马。

楚河汉界，泾渭分明，只剩投靠刘邦这一条路了，正好老友魏无知就在汉王手下任职。陈平来到修武，通过魏无知求见刘邦，汉王同意召见他。万石君、石奋时、任中涓，负责接待工作，引领陈平等七人一起觐见了汉王。刘邦请他们一起吃了顿饭，礼节性闲聊了几句，擦擦嘴站起来，又拍了拍屁股，说："就这样吧。大家洗洗睡。"

陈平急了，忙说："我因事而来，要说的话不能过了今天！"于是汉王单独将他留下交谈。两人纵论天下大事，不想十分投机。刘邦大喜，就按陈平在楚军的职衔，当下拜他为都尉。又留陈平在身边做高参，一起乘车出入，并委以监察全军将校的重任。

汉军将领们得知消息后，一片哗然，沸反盈天。大家交头接耳议论说："大王得到楚军的一个逃兵，还不知道他本领的高下，当天就和他乘坐同一辆车，甚至还让他来监督我们这些老将，实在过分！"汉王听到后，只是笑了笑，根本不予理会，反而更加宠信陈平。他到哪就将陈平带到哪，亲昵无比，赏赐不断。终于，参与丰沛首义、屡建奇功的大将周勃和灌婴也看不过眼，忍耐不住，说话了：“陈平读书多，会掉文，长得也很帅，不比我们大老粗。但他好比是帽子上的珠玉，尽管好看，可未必中用。听说他在家里时，就跟嫂子有一腿；服事魏王，又逃跑归楚；在项王那儿不得意，走投无路，末了才来投靠咱们这厢儿。如今大王器重他，把他当个宝，给了他显要的位置，还让他监察将官们。可是我们哥俩听说他暗地接受诸将的贿赂，送礼多的得到好差，送礼少的中不溜，不送礼的就委派人家恶差事。看来，陈平这厮不是只好鸟，而是个反复无常、唯利是图、道德败坏的乱臣！请大王明察！”

这两个人和这一番话的分量，不可能不对刘邦产生影响，汉王由此对陈平也怀疑起来。他找来魏无知，严词责问。魏无知说：“关于陈平，我向大王推荐的是他的才能，你问的却是品行。如今天下乱成一锅粥，即使有尾生、孝己那样的品行，于战争的胜负也没有丝毫助益，大王用得着他们吗？现在楚、汉相持，胜负未卜，我推荐奇谋之士给大王，只是考虑他的谋略对决定战争输赢的作用。至于是否与嫂子私通、是不是接受贿赂，与这个有关系吗？我既不关心，也不知道。”汉王听了若有所思，挥手让他先退下，沉吟不语。

刘邦又传唤陈平，面无表情直截了当地责问道：“先生高才。可是服事魏王不被重用，服事项王又半途而去。承蒙你看得起，如今又来跟随刘某混。讲信义的人，能够这样三心二意变来变去吗？嗯？”刘邦是老江湖，他没提“盗嫂受金”的流言。

陈平胸有成竹，不慌不忙地从容应答道：“我服事魏王，魏王不采用我的计策，所以才离开他去服事项王。项王不信任别人，任人唯亲，他所信用宠爱的，不是项氏宗亲，就是妻子的兄弟亲眷；虽然有奇谋之士，也不能得到重用，无从建功立业；他的脾气也实在过于暴戾，所以我才离开项王。听说大王慧眼雅量，能够识人用人，于是就来投奔你。大王知道，我是空手而来，俗话说一分钱难倒英雄汉，不收受一点钱财就不好办事，也会让人家觉得我这人不好接近。但是陈平绝非贪婪之徒，收受的礼物也根本没有外面传说的那么多。如果大王相信我，觉得我的计策有可资采用的地方，我很高兴留下来继续服事大王，竭尽犬马之劳；如果大王不相信我，觉得我没什么用处，则恳请允许我辞职回家。大王赏赐和我收受的财物都在那里，我愿意原封不动地交出来。”

汉王看着陈平年轻英俊的面孔，听着他那娓娓动听情辞恳切不卑不亢富有磁性的男中音，脸色越来越平和舒展，终于露出了笑容。陈平知道没事了。

刘邦向陈平表示歉意，又给了他丰厚的赏赐，并正式升任他为护军中尉，监督所有将领。诸将知道陈平的地位已经不可撼动，就不敢再说什么了。

经过这场风波，刘邦与陈平之间的关系取得质的飞跃，亲密互信，彼此深感欣幸。刘邦确信陈平是顶尖人才，虽然微逊于张良，但与他相处却更为轻松自如，可以完全放松随意。再说，陈平还深悉楚营内幕，知己知彼。陈平又特别善于察言观色，善解人意，灵活机变，使用起来真可谓是得心应手。在张良面前，刘邦多少有些放不开，总有点儿自惭形秽的感觉。

有“三国第一勇将”之称的吕布，先后投过几个主子，被人讥讽为“三姓家奴”。后来自己做老板，终于不是曹操的对手，在白门楼为部将所叛卖，身败名裂。

陈平呢，历经坎坷，饱受曲折，第三次总算认准了主子，跟对了领导。他果然尽心尽力，将一个谋士的作用发挥得近乎淋漓尽致，为大汉王朝的建立和巩固立下了显赫的功勋。而且履险如夷，身名俱泰。

谋士之可贵，就在于他们总能及时敏锐地发现问题，并提出解决问题克敌制胜的点子。在某种意义上，谋士群可以看作是早期的智库。随何出了一个高招，就足以名垂千古。兴汉集团的第二号谋士陈平，则有大名鼎鼎的“六出奇计”。

点子

大汉立国前后，作为兴汉集团最重要的谋士之一，陈平的主要贡献，是为刘邦出了多个可行性甚强、含金量甚高、脱己方于困厄、克敌制胜的点子，其中最有名而历来为人们所津津乐道的，便是所谓的“六出奇计”。这六个“金点子”依次是：

1. 巧施反间计，离间楚国君臣，促成项羽集团的核心结构分崩离析，冰消瓦解。

兵家鼻祖孙武十分注意使用间谍，认为用间对最终夺取战争胜利尤为重要。要言不烦的《孙子兵法》十三篇的最后一篇，就是专门论述如何用间的。

孙子曰：故三军之事，莫亲于间，赏莫厚于间，事莫密于间。非圣智不能用间，非仁义不能使间，非微妙不能得间之实。微哉！微哉！无所不用间也。

又曰：故惟明君贤将，能以上智为间者，必成大功。此兵之要，三军之所恃而动也。

他将间谍分为五类：乡间、内间、反间、死间、生间。“五间俱起，莫知其道，是谓神纪，人君之宝也。”孙武特别强调指出：“五间之事，主必知之，知之必在反间，故反间不可不厚也。”

陈平“少时家贫，好读书，治黄帝、老子之术”。为了施展才能实现政治抱负，他对《孙子兵法》曾经下过一番苦功夫，再三研读揣摩。对如何用间，擅长“阴谋”的陈家后生更是别有会心。

汉三年（前204）四月，楚汉战争到了白热化阶段。楚军加强攻势，断绝了汉军外援和粮道，合围了战略要地荥阳。情势危急，刘邦忧心如焚，就想以割据荥阳以西地盘为条件，与项王讲和，平分天下。项羽优势明显，又恼恨刘邦当初不宣而战趁火打劫甚至直捣彭城欲置自己于死地，不肯答应。

刘邦的心情像落日一般忧郁。他情绪低沉地对陈平说：“唉，天下纷扰，何时才是个尽头呢？”

没想到陈平淡淡一笑，说：“项王这个人，表面上看起来挺厉害，其实是不难对付的。”

陈平献反间计（于濂元　绘）

刘邦急忙问：“此话怎讲？”

陈平从容自若地说：“项王为人，恭敬仁爱，那些讲究廉洁礼仪的人，大多归附于他。但真正到了按劳酬功的时候，他却很吝啬，舍不得爵位和食邑，这怎么能够收结人心呢？因此人才又纷纷离开。至于大王，为人傲慢，不拘小节，喜欢任意侮辱人，也难怪那些清廉耿介之士不愿前来追随，这个毛病是得改改。然而大王豪爽大方，对功臣的赏赐非常慷慨，很有感召力，那些无耻之徒、逐利之辈，比如像韩信、英布和在下这样的，对大王就如蝇逐臭，趋之若鹜。如果能够兼有你和项王两人的长处而去其所短，平定天下，就不过是弹指之间的事。”

这些话多少有点刺耳，但更为吸引人。刘邦稍稍有点面红耳赤，但他没事人一样，只顾催促：“说得好，赶快接着讲！”

陈平又微微一笑，不紧不慢地继续说：“项王身边刚直忠实又得力能干的骨鲠之臣，只有亚父范增、钟离昧、龙且、周殷这么几个，他们是楚军的中坚力量，是项王纵横天下的本钱。如果大王能够拿出几万斤黄金，用反间计去离间项王君臣，使他们互相怀疑上下离心，引发其内讧甚至自相残杀，就能以较小的代价最大最快地耗散楚军的核心力量。汉军乘机反攻，破楚指日可待！”

刘邦大喜，立马调拨出四万斤黄金，交给陈平掌管，由他随意使用，自己和任何人都不予过问。刘邦见事快，魄力大，做事干脆，出手阔绰，这是他的成功秘诀之一。当下君臣尽欢而散。

拥有了主子的绝对信任，手头又有了如此富厚的资本，陈平就紧锣密鼓而又不动声色地运作起来。他用重金在楚军中进行离间活动，让人公开散布流言说：“钟离昧等人身为楚国大将，威名远播，劳苦功高，却不能裂土封王。他们心怀不满，想与汉王里应外合，共灭项氏，瓜分楚国！”

项羽一向耳根软，顿生疑心，认为无风不起浪，不可全信也不可不信，便把钟离昧等人调到相对次要的位置并严加控制。更有甚者，霸王对他一贯尊敬、信任有加的亚父范增，也逐渐不放心起来。

既然对手下这帮重臣产生了怀疑，项羽就派使者前往汉营，探看虚实。刘邦、陈平心知肚明，特地让人准备了丰盛的酒席，端进去款待客人。一见使者，就假装惊讶地喃喃自语：“本以为是亚父派人来了，却原来是项王的使者！”又原样端了回去，换上粗劣的饭菜给使者吃，言词举动也很怠慢。使者憋了一肚子气，回去后，把情况如实报告给了项王，不免还有些添油加醋之处。项羽果然更加怀疑亚父了。这场把戏其实相当拙劣，漏洞百出，只能骗骗三岁孩童。然而疑心生暗鬼，它居然还真派上了用场。诚如清代学者王鸣盛所言：“项王之失不在粗疏无谋，乃在苛细多猜疑，不任人。”

范增认为胜利在望，建议急攻荥阳，速战速决，锁定胜果。项羽却不置可否，对他的态度也一反常态，大不如前。范增早就看出了端倪，他既伤心，又恼怒，半真心半试探地对项王说：“胜局大抵已定，有我无我已无足轻重，天下大事大王好自为之吧！乞求将这把老骨头赐还给我，该告老还乡啰。”不想项羽寡情薄义，客套话都没说一句，立予照准，随即掉头就走。单剩亚父愣在那儿，好半天回不过神来。

已经没有任何回旋余地，范增只得走人。一路上，他思前想后，且忧且恨，黯然神伤。本来就是年过古稀的老人，精气神一垮，百病侵寻，居然在半路上，就因背上生了毒疮而一命呜呼。要说，这位忠心耿耿的老谋士还算是幸运的：他离场、去世的时候，楚军毕竟具有压倒性优势，稳占上风，差可自慰。要是老而不死多活上几年，

已经没有任何回旋余地，范增只得走人（于濂元　绘）

挨到四面楚歌十面埋伏的当儿，更没什么意思，情何以堪。

对范增的评价一直存在争论。正方称誉其为卓越谋士，与张良、陈平是一个重量级。反方认为他其实很平庸，没有什么了不起，甚至有人说他只不过是一个成事不足败事有余的老傻瓜。

客观地说，作为谋士，范增算是相当出色的。项羽一度成就霸业，他的贡献不容忽视。项王尊之为“亚父”，重视信任远超诸将之上；刘邦胜利后做总结性报告时也特别提到“项羽有一范增而不能用，此其所以为我擒也”，都是显证。《史记》详细记载范增建言而项羽不听的，就有“鸿门宴”和“急攻荥阳”这两次，都涉及关键性问题。类似情况，不难想见。范增位高权重，对项楚集团和项羽本人都怀有极深的感情，根本不可能像韩信、陈平那样一不如意就另投主子。他有自己的局限：战略眼光不如张良，身段的柔软和手腕的活泛则比不上陈平。亚父范增的悲剧性结局，无可避免。

亚父已矣。另外几员大将结局也不妙，龙且救援齐国时兵败潍水，死于韩信之手。周殷在英布劝诱下，叛楚投汉。钟离昧则被投闲置散，不获重用；后来虽然重新出山，却大势已去，为时已晚。项楚集团的核心成员果然众叛亲离。这样，强弱易势，攻防转换，霸王别姬，渐成必然之势，只是个时间问题而已。

夸张一点可以说，刘邦采用陈平的高招，用区区四万斤黄金购得了大汉江山。这票买卖，着实划算。陈平得到的股份，也相当可观，而且回扣想来也不会少。陈平这种人可是不会亏待自己的，再说那时也不会有什么“特别费”案。

此为“六出奇计”之一。

2. 妙用女兵，让纪信李代桃僵，帮助刘邦在间不容发的情势下从荥阳金蝉脱壳突出重围。

汉三年（前204）五月，粮尽援绝，荥阳危在旦夕，汉军决策集团一致认为不能坐以待毙。经过紧急计议，刘邦决定选派周苛、枞公、韩王信、魏豹带兵留守，自己率少数亲信试图溃围而出，先逃往成皋，然后转赴关中，纠集力量，再做计较。大将纪信自告奋勇，愿意李代桃僵，冒充汉王，吸引楚军注意力。

陈平对此做了精心布置。他先散布消息，说汉王山穷水尽走投无路，打算开城投顺，借以麻痹楚军。然后，乘夜让纪信假冒刘邦，率领两千名身披铠甲手持仪仗袅袅婷婷千娇百媚的女子从荥阳东门出城投降。楚军哪里见过这副阵仗，又养眼又好奇，以为敌人既然已经投降，反正无仗可打，一传十十传百，从四面八方争先恐后跑到东门来看热闹，一时间铁桶阵变得松散混乱。

刘邦赶紧率领陈平等人快马加鞭从西门觅隙逃脱（于濂元　绘）

刘邦利用这个来之不易稍纵即逝的空当儿，赶紧率领陈平等人快马加鞭从西门觅隙逃脱。等到项羽发现中计，煮熟的鸭子早就飞了。霸王气得七窍生烟，命令将纪信活活烧死，以泄心头之愤。

此为“六出奇计”之二。

3. 及时提醒刘邦，劝立韩信为齐王，避免了一次潜在的分裂危机，巩固了反楚统一战线。

汉四年（前 203）十一月，韩信统帅曹参、灌婴等部大败齐楚联军，阵斩龙且，俘虏田广，平定齐国。根据韩信的一贯思路和与刘邦的成约，他宣布由自己代理齐王，同时打好报告，派使者觐见汉王，请求批准。

当时刘邦屯兵广武，与楚军相持，败多胜少，日夜指望韩信率大军前来会师改变态势。没想到此公只顾忙着自己称王称霸，根本没想到这厢正水深火热，还此地无银三百两地扯什么“代理”，不由恼羞成怒，居然当着使者的面怒骂起来。张良和陈平当时正好都在汉王左右，他们不约而同地踩了踩汉王的脚，刘邦马上明白过来，改口说男子汉大丈夫当王就该玩真的，代理有什么意思。同时厚赏使者，并派张良亲自去立韩信为齐王。

如果不是两大谋士的及时提醒和刘邦本人灵活机变，万一武涉尤其是蒯彻的游说奏效，韩信有所异动，那刘邦就会吃不了兜着走，麻烦大了。

汉王论功行赏，将陈平的老家户牖乡封给了他。倚靠张良、陈平的计策和谋划，刘邦屡败屡战屡仆屡起终于咸鱼翻身反败为胜，灭亡了不可一世的项楚。

此为“六出奇计”之三。需要说明的是，因为首席谋士张子房在场，严格地说，这次陈平只能算是附议。

4. 献策伪游云梦，智擒韩信。

汉六年（前201），有人上书告发楚王韩信谋反。高祖问将领们的意见，大家都说：“赶快发兵坑杀这个斑马养的！”高祖沉默不语。因为这时张良已经称病隐退，他就去征求陈平的意见。陈平一再推辞，刘邦不允，一定要他说说。

于是陈平问：“诸将意见如何？”刘邦如实相告。

陈平又问：“有人上书说韩信谋反，旁人可有知道的？”

高祖回答：“没有。”

“韩信本人知道吗？”

“不知道。”

“陛下的军队与楚王的比谁更精锐？”

“比不过他。”

“陛下的将领们在用兵布阵上跟韩信比有何胜算？”

“没有谁有他那么厉害。”

“既然陛下的军队不如韩信的精锐，将领们也都瞠乎其后不是他的对手，还要举兵攻打，这无异于迫使他下决心起兵反叛。老实说，毫无把握，我很为陛下担忧！”

刘邦皱着眉头问道：“那你看如何是好？有万全之策吗？”

陈平稍事沉吟，然后回答说：“保持平静，不要有任何动作。古代有天子巡狩、会见诸侯的礼仪。南方有个云梦泽，风景不错，很有名气，陛下不妨假托要巡游云梦泽，顺便在陈县会见诸侯。陈县在楚国的西部边界，韩信获悉皇上乘兴出游，必当到郊外来迎谒拜见。当他毫无防备前来觐见的时候，趁机将他拿下，这是一个力士就能办到的事情，不费吹灰之力。”

刘邦拍了拍大腿，面带微笑，眼睛发光，连连说：“高！真高！”于是依计而行。

一切果如陈平所料。全无防备的韩信由威风凛凛独霸一方的楚王被降封为伴食京师的淮阴侯。不费一兵一卒就为皇上解除了刻下最大的心腹之患，陈平得到的酬劳是获封为户牖侯，“剖符定封”“世世勿绝”。

若个书生万户侯？人生至此，夫复何求。几年来担惊受怕望穿秋水的张娜终于看到丈夫功成名就光宗耀祖，乐得嘴巴都合不拢。她特意置酒庆贺，一连几天没睡好觉。

陈平却还摆了个姿态。他对高祖说：“承蒙陛下抬举，臣下十分感激！但这并不是我的功劳。”刘邦感到奇怪，说：“我采纳你的谋略和计策，克敌制胜，这难道不是功劳？”陈平说：“当初要不是魏无知的推荐，我哪里能够得到为陛下效力的机会呢！我总觉得亏欠他点什么。”刘邦哈哈大笑：“没错，是我疏忽了。你这个人真可以说是不忘本！”于是下令对还是一般干部的魏无知同志赏赐并升职。

这一招既使陈平的心理得到平衡，又让他在朝廷上下获得了极佳的名声，更增添了高祖对他的好感，可谓一石三鸟——这就是谋士的心计和手段。至于魏无知的感恩、感动、感谢、感激，自不待言。

只是不知道，淮阴侯韩信心里，又是什么滋味？

此为“六出奇计”之四。

5. 使用秘计通融匈奴阏氏（匈奴单于的正妻，相当于大汉王朝的皇后），让刘邦在平城（今山西大同东北）白登山被围七天七夜后得以脱围出险。

汉七年（前 200）冬，高祖御驾亲征，讨伐不久前反叛的韩王信。到了晋阳（今山西太原），听说韩王信私通匈奴，想与之合力攻打汉军，不禁大怒，随即派使者到匈奴探听虚实。他对机动性极强而强悍精锐的匈奴骑兵一直存在畏惮心理。

匈奴知道汉使来意，故意将精壮的人口和肥大的牛马都藏匿起来，只让使者看到一些老弱病残的人口和牲口。汉使先后来了好几拨，都没看出底细，一致回报说匈奴十分衰疲，不堪一击，建议大胆进军，长驱直入。刘邦还不放心，就派遣刘敬再度出使匈奴。刘敬回来后报告的情况跟其他使者差不多，见解却与众不同。他说：“两国对垒的时候，应该矜夸炫耀，尽量展现自己的长处，才符合常情。这次臣下奉命出使匈奴，却净看到一些瘦弱的牲畜和疲乏的士兵，这不大对头。想必是敌人故意显露他们的短处，引诱我们冒进，却暗中埋伏下精兵伺机而动。愚臣以为，匈奴一定有阴谋，陛下切切不可以万金之躯亲蹈虎狼之地！倘有差池，悔之晚矣！”此时，刘邦认为胜券在握，汉军主力已经翻越句注山（今山西代县北），二十多万人马浩浩荡荡踏上征途。高祖认为刘敬危言耸听动摇军心，破口大骂道：“你这个猪狗不如的齐国贱货！不就是嘴皮子了得吗？老子一时高兴，让你脱离贱役得了官职。赵孟能贵之，赵孟能贱之！你小子现在不知自己几斤几两，竟敢胡言乱语扰乱军心！等着看老子怎么收拾你！”当即下令给刘敬戴上刑具，暂时囚禁在广武（今山西代县西南），待战事完毕后再行发落。

汉军大举北征，韩王信向盟友匈奴告急求救。冒顿单于亲率精骑火速驰援，利用有利地形在平城白登山将汉军反包围，展开猛烈攻击。汉军死伤惨重，七天七夜吃不上饭，情况危殆。

刘邦向从征的户牖侯、护军中尉陈平问计。陈平果然足智多谋，随即献上一策。高祖采用了陈平的奇计，才得以解围，脱离危险。这条奇计的内容当时属于特级国家机密，讳莫如深，世人都不知其究竟。直到两百余年后的东汉时代，学者桓谭、应劭才揭开了这个谜。

原来，陈平根据他所掌握的情报，获悉勇武彪悍、颇有作为的冒顿单于有一个特点：比较听阏氏的话。也就是说，枕头风对此公相当管用。于是他命随军画工描绘了一幅绝色女子图像，暗中派人送给匈奴阏氏，声言：“汉皇危急，欲献这个女子给冒顿单于以求媾和。”同时献上一笔相当可观的重礼。阏氏一见画中人年轻美貌如花似玉，顿起嫉妒之心，担心自己日后色衰爱弛，便想防患于未然，御敌于国门之外。她若无其事地劝老公说：“汉朝是汉朝，匈奴是匈奴，不应相煎太急相迫太甚。就算夺得汉人土地，我们也水土不服，难以久居。况且，我听说汉帝不是常人，有神灵护佑。我看还是不要把事情做绝，适可而止才好。”枕头风一吹，而且听起来似乎也很入耳，冒顿的战斗意志大为消解。加上曾与他相约会师夹攻汉军的韩王信的部将王黄、赵利失期不至，让他心里不踏实，怀疑其中有诈，更不敢轻举妄动。思前想后，他决定干脆送给阏氏一个人情，终于答应网开一面。

刘邦总算脱险。大概是这条妙计不甚体面，有损大汉威仪，因此才秘而不宣。历代都有一些陋儒拿这个说事，讥刺陈平。这种事后诸葛亮式的高见很不公道，并无道理。战争是最讲究实际的，“保存自己，消灭敌人”，才是唯一的要义。

回经广武，刘邦下令赦免刘敬，向他道歉说：“不听好人言，吃亏在眼前，差点着了狡虏的道儿，无法跟先生再见了。不好意思啊，委屈你啦。你能看出问题，敢说实话，有功无罪，老子要予以厚赏！其他那些不中用的使者，统统杀头！”刘敬再次因祸得福，获封建信侯，食邑两千户，跻身要员之列，更成为匈奴事务权威——这可是当时最重要的外交。当然，对匈外交，当时也就是绥靖和亲而已，实在并无若何值得称道的事儿可干。

对比一下大败之后刘邦对待刘敬与袁绍对待田丰的两种截然不同的态度，当不难发现他们成败原因的一个重要枢纽。

高祖回军向南路过曲逆县（今河北完县东南），登上城楼，望见县城建筑高大，人口稠密，市面繁荣，不由赞叹道：“这个县城真是宏伟壮丽！我走遍天下，所看到的城邑，除了洛阳，就数这儿啦。”他回过头来询问御史：“曲逆县有多少户人家？”御史回答说：“秦时有三万多户，经过连年战乱，很多人都逃亡离开了，现在还剩五千户。”高祖于是诏令御史，改封刚刚再建奇功的护军中尉陈平为曲逆侯，尽享全县五千户的全部赋税。虽然都是侯爵，但以户牖小乡易以曲逆大县，而且“尽食之”，这在当时是独一无二的特例，是一种额外的恩遇。

此为“六出奇计”之五。

6. 陈豨反叛后，审时度势，建议高祖策反叛军将领，有力促进了平叛战争的顺利推进。

汉十年（前 197）八月，赵相、阳夏侯陈豨在代地反叛。高祖有点落寞地说：“陈豨是个蛮得力的干部，很讲信用，我一向相信他，重用他，没想到啊没想到，这厮也反了！”只得再度亲自领军前往镇压。

陈平献计说：“陈豨的很多部将以前都是商人，唯利是图是他们的本色。不妨选派得力干员携带大量黄金，前去引诱和收买他们，这样事情就好办了。”高祖笑道：“我知道用什么办法对付他们了。”结果事半功倍，效用明显。

此为“六出奇计”之六。

“六出奇计”其实仅是陈平计谋的一部分，好戏还在后头呢。

左右逢源

汉十二年（前195）七月，骁勇善战的淮南王英布举兵反叛，杀死荆王刘贾，赶跑楚王刘交，来势汹汹。刘邦年事已高更兼龙体欠安，加上此公“好酒及色”的毛病老而弥笃，心中有一种日薄西山为欢几何的紧迫感，越发贪念戚夫人娇媚温软的怀抱，不免英雄气短儿女情长，就想自己歇歇脚，让太子刘盈代为领军躬行天讨，趁机也让那龟儿子经风雨见世面，锻炼锻炼。但吕后却另有盘算，横以阻挠。高祖无奈，只得带病自行。他下令赦免死刑以下的刑徒，令其从军征讨，还号召各家诸侯踊跃出兵参与平叛。陈平、曹参、夏侯婴、郦商、灌婴等得力将佐都随同出征。次年冬十月，汉军在会甀（古乡名，当时属蕲县，今安徽宿县南）击败叛军主力，英布逃跑。刘邦派遣部将追击穷寇，自己率主力班师回朝。

本来，西返京都长安，行经淮阳、陈留、河南、弘农等郡，算是一条直径。但高祖为了了却两桩夙愿，特意向北拐了个弯儿。

刘邦这年已经六十二岁，身体本来就多有伤病，讨伐英布时又新添了箭伤。他心知来日无多，打算利用这次机会衣锦还乡，回到阔别十余年的老家沛县看看。

项羽说，富贵不归故乡，如衣绣夜行，谁知之者！

韦庄说，未老莫还乡，还乡须断肠。

高祖还乡，到了沛县县城，停留下来休憩。听着梦中的乡音，看着熟悉的房屋街道草木山川，享受着家乡父老隆重盛大的迎迓招待，老头儿刘邦深切感受到一种前所未有的高度愉悦，心花怒放乐不可支。他把老朋友和父老兄弟四邻八舍都请来纵情痛饮，还挑选出一百二十个聪明伶俐的儿童，让人教他们唱歌跳舞。刘邦思前想后，志得意满，心事万千,百感如潮。他即兴自编了一首歌谣，亲自击筑，引吭高歌：

大风起兮云飞扬，
威加海内兮归故乡，
安得猛士兮守四方！

这就是传颂后世的《大风歌》。南宋朱熹评论说："自千载以来，人主之词，未有若是壮丽而奇伟者也。"刘辰翁进而发挥道："自汉灭楚后，信、越、布及诸将诛死殆尽，于是四顾寂寥，有伤心者矣。语虽壮而意悲，或者其悔心之萌乎？"

童声伴唱，乐曲悠扬。刘邦为之陶醉，飘飘欲仙。他在楚歌声中又情不自禁地跳起楚舞来，不知今夕何夕。

一想到这极可能是自己此生最后一次返回故里，刘邦老泪纵横。他对父老们说："狐狸死时都知道把头对着自己的窟穴，游子总免不了思念家乡。虽然建都关中，千秋万岁后，我的魂魄也还是要回到故乡的。我从做沛公开始，起兵讨伐暴君逆贼，戎马不解鞍，铠甲不离傍，终于继承祖龙的伟业，奄有天下，七载奋斗，一朝成功！独乐乐，孰如与众同乐？我决定把沛县作为自己的汤沐邑，永久免除全县百姓的徭役赋税。”皇恩浩荡，雨露均沾，大伙儿更是欢天喜地，像是过狂欢节一般。

过了十几天神仙般快乐的日子，高祖要走，父老们执意挽留。刘邦说：“我的随从人员很多，住久了乡亲们供养不起，实在是不好意思再叨扰啦。再说，还有不少政务等着回去处理呢。”于是告别而去。沛县万人空巷，都拥到县城西郊贡献牛肉白酒，为高祖送行。刘邦大为感动，就又停留下来，搭起帐篷，痛饮狂欢，狂欢节延长三天。有父老趁机叩求说：“沛县已经幸运地得到皇上的恩赐，而丰邑却还无此荣幸。不知陛下何以厚此薄彼？敢请一视同仁。”刘邦笑道：“丰邑是我生长的地方，人非草木，孰能无情？没有将他们包括在内，主要是因为当初雍齿勾结魏国，占据丰邑反叛我的缘故，那次老子的心被伤透了！”这厮看来一直对雍齿犹存余恨。在父老们的再三恳求下，刘邦终于俯允所请，一体免除了丰邑的赋税徭役。

高祖认为吴郡、会稽一带的人轻佻剽悍，担心没有一个勇壮的诸侯王来震慑他们，就会出事。儿子们该立的早立了，其余的又还幼小，征求过群臣的意见后，他决定选立自己的亲侄、沛侯刘濞为吴王，统治东南三郡五十三城之地。

刘濞是刘邦的二哥、著名农业劳动模范刘仲的儿子。老三得天下后，老二托兄弟的福祉，获封为代王，土包子开了洋荤。匈奴攻代，刘仲不能坚守，弃国逃亡，抄小路跑回洛阳投靠老弟。刘邦念在手足之情的分上，不忍加罪，降封他为郃阳侯，让他伴食京师，吃饱了混天黑。刘仲倒也心满意足，一门心思在侯府庭院侍弄起他真正感兴趣而且拿手的瓜果蔬菜来，果然长势喜人，连年丰收。

从长相到性情，刘濞却完全不似其父。小伙子二十来岁，魁梧精干，心高气傲，完全是一副新晋贵族的派头。他以骑将的身份跟随叔父征讨英布，立有战功。这次加封为吴王，喜出望外，赶忙来拜谢皇上。

刘邦仔细看过侄儿的相貌，却皱起了眉头，心里开始反悔。但既然已经拜官受印，皇帝金口玉言，又不好无故出尔反尔。他心事重重地抚摸着刘濞的脊背，告诫刘濞说："你这小子，长相像是要造反啊！有人说汉兴之后五十年东南将有动乱，难道应在你身上吗？然而天下同姓是一家，希望你安分守己，不要搞事！"

新科吴王毕恭毕敬地叩头说："不敢。"

高祖不幸而言中，景帝三年（前154），爆发了中国历史上著名的"吴楚七国之乱"。领衔发起者，便是这位吴王刘濞。三个月后，叛乱被汉朝名将周亚夫（周勃的儿子）平服。这是后话。

离开故乡，高祖一行来到鲁城（今山东曲阜）。他以皇帝的身份，用太牢的礼仪，隆重祭奠了儒家创始人孔子。这个举动是破天荒的。虽然刘邦此举可能确如鲁迅所说不无英雄欺人的况味，不宜过分解读。但由早年对儒生不屑一顾嗤之以鼻，甚至以儒冠作为溺器，到暮年哪怕是逢场作戏装模作样地祭拜孔子，其中所透露出的心理改变和政策转弯之信号，还是至为明显、十分耐人寻味的。

汉十二年（前195）十一月，高祖回到长安。十二月，他颁布诏令："秦始皇嬴政、楚隐王陈胜、魏安釐王、齐缗王、赵悼襄王都没了后人。兹派二十户给秦始皇看守坟墓，楚、魏、齐各派十户，赵及魏公子无忌各派五户。这些人家只需看护好坟茔，免交一切赋税。"沛县离大梁不远，刘邦心中一直仰慕魏国先贤信陵君的为人和风度。

三月，高祖下诏书说：

吾立为天子，帝有天下，十二年于今矣。与天下之豪士、贤大夫共定天下，同安辑之。其有功者上致之王，次为列侯，下乃食邑。而重臣之亲，或为列侯，皆令自置吏，得赋敛，女子公主。为列侯食邑者，皆佩之印，赐大第室。吏二千石，徙之长安，受小第室。入蜀汉、定三秦者，皆世世复。吾于天下贤士功臣，可谓亡负矣。其有不义背天子擅起兵者，与天下共伐诛之！布告天下，使明知朕意。

这是刘邦给自己算的一笔总账。客观地说，大抵接近事实。

刘邦伤病复发，身体越来越差了。吕后访求来一位名医，为他诊治。高祖躺在床上，歪着头看了看医生，问："我这病你看却是如何？"医生认真细致地望闻问切后，审慎地回答说："陛下的病是可以医治的。"高祖谩骂道："可以医治？这叫什么鸟话！老子出身布衣，提三尺剑夺取天下，这不是天命吗？孔子说过，死生有命，富贵在天。命运是由上天决定的。病入膏肓，即使扁鹊来了，又有什么用处呢！"从此不肯再行治疗。他倒也没为难医生，赏赐了五十斤黄金，让医生走人。

吕后看这个架势，明白该抓紧时间请示若干要务，要不怕就来不及了。她不揣冒昧，小心翼翼地询问气息奄奄的老公："陛下百年之后，萧相国年迈，恐怕也没多少日子了。让谁接替他呢？"刘邦喝了一口水，喘上几口气，说："曹参可以。"吕后又问其次是谁。高祖说："王陵可以。他为人刚直可靠，不过有点粗疏，又认死理，可以让陈平帮助他。陈平才智有余，但难以独任。周勃稳重厚道，缺少文才，然而安定刘氏天下的必定是此人，可以让他做太尉。"吕后再问其次。刘邦似笑非笑地调侃道："操那么多心干吗？以后的事情，你也不会知道了。长江后浪推前浪，江山代有才人出。"

两千多年后，岁次丁酉，施蛰存别有感焉，大发过一通感慨：

从历史上来看，英俊有为之君，总是任人以才的，只有比较保守的帝王，才任人以德。然而也必须是继世之君方可。若创业开国之君，则天下离乱方定，如果无才俊之士，相与共治天下，单靠几个拘拘于小德的乡愿，那是打不开大局面来的。

吕思勉说：

汉族之名，起于刘邦称帝之后。昔时民族国家，混而为一，人因以一朝之号，为我全族之名。自兹以还，虽朝屡改，而族名无改。

四月二十五日，大汉开国皇帝汉高祖刘邦在长安长乐宫逝世。五月十七日，葬于长陵。二十日，十七岁的太子刘盈继位，是为汉惠帝，实权掌握在皇太后吕雉的手里。

刘邦去世时，陈平不在长安，他正被委派去执行一个极为棘手的任务。

高祖病重时，各种消息纷至沓来，喜忧参半。喜的是英布、陈豨先后授首，后患解除；令他忧而又怒的，则是他平生最信任的部下同时也是最要好的伴当燕王卢绾居然也反了！这还了得？他随即派大将樊哙以相国的名义率领大军前往讨伐。

部队前脚出发，后脚就有人在高祖面前诋毁樊哙，说他居心不良，图谋不轨。高祖这时可能神经已经有点不太正常，听见风就是雨，他恼怒地说："连卢绾都反了，连樊哙也靠不住了，这什么世道人心啊！樊哙这厮，见我生病，就盼望我早点呜呼！"于是召陈平问计。陈平建议以周勃顶替樊哙。高祖命陈平、周勃到病榻前听令："陈平从速乘传车将周勃送抵前线代替樊哙统率军队。到了军中，立斩樊哙！"两人接受了诏令，不敢怠慢，立即动身。

陈平心想：我只是献计换将，不想皇上却下了这么一道命令。执行也不是，不执行也不是，进退两难，动辄得咎。这却如何是好？他用心反复盘算，边走边与周勃商量说："樊哙是皇上的老朋友，功劳大，威望高。况且他又是吕后的妹妹吕须的丈夫，一身兼有重臣、名将和皇亲国戚多重身份。现在皇上身体不好，心绪很坏，他的日子似乎也计日可待了。他一时生气要杀樊哙，恐怕将来会后悔的。我们不如把老樊囚禁起来送回长安，将'皮球'上交，让皇上自己决定如何发落。这样，方可万无一失：皇上按理不会责怪我们，也

陈平押樊哙返京（陈远宏　绘）

不至于得罪皇后和吕氏家族，别人也不会乱发议论。再说我们本来跟樊哙也没什么嫌隙，犯不上做恶人。”周勃连连点头，对陈平佩服不已。

他们没有进入军营，就在营外筑起坛子，用符节去召樊哙前来接受诏令。樊哙一点都不知道发生了什么事，应召而至。陈平下令把他反绑起来，装在囚车上，送往长安，当然也解释了这样做的缘故和苦衷。樊哙表示理解。他心里想：连老子都要杀，真可谓翻脸不认人，君威莫测啊！再怎么着，这总比突如其来就稀里糊涂丢了脑袋强吧。他们心照不宣，故意走得很慢，似乎等待着什么。周勃留下来，代替樊哙统领军队，继续在燕国平叛。

陈平一行果然在回京师的路上就获悉高祖去世。他深为欣幸，更加善待樊哙。他害怕吕须向太后进谗言不利于自己，就乘传车先行一步，急速往回赶路。路上碰见朝廷的使者，诏令他和灌婴一起屯守荥阳。陈平接受了诏令，却不转赴荥阳，而是马不停蹄赶回长安。一到宫中，看见高祖的灵柩，陈平就大放悲声，演出了一场极富感染力的“哭灵”好戏，并把如何处理樊哙的事宜当场奏明。吕太后本来就对陈平不乏好感，高祖遗嘱专门说到还要重用他，听说妹夫的脑袋依然好端端地扛在脖子上，于是她温言抚慰道：“你辛苦了，先去休息吧。”陈平是个十分谨细的人，忧馋畏讥，再三请求留在宫中戍卫，以报大行皇帝厚恩于万一。太后就任命他为九卿之一的郎中令，说：“你是一个好同志，高祖和我都很信任你。请好生辅助新皇！”吕须的谗言没有得逞，陈平成功地度过了一次艰难的危机。樊哙一到长安，立即被赦免，恢复了官职、名誉和待遇。

陈平当了六年郎中令，整天周旋于帝后之间，尽职尽责。他不仅有效地保全了自己，而且进一步赢得了惠帝和吕后的好感与信任。

惠帝二年（前193）七月，大汉相国、酂侯萧何去世。曹参继任，推行黄老政治，萧规曹随，政局平稳，社会安定。惠帝五年（前190）秋八月，相国、平阳侯曹参去世。汉廷罢除相国职位，改设左、右丞相各一，以右为尊。次年冬十月，高后和惠帝任命安国侯王陵为右丞相，曲逆侯陈平为左丞相，绛侯周勃为太尉。留侯张良、舞阳侯樊哙在这年相继去世。

王陵也是沛县人，跟刘邦谊属同乡，是县里有名的豪杰。高祖微贱的时候，曾以长兄之礼待他。王陵缺少文才，注重气节，为人直率。刘邦在沛县起兵，西入咸阳的时候，王陵也聚集了几千人马，驻扎在南阳，自成局面，不肯跟从沛公。直到汉王回师东进攻打项羽，王陵才率兵归属汉军。项羽劫持了王陵的母亲，想以此要挟王陵背汉投楚。王陵派使者来见母亲，其母哭着对使者说："请替我转告王陵，汉王是个能够成就大业的长者，让他谨慎侍奉汉王，不要因为我而有二心。我现在就以死来为你送行！"说完，老太太就拔剑自刎而死。项王恼羞成怒，下令将王陵母亲的尸首抛进油锅烹了。

王陵于是一心一意跟从汉王，南征北战，平定天下，跻身开国名臣之列。因为他一直跟高祖的仇人雍齿非常要好，关系密切，又不是首义英雄，正式加入革命队伍也相当晚，所以封侯的时间也比较靠后。不过，高祖和吕后对他的能力与人品倒是深信不疑。

王陵担任右丞相两年之后，惠帝去世，太后吕雉全面行使皇帝职权。她打算立娘家的弟侄辈为王，召集大臣们商议，先征求首相的意见。王陵直通通地说："不可以。当年高祖宰杀白马，与群臣歃血为盟庄重约定：非刘氏而王，天下共击之！如果封吕氏为王，高祖的话还算不算数？"吕后很不高兴，却又无话可说。她又问次相陈平。陈平说："可以。高祖平定天下，封自己的子弟为王，天经地义。如今太后行使皇权，封自己的弟兄和诸吕为王，也是自然而然的事情。这是皇家的私事，太后看着办就是。”太尉周勃等人也都随声附和。吕后大喜，满面笑容，退朝还宫。

王陵责备陈平、周勃说：“当初与高祖歃血为盟时，你们难道不在场吗？现在高祖不在了，太后女主临朝，要封吕氏子弟为王，你们一味胁肩谄笑阿谀逢迎，纵容太后的欲望，违背当初的盟约，将来有什么脸面与高祖在地下相见？”周勃看着陈平，陈平面无表情地对王陵说：“眼下在朝廷当面反对，据理力争，我们不如你。但这有用吗？至于保全刘氏宗庙，安定大汉江山，你就不如我们了。不信等着瞧便是。”王陵瞠目结舌无话可说。

吕后对王陵的不开窍很是恼火，就假意升迁他为少帝的太傅，明升暗降剥夺了他的实权。王陵也很愤怒，就称病辞职，从此闭门不出，也不进宫朝请（汉制：诸侯定期朝见天子，春谓朝，秋谓请）。吕后睁只眼闭只眼，也不跟他计较。七年之后，安国侯王陵在家中寿终正寝。

王陵被免职后，吕后即时升迁左丞相陈平担任右丞相，陈平就此成为大汉帝国的首相。他的遗缺，则由吕后的私人密友、辟阳侯审食其顶替。左丞相审食其经常要在宫内听候使唤，监督管理宫廷事务，干的活儿跟陈平当过的郎中令差不了多少，身为次相却并不开设专门的办事衙门，一般性朝政多由陈平打理。

审食其也是沛县人，一直负责照顾吕雉并帮她料理家务，有人说他是吕雉的一条狗。汉军在彭城以西大败崩溃的时候，楚军俘获了刘邦的父亲太公和妻子吕雉，把他们扣住作为人质。当时，审食其以舍人的身份跟随侍奉吕雉，与吕雉同过甘苦，共过患难，据说还多次偷尝禁脔，“云雨台前，乱摇续貂之尾”“捷卿入窦，遂为被底情郎”。脱险以后，吕后感恩知己，对他情有独钟，特别信任，可谓其来有自。审食其当了左丞相，经常居住在宫中，大政方针都得他点头才能决定。其实，此人对于政治似乎并无多大的野心甚至是兴趣。两个丞相之间倒是知根知底厮抬厮敬，各行其道相安无事。

岁月无敌。又过了七年，吕后去世，这是公元前180年八月的事。她尸骨未寒，陈平与周勃联手，以霹雳手段，诛灭诸吕，拥立文帝，出人意料地又干出了一番惊天动地轰轰烈烈的事业。大功告成后，陈平谦逊低调，“以右丞相让勃”，自己回任左丞相，“位次第二”，再次为自己获得了美名和实利（“赐千金，益封三千户”）。不久，“绛侯谢病请免相，陈平专为一丞相”。

陈平心计过人，口才便给，身段柔软，手腕灵活，政治经验也早已炉火纯青。陈丞相游弋政坛，真可谓是如鱼得水，左右逢源。

三朝元老

汉十二年（前 195）四月，刘邦抛却他一手挣下的大好江山，腿一伸脖子一梗，与世长辞。太子刘盈即位，称为惠帝，实权掌握在他的母后亦即大行皇帝的正妻吕雉手中。七年后，惠帝去世，吕雉以太皇太后的名义临朝称制，继续统治天下八年，直至病逝。也就是说，大汉帝国由吕后秉持操纵的时间，居然达十五年之久，几乎占了汉初历史四分之一的时间。对吕雉的来历与手段，前文已陆续做过一些介绍，现在轮到她当家做主了。

吕后当政的这些年头，在内政外交、重要人事安排等关键问题上，基本上是按既定方针办，执行和发展了刘邦的路线，为维护社会安定、发展经济、提升国力做出了显著贡献，平息干戈、与民休息的国策实际上一直到吕后秉政时才开始成为现实。这是文景之治和武帝时期国力达到鼎盛的前奏。司马迁说："孝惠皇帝、高后之时，黎民得离战国之苦，君臣俱欲休息乎无为，惠帝垂拱，高后女主称制，政不出房户，天下晏然。刑罚罕用，罪人是稀。民务稼穑，衣食兹滋殖。"允称史家持平之论。

另一方面，吕后的见识和性格又存在严重缺陷。她是一个阴沉狭隘、心狠手辣的女人。为了宣泄怨愤，在刘邦身后，她对情敌戚夫人进行了惨无人道无所不用其极的报复：那个温柔妩媚年轻漂亮的山东女人被她叫人砍断手脚，挖去眼睛，烧聋耳朵，浇灌哑药，改称“人彘（彘就是猪）”，丢进厕所。她还得意扬扬地让儿子惠帝去参观这个新奇的动物。不料惠帝性情仁慈，心肠远不似其母那般残忍歹毒，报复心极强，他看后问明这就是庶母戚夫人后，受到强烈刺激，放声大哭，由此得病，一年多不能起来。惠帝派人去对母后说：“这实在不是人干的事啊！我作为太后的儿子，治理不了这个天下。”这位青年皇帝从此心灰意冷，沉湎于酒色，不理朝政，没几年时间就一命呜呼。可以说，吕雉害人害己，搬起石头砸了自己的脚——惠帝的意外早逝没有后裔，使皇位的合法继承出现空前危机，导致各种矛盾集中尖锐一并爆发，这成为她挖空心思殚精竭虑，最终却心劳日拙种瓜得豆，始料不及地使吕氏遭遇灭族惨祸的根本原因。

为了巩固自己的统治地位和构筑她所需要的安全感，早在刘邦在世的时候，吕后就预先动手进行清洗，直接或间接干掉了韩信、彭越、英布、卢绾等几个主要的强力异姓诸侯王。太史公明言：“吕后为人刚毅，佐高祖定天下，所诛大臣多吕后力。”异姓诸王收拾得差不多了，她的目光由外转内，开始清理门户，拿亡夫另外那几个不是自己所生的儿子开刀，对他们进行了耸人听闻的残害。她觉得最靠得住的还是娘家人，于是大封诸吕，进一步破坏了统治集团内部的现存格局和权力平衡。

吕雉可不是什么好侍候的主，这个女人不寻常。在当时波诡云谲错综复杂的政治局势下，饶你是老奸巨猾的斫轮老手，稍不小心，也很容易动辄得咎里外不是人，甚至身首异处身败名裂。端的好个陈平，无论如何波涛汹涌风云变幻，他总是能够稳坐钓鱼台，屈伸随时与时俯仰履险如夷游刃有余，真所谓“沧海横流，方显出英雄本色”。

由于陈平逮捕过樊哙，吕须心头始终咽不下去这口气，她多次在阿姐面前搬弄口舌撩拨是非，说陈平的坏话。诸如“陈平身为丞相，却不打理政事，天天只管胡吃海喝，玩弄女人”之类。消息传到陈平的耳朵后，他不以为意若无其事，反而更加放肆地饮酒作乐。吕后知道后不仅不生气，心里还暗暗高兴。有一次，她当着吕须的面抚慰陈平说：“俗话说得好，娘们儿小孩子嘴里的话信不得。只要你一如既往听我的，保持政治正确，其余一切都没问题，尽可自便。不要害怕吕须讲你的坏话，我才不会信她的呢。”

吕后打算立吕氏子弟为王。陈平审时度势，知道不可以力争，就先假意顺从。吕后去世后，在陆贾的串联下，右丞相陈平与太尉周勃合谋，联手发动政变，诛灭诸吕，安定了大汉社稷。拥立文帝，也是陈平定的盘子。这时，陈丞相的威望声誉如日中天。左丞相审食其则被免去职务，以列侯就第，后来更被声称为母复仇的淮南王刘长寻衅击杀，死于非命。

现在，轮到汉高祖刘邦的真正继承人、文景之治的主角汉文帝刘恒闪亮登场了。为什么是他而不是别人呢？要说，原因非常简单，甚至不无荒唐，但历史就是这样充满了不可思议的偶然性。

刘邦共有八个儿子，刘恒即为其一，而且是中不溜颇不起眼的一个，他的生母是高祖的妃子薄姬。刘恒荣登大宝后，母以子贵，薄氏也被封为太后，称为薄太后。薄太后是一个阅尽沧桑经历奇特终成正果晚景不错的女人。

薄姬的父亲是吴郡人，生性风流。在秦时，他跟从前魏王宗室的女子魏媪有了一腿，生下薄姬。后来逃难死在大山里面，随地埋掉了事。

当群雄并起反叛秦朝的时候，我们已经很熟悉的老同志魏豹继其兄魏咎之后立为魏王，魏媪便将她的女儿献入魏宫。她找到神相许负，请其为女儿算命。许负说，将来会生下天子。当时项羽与刘邦正在荥阳苦战，胜负未卜。魏豹最初是附汉攻楚，听到魏媪转述许负所说的话，心中窃喜，便背叛汉王宣布中立，暗中更与霸王勾勾搭搭。汉王派曹参等率军伐魏，生擒魏豹，把魏国改置为郡县。薄姬则作为战利品之一，被送入汉宫的织布房中干活。魏豹死后，有一次汉王偶然到织布房去，看到薄姬颇有姿色楚楚可怜，一时心动，于是下诏将她纳入后宫。前线战事紧张，后院姹紫嫣红，整整一年多时间，薄姬那儿成为被爱情遗忘的角落，天干地旱，无从沾溉雨露春风。

薄姬年少时，跟管夫人、赵子儿结为好友，相亲相爱。三个女孩子曾经盟誓说："谁先显贵了，别忘了好友。"后来，她们都进入汉宫，管夫人、赵子儿先后得到汉王的宠幸，晕潮莲脸，容光焕发。一天，汉王坐在河南宫成皋台上休息，听到陪侍的管、赵两位美人叽叽喳喳提起以前跟薄姬盟誓的事而发笑。刘邦听了，问她们笑什么，两人便把事情的原委如实相告。汉王是个很有正义感和同情心的人，顿感茫然自失，非常同情薄姬，当晚就跟她睡了。薄姬大喜过望，极力趋承。她说："难怪昨晚我梦见苍龙盘踞在腹中，原来是大王垂怜。"刘邦一脸坏笑，说："是吗？这可是显贵的征兆。我来帮你完成这桩事吧！"这是一个风狂雨骤的狂欢之夜。

春风一度，果真得一麟子：这便是后来的文帝刘恒。其后，薄姬很少有机会见到汉王。

高祖驾崩后，那些曾经得宠过的妃子都成为吕后的出气筒，一个个都被幽禁，不得出宫，受尽折磨，有的更被残害至死。薄姬向来遭受冷遇，为人又一贯低调，安分守己，终算因祸得福免遭毒手。刘恒八岁时被封为代王，之国以后，薄姬被特准出宫，随儿子前往代国，为代王太后。她的弟弟薄昭也跟着一起到代国，照顾姐姐和外甥。因为这些独特的切身经历，薄太后特别服膺宣扬"祸福相倚"的黄老学

薄姬生文帝刘恒（程远宏　绘）

说，言传身教，不断向儿子刘恒和媳妇窦姬进行灌输，使他们也深受影响。吕后曾想改立刘恒为赵王，代王认为一动不如一静，不求有功，但求无过，自称愿守代地边境，婉言谢绝。吕后也就算了。

代王的爱妃窦姬，也就是后来的窦皇后、窦太后，跟她的婆母薄太后一样，生平充满着传奇色彩。

窦姬是赵国清河观津人。吕后秉政时，她以良家女子的身份被选入宫，侍奉太后。后来，吕后挑选了五个宫女，遣送出宫，赐给刘氏诸王，窦姬便是其中的一个。窦姬思念故乡，想回到赵地，靠近自己的家，于是她请托主持这次遣送的宦官予以关照，务必要将她安置到赵国。谁知后来那个宦官将这事忘了，把她误放到前往代国的名册中。名单上报，得到批准，就要上路。窦姬埋怨那个宦官粗心大意，遥望故乡路远山高，不想去代地，哭得很伤心。但木已成舟，无可挽回，最后只得还是去了代国，阴差阳错地成为代王刘恒的妃子。

没想到的是，别别扭扭哭哭啼啼的窦妃却很中代王刘恒的心思，居然享受到专房之宠。窦姬先生了千金刘嫖，然后又一连产下两个儿子：这兄弟俩就是后来的汉景帝刘启和梁孝王刘武。

代王被封立十七年后，吕后去世。陈平、周勃等元老重臣发动政变，诛灭了吕氏三族。大臣们商议拥立新君时，对外戚吕家的强横霸道犹存愤惮。

有人提议让齐王刘襄（刘肥的儿子）继承皇位，因为他是高祖的长孙，又首先起兵反抗诸吕作乱。但是，琅琊王刘泽随即提出反对意见，他的主要理由是：齐王的母亲“恶戾”，舅舅驷钧更是横暴恣肆，好像戴着帽子的老虎；前车之覆，后车之鉴，应该吸取诸吕祸乱天下的教训。

刘泽是高祖的远房堂弟、樊哙的女婿，在刘氏宗室中年龄最长，资格最老，关系最广，说话很有分量。于是刘襄出局。其实，刘泽很可能还有一层隐秘的担心没有说出来：刘襄的胞弟刘章，年轻有为，勇武强悍，刚刚为诛灭诸吕立下大功，刻下又与其弟刘兴居掌握了禁军，如果他们三兄弟联起手来，那可真是“一股独大”，没旁人什么事了，势必引发新的政治生态失衡。

刘泽和一些大臣认为，代王刘恒的母家薄氏乃“君子长者”，谨慎温良；代王是高祖亲子，而且是在世诸子中的老大，为人仁孝宽厚，实为继承大统的理想人选。最后，由右丞相陈平经过反复考量后一锤定音：迎立代王刘恒。随即暗中派人召代王入京。

运气一来，顶门杠都抵不住。事发过于突然，超乎想象，面对如此好运，刘恒一时间有些手足无措举棋不定。他马上召集左右亲信大臣开会，征询他们的意见。

郎中令张武等人说：“朝廷大臣都是当年高祖开国时的大将和智囊，精通军事，多有诡诈奇计。这些人并不满足于已有的权位，只是畏惧高祖、吕太后的威严罢了。不久前，他们喋血京都，诛灭诸吕，现在情势并不明朗。这个时候秘密派人来迎接大王，不可轻信。大王不如自称有病，不要前去长安，留在代国静观政局变化，等待尘埃落定。”

中尉宋昌却有不同意见。他说：“各位的意见过于保守，是错误的。第一，当年，秦朝江山风雨飘摇，诸侯豪杰蜂拥而起，自以为可以得天下的人，数以万计。但最后登上天子宝座的，是我大汉高祖，天下人从此不敢再有此奢望。第二，高祖广封子弟为诸侯王，封地遍布全国，犬牙交错，可以控制天下。刘氏宗族根深蒂固，稳如磐石，普天下恐怕没有人不信服它的强大。第三，大汉开国之后，废除前秦暴政，减省法令，推行德政，百姓安居乐业，天下归心，很难动摇。”大家都听得很入神，鸦雀无声。

宋昌继续说：“以吕太后的威势，封立吕氏三人为王，独掌大权专制朝政。然而，高后刚刚去世，太尉仅凭一个符节，进入北军，登高一呼，全军左袒，拥护刘氏，背叛诸吕，终于安定了社稷。刘氏的帝位，出于天授，非人力可以争得。现在，即令大臣们另有图谋，百姓也不会为其所用，他们的党羽也很难齐心协力。再说，朝内有朱虚侯刘章、东牟侯刘兴居这样有力量的宗室大臣，朝外有吴、楚、淮阳、琅琊、齐、代等强大的宗室诸国，审时度势度德量力，若非至愚，大臣们谅必不敢另生妄念。高帝诸子，现在只有淮南王与大王硕果仅存，而大王又居长，天下人都知道您圣明仁慈，所以群臣拥立，实为应天顺人之举。先到为君，后到为臣，机不可失，时不再来！臣以为应该立即决断进京，不必多疑！”这番话合情合理丝丝入扣，听者无不动容。

刘恒向来持重。与母亲商量过后，决定还是先派舅舅薄昭去长安探看虚实。薄昭回来后据实汇报，代王才放下心来。他带领宋昌、张武等六名得力臣僚，轻骑进京。经过一番试探磨合谦逊推让，刘恒在群臣拥戴下终于登基即位，是为汉文帝。

数月之后，政局初安，国家机器一切运转正常。公卿大臣请文帝立太子，以定国本。文帝为代王时，王后先后生了四个男孩；不幸的是，母子五人在代地先后病故，没能躬逢其盛。现有诸子中，刘启居长。于是文帝立刘启为太子，刘嫖为长公主；母以子贵，妻以夫荣，窦姬名正言顺地成为大汉皇后，母仪天下。直到孙子武帝刘彻即位初年，这位垂垂老矣双目失明的太皇太后还在政坛上发挥着重要的影响和作用。她的去世，标志着黄老学说的衰微和儒术的全面复兴。这是后话，略过不提。

文帝并无雄厚的政治基础。他固然把握住了难得的机会，荣登大宝，同时面临的局势也相当严峻，危机重重：宗室诸王势力不断膨胀，日益骄横；朝政为元老们掌控；漠北、岭南各有麻烦；国家财政困难也亟待解决。但刘恒是个智深勇沉、善于韬晦、以黄老之术安身立命的青年，历史的发展证明，他较好地完成了时代赋予自己的使命，是一个值得称道的皇帝，也算是一个不错的牛人。

文帝即位后，陈平认为周勃亲自带兵诛灭吕氏，功劳大过自己，想将首相的位置推让给周勃，便称病不朝。文帝感到奇怪，亲自去相府探问究竟。陈平说："高帝时，周勃的功劳或许不如我。这次诛灭吕氏，我的功劳则不如周勃。论功行赏嘛，我希望让出右丞相给周勃担任。"其他人都是嫌自己官小，这种主动推让倒还真是见所未见，闻所未闻。文帝俯允所请，让周勃担任右丞相，位次第一；陈平回任左丞相，位次第二，并赐给德高望重而又沉静谦退的陈丞相黄金一千斤，加封食邑三千户。另外，任命大将灌婴继任太尉一职。

当朝首相绛侯周勃战功显赫，新功更加辉煌。他散朝时总是小步疾行退出，十分得意，神情骄矜。文帝对这位大功臣以礼相待，很是恭敬，经常目送他退朝。郎中袁盎看不过眼，进言谏阻道："诸吕骄横谋反，大臣们群策群力将吕氏诛灭。那时，丞相身为太尉，掌握兵权，机缘凑巧才成就了这番功业。现在，丞相好像已在皇上面前有骄倨的表现，陛下却不以为意一再谦让，臣下和主上都礼节不合有失分寸，窃以为陛下不该如此，而且这对丞相也没什么好处。"文帝点点头，沉吟不语。以后朝会时，文帝越来越庄重威严，周勃不由自主地也就越来越敬畏恭谨。

过了一段时间，文帝逐渐明习了朝政，牢牢掌控了局面。一次朝会时，他询问右丞相周勃："全国一年之间审理和判决多少案件？"周勃谢罪说不知道。文帝又问："全国一年收入和支出的钱粮各有多少？"周勃又谢罪说不知道。文帝淡淡地说："哦。就不再问你什么了，以免一问三不知。"周勃既紧张，又惭愧，满面通红，汗流浃背。文帝又侧过头来以同样的问题请教左丞相陈平。陈平不慌不忙地回答："这些各有主管的人。"文帝追问："由谁主管？"陈平说："陛下如果要了解审理和判决的案件，可以询问廷尉。至于钱粮的收支情况，则由治粟内史负责。"文帝不看陈平，语气平淡地诘问："既然这些事情各有主管，那么你又主管什么事情呢？"这一问貌似平常，却内带机锋，非常厉害，相当不好回答。

陈平可不是周勃。他早就发现文帝表面气静神闲，实则是个比高祖、吕后更难对付的角色，心里早就有了准备，何况他随机应变的能力本来就是超强的。当下，陈丞相不紧不慢不卑不亢地答道："惶恐得很，陛下不知道我才智平庸，让我待罪于丞相的职位。依我理解，作为丞相，就应对上辅佐天子，燮和阴阳，顺应四时变化；对下调节万物，使之适时生长；对外镇抚四夷，并协调好各家诸侯与朝廷的利益分配；对内亲附百姓，使文武百官各展所长各尽其职。”

文帝慢慢抬起头来，露出笑容，表示满意。

散朝之后，周勃极为惭愧，埋怨陈平说：“你说得真好，佩服！佩服！平常为什么不把这些话教给我啊？”陈平笑着说：“你位居丞相，难道连自己的职责都不清楚吗？假使陛下要问长安城中有多少盗贼，你也要勉强回答吗？”自信满满的大老粗周勃这才有了点自知之明，知道自己的才能跟陈平压根不在一个档次。又过了些天，有人劝周勃说：“你诛灭诸吕，扶立代王为新君，威名震动天下。现在你既接受朝廷的厚赏，又担任地位崇高的右相，时间一长，难免大祸临头，该是急流勇退的时候了！”周勃认为言之有理，就借口有病请求辞职。文帝照准。此后，三朝元老陈平一人独任丞相。

文帝二年（前178）十月，丞相、曲逆侯陈平因病去世，走完了一个大帅哥的非凡人生。

史笔如铁、从不轻易称许人的太史公在《史记·陈丞相世家》的末尾由衷赞叹道：

> 陈丞相平少时，本好黄帝、老子之术。方其割肉俎上之时，其意固已远矣。倾侧扰攘楚魏之间，卒归高帝。常出奇计，救纷纠之难，振国家之患。及吕后时，事多故矣，然平竟自脱，定宗庙，以荣名终，称贤相，岂不善始善终哉！非知谋孰能当此者乎？

第四章

郦食其

郦生其人
高阳酒徒
汉室英烈
田横五百士
大汉开国群英榜

郦生其人

谁为天下奇男子？
臣本高阳旧酒徒。
正则怀沙终为楚，
子胥抉目欲存吴。

战国有四公子，明末有四公子，清末也有四公子。上面的诗句，作者就是“清末四公子”之一，是广东水师提督、安徽庐江吴长庆之子吴保初。

吴长庆身为淮军名将，颇为李鸿章所倚重。他既是项城袁世凯的出道恩主，又有南通张謇这样的幕宾。吴保初则是维新志士，长袖善舞，八面玲珑，周旋于保皇党与革命党之间，如鱼得水，两利俱存。他的长女吴弱兰嫁的金龟婿，便是经历奇特、大名鼎鼎的湘人章士钊。

被傲岸自负眼界极高的吴公子保初称誉为“天下奇男子”，并借以自喻的“高阳酒徒”，究竟是何许人也？

他就是秦汉之际著名的舌辩之士，刘邦的重要谋士，为兴汉大业做出过重大贡献，奉献了全部忠诚、智慧乃至鲜血和生命的奇人郦食其。

郦食其投奔刘邦时，已经年过六旬，堪称是“书生老去，机会方来”。他献策攻下陈留，使沛公的西征军获得许多粮草和辎重物资，解除了后顾之忧。在楚汉两军相持苦战难解难分的局面下，他建议汉王夺取荥阳，占据敖仓，获得巩固的据点和粮食补给，为日后逆转形势反败为胜奠定了基础。更有甚者，郦食其一介书生，凭借三寸不烂之舌，单骑出使齐国，游说齐王田广归顺汉王并获得成功，强大富庶、拥城七十三座的齐地眼看即可不战而下，这简直是不世之功。谁知天有不测风云，人算不如天算，螳螂捕蝉，黄雀在后，韩信误听蒯彻的煽惑，趁齐国防备松懈，发动突然袭击，使齐王田广误以为被骗，置郦生于百口莫辩的死地，功败垂成，以身殉职。这是韩信平生最大的一次不厚道作为，也是刘邦指挥协调方面的一大失误。

郦生偶尔也出过几次馊点子，最有名的莫过于劝说刘邦封立六国后代，当即便被首席谋士张良借箸代筹，批驳否定。也有劳而无功未能完成使命的时候，如说降魏豹。这些不过是白璧微瑕，而且都没有造成什么现实不良后果。

在大汉开国谋士群中，郦食其稳健不如萧何，战略眼光不如张良，机智不如陈平。他大抵跟随何、陆贾是一个级别。然而，郦生纵酒使气，疏阔狂放，跟刘邦很对脾气，很可能是汉王私心最喜欢的一个。大汉立国后，“高祖举功臣，思食其。食其子疥数将兵，上以其父故，封疥为高梁侯”，也算是不忘故人照顾烈属有始有终了。

郦食其的胞弟郦商，是大汉开国名将之一，劳苦功高，获封曲周侯，在功臣榜中居樊哙之后，排名第六。郦商和他的儿子郦寄，后文还将出场。

本章将要讲述的，即为狂生郦食其的故事。

高阳酒徒

郦食其是陈留高阳（今河南杞县）人。平生喜欢读书，但家境贫寒，一直零落漂泊，没有丁点儿可以依靠过活的产业，混得很不如意。为了糊口，他只得放下身段，对付着找了一份看门的差事。乡里的贤士豪杰都知道郦生狂放豁达而又博学雄辩，倒也不敢小看他，县里的人都称他为"狂生"。光阴荏苒，转眼间六旬已过。

秦二世元年（前 209），陈胜、项梁先后发难，起兵抗秦，一时间风起云涌，兵荒马乱。带兵巡行经过高阳发号施令的将领，犹如走马灯一般，居然达数十拨之多。郦食其知道机会来了，但他能沉得住气。他冷眼旁观，见那些将领一个个卑微拘谨私心自用，知道他们只是过眼烟云，难成气候，便隐居不出。后来，沛公刘邦带兵攻打陈留到了郊外，而沛公手下有个亲侍骑士恰好是郦生的小同乡，沛公时常向他询问陈留一带有哪些贤豪。骑士回家探亲，见到郦生，将他的主子大吹特吹了一通。郦生见猎心喜，当下对骑士说："我听说沛公一向高傲自大，看不起人。不过据你所说，他倒是足智多谋有大见识的伙计，这才是我愿意追随的人。老弟能不能帮我介绍一下？"骑士连声说："那简直太好了！我已经向沛公推荐过贤昆仲。沛公最看重的，就是老先生这样的奇才。没问题，

没问题，包在我身上！”郦生说：“你就说，我家乡有位郦生，是个有学问的读书人，六十多岁年纪，身高八尺，大家都叫他狂生，他自己却不认账。”骑士说：“沛公不喜欢读书人。有些书生头戴儒冠前来拜访，沛公常常摘下他们的帽子，往里面撒尿。他跟儒生讲话，生气了就不管不顾破口大骂。你老先生要以儒生的身份去见他，那可真是哪壶不开偏提哪壶了。”郦食其说：“你尽管按我说的那样转述就是，我自有计较。”骑士点头应允。他回营后，找个机会一五一十地把郦生的话学舌了一遍。

沛公军次高阳，驻扎下来，便派人去招郦生。郦食其到达大营的时候，刘邦正坐在床边让两位美女替他洗脚。郦生进来，看到这副模样，眉头微微皱了皱，长揖不拜，朗声说：“足下是打算帮助秦朝攻打诸侯呢，还是想率领诸侯攻灭暴秦？”

刘邦歪着头斜着眼漫不经心地扫了一眼郦生，却见此人“貌奇古，其额如螳螂，声音苍哑”“眉楞骨奇高，是最特别处”。他心里说：老子本以为真是什么人物呢，原来是这么一个奇形怪状的鸟人。于是骂道：“傻屄书呆子！天下人苦于嬴秦的苛政实在已经太久，诸侯们相继而起，都巴不得早点灭亡它。你却问老子是不是想帮秦朝，莫非脑子被门夹了？”

没料到郦食其却笑了，说：“果真要聚集人马率领义师诛灭暴秦？瞧你那样，成吗？这可不是待客纳贤之道！”

刘邦是何等机灵之人。他知道遇到了高人，于是立刻停止洗脚，挥退美女，端正衣襟，恭请客人上座，并貌似诚恳地说了声“对不起”。刘邦又打量了郦生两眼，不无疑惑地问：“你难道不是儒生？”郦生大声回答：“什么狗屁儒生，俺是高阳酒徒！”两人哈哈大笑。

郦生一下子来劲了。他本来就熟知历史，精通时务，能言善辩，口若悬河。进入了状态，更是眉飞色舞滔滔不绝绘声绘色引人入胜。郦食其跟沛公神侃起他倾心研究颇有心得的六国合纵连横的策士们，如苏秦、张仪的故事，刘邦听得如痴如醉。

沛公一见郦生果然有料且不俗，不由大喜，当即令侍从奉上精美的酒菜，两人开怀痛饮，极平生之欢。末了，刘邦请教道："依先生看，我们下一步棋该怎么走？"郦生说："你虽说收罗了万儿八千散兵游勇，其实那不过是些乌合之众，战斗力有限。如果想贸然倚靠这支力量西征灭秦直捣虎穴，无异于暴虎冯河以卵击石，实在毫无胜算。陈留这地方是交通要冲，四通八达，现在城内又积存了许多粮草。我和陈留县令交情不错，愿意替你跑一趟，去劝说他归顺。万一这厮不肯，你就发兵攻打，我设法里应外合，肯定可以得手！"刘邦拍案道："好计！"两人一边喝酒，一边鬼鬼祟祟咕咕哝哝商量好相关细节。

战略要地陈留果然不战而下，沛公西征的后顾之忧得以解除，并获得了大量军资粮秣和兵员补给，力量大增。

牛刀小试，克奏肤功。刘邦尝到甜头，更加喜欢和信任郦生，封他为广野君，郦食其就此成为兴汉集团的重要谋士，为刘邦帮忙帮闲。有事时，他经常作为说客出使各方，发挥了武力有时也难以奏效的作用，而且除了费一点唾沫星子之外，几乎是无本生意。没事的时候，他便陪刘邦喝酒吹牛，日子过得逍遥自在，不亦乐乎。

郦生又将自己的兄弟郦商推荐给刘邦。郦商追随老兄加入革命队伍，带领自己纠集的四千人马跟随沛公攻城略地南征北战。此人很有心计和修养，英勇善战，屡建殊勋，成为汉军著名将领。

秦二世三年（前 207）底，沛公攻克南阳，抢占武关，打开了由东南方向进入关中的门户，周勃、郦商率前锋部队直抵峣关。峣关地形险要，易守难攻，驻有重兵把守，是秦军从武关到咸阳之间的最后一道重要防线。刘邦准备乘胜强攻。张良说："秦军战斗意志尚未崩溃，仍然具有相当强的战斗力，强攻代价太大，弄不好就会旷日持久僵在这儿，让项王或者别人得了先机。这不是上策。不如派人在山上多张旗帜虚张声势作为疑兵，同时派郦食其、陆贾一起去游说秦将，威胁利诱因势利导。"刘邦对张良从来都是言听计从的，自然照办。两大谋士联袂出使，果然不辱使命，秦将被他们说动，想与西征军联合。刘邦打算照准。张良又说："这恐怕只是守将贪利叛秦，他手下的将佐士卒还不一定会服从。不如乘着秦军麻痹大意突施攻击，一定可以大获全胜。"郦生、陆贾都附和张良的意见。于是刘邦率兵悄悄绕过峣关，越过蒉山，趁其不备，发动突然袭击，取得大胜。这其实不妨看作是郦生使齐故事的另一种版本，只不过这次是喜剧而后来是悲剧而已。刘邦部楚军又连败秦军于蓝田（今陕西蓝田），逼近秦都咸阳。高阳酒徒郦食其再建新功。

然而也有让郦生感到比较没面子的时候。那是汉二年（前 205）秋八月，刘邦在彭城战役先胜后败，几乎全军覆没，靠了老天爷的眷顾，才侥幸逃脱，退守荥阳。众诸侯纷纷背汉降楚，情势相当被动。汉王对郦食其说："你这厮一向挺能耍嘴皮子，能不能辛苦一趟，去游说魏豹转过身来，好让老子喘口气？如果能让那小子举国归顺，老子论功行赏，在魏国的地盘上封你老先生为万户侯，也让你衣锦还乡摆一回阔过一把瘾！你本来就是魏国人嘛。这票买卖怎么样？"魏豹本为魏王，后因项羽要兼并东魏之地，就改封他为西魏王。就地理位置而言，西魏恰在汉军左翼侧，拊其侧背，随时可以威胁乃至切断汉军从关中到荥阳的主要交通补给线，如芒刺在背，是务必优先解决的进攻目标。

郦生跃跃欲试，以为这个梦寐以求的万户侯如探囊取物一般，唾手可得。他二话没说，挺起胸脯，与汉王拍手成交。没想到结果却无功而返。要说，这得怪刘邦自己。魏豹拒绝的理由是：汉王为人傲慢无礼，以侮辱别人为乐，难以相处；即便同样是王爷，他骂起人来，不分荤素，跟骂奴仆并无两样，让人极度难堪；魏某宁死也不愿再与这号人为伍！魏豹其实还有话没有说出口：我老魏家才算得上是根正苗红的金枝玉叶，你刘邦呢，不过是一个亭长出身的混混罢了，纯粹一暴发户嘛，牛到这等程度，至于吗？

郦生无话可说。因为魏豹说的都是事实。

文的不行，只得动武，正所谓“先礼后兵”。汉王抚慰过劳而无功白跑一趟的郦生，随即任命韩信为左丞相，统率曹参、灌婴等步骑去攻打魏国。

汉王问郦食其：“魏国的大将是什么人呀？”郦生回答：“是柏直。”汉王笑了：“柏直就是白痴，一个乳臭未干的小屁孩嘛，他哪里是韩信的对手！”又问：“骑将是谁呀？”郦生说：“是冯敬。”刘邦摸了摸山羊胡子，说：“此人是秦将冯无择的儿子，虽然贤能，算是个角，却也无法抵抗灌婴。”接着再问：“步兵将领又是何许人也？”郦食其说：“是项它。”汉王说：“这个人不是曹参的对手。我没有什么好担心的啦！”

韩信又问郦食其：“魏国不会用周叔做大将吗？”郦生说：“用的人确实是柏直，绝对没错。”韩信说：“柏直这小子，可以一战而擒之！”在军神韩信的指挥调度下，战事的进展果然十分顺利。

智者千虑，必有一失。郦食其也不例外。汉三年（前 204）春，刘邦采用陈平的计策，派随何成功说服项羽手下的头号大将九江王英布背楚降汉，开辟了南线战场，大大减缓了正面战场的压力，建

郦食其游说魏豹，遭拒（严绍唐、朱元红　绘）

立奇功。郦生不甘寂寞，进说刘邦分封六国后裔，借以削弱楚国的势力。汉王已经同意，正准备实施。但征询外出归来的张良的意见时，首席谋士却说这是一个昏招。张子房列举了八点理由，也就是有名的“张八点”，对郦食其的建议进行了抽丝剥茧般的层层批驳，认为此议罔察时势，决不可行。首席毕竟是首席，汉王、郦生心服口服。

汉三年秋天，楚军猛攻荥阳，终于得手，汉军退守巩、洛。项王听说韩信攻破赵国，彭越又在梁地搅得四处冒烟，便分派军队前去支援，没能集中全力因利乘便全歼正面汉军主力，错过了一个难得的一举奠定胜局的良机。刘邦屡战屡败狼狈不堪甚至一度逃回关中，但他与项羽性格正好相反，沉静坚韧，在最危急的当口，宁可自己苦苦撑持，仍然决不放松在北线的战略攻势：他将希望寄托在韩信身上。韩信七月间即已奉命挟连胜之威势，准备攻打齐国，却迟迟没有行动。汉王长期处于被动，老胳膊老腿都好几次挂花，师老兵疲，看不到胜利的曙光，一时间心灰意冷，打算放弃成皋以东地盘，与楚国讲和。

郦生建言说：“我听说知道天道的人，帝业可成；不知道天道的人，痴心妄想而已。王者，以民众为天；民者，则以食为天。敖仓这地方，早就是天下粮谷的集散地，我听说那儿储藏的粮草简直吃用不完。楚军攻下荥阳，竟然不知坚守敖仓，却引兵东进，只留部分士卒分守成皋，坐失地利，这是老天爷在帮助大汉啊！现在，最困难的时期已经过去，楚军已形同强弩之末，攻破它不是难事，大王却要自行撤退放弃这样千载难逢的天赐良机，我真是搞不懂！再说，两雄不并立，一个鸡笼关不住两只叫鸡公，楚汉相争迟迟难决胜负，

郦食其建言夺取敖仓（李铁生　绘）

百姓因此长期骚动不安，海内为之动荡不已，农夫不能下地耕耘，女工不能上机织布，普天之下，人心惶惶无从安定。”

刘邦说：“别跟老子废话！你倒是拿出具体办法来啊！”

郦食其接着说：“我建议立马进兵，再占荥阳，牢牢占据敖仓的粮库，扼守成皋的险要之地，塞断太行山的道路，控制蜚狐口要道，掌握白马津渡口，向诸侯们显示汉军已占据有利地形，并形成克敌制胜的态势，让那帮随风倒的家伙见识厉害知道趋归。如此一来，天下人都会弃楚投汉，江山就是大王的了。现在燕、赵已经平定，东方的敌对势力除楚国外，就剩下齐国了。目前齐王田广拥有沃野千里的齐鲁大地，田间又率兵二十万驻守在历城，厉兵秣马。诸田根深蒂固势力强大多诈善变，齐地背海面河地势险要，济南又靠近楚都彭城，你即使派几十万军队去攻打，也很难计算猴年马月才能克奏肤功。我倒是愿意试一试，看能不能凭三寸不烂之舌，劝说齐王归顺，争取兵不血刃不战而屈人之兵，把那个失之交臂的万户侯弄到手。”汉王大喜，道：“真有你的！”当即吩咐为郦生打点行装。

苍山如海，残阳如血。刘邦、郦食其这对异常投契的君臣当晚放开心怀，痛饮狂歌，尽欢而散。谁都没料想到的是：这居然是泗水亭长与高阳酒徒共享的最后一顿晚餐。

汉室英烈

刘邦下定决心不怕牺牲排除万难奋斗数载，终于建立起雄赳赳气昂昂的一个偌大帝国，自然免不了血流成河尸积如山。无名小卒这里且不去管他，单说说几个最有名的大汉英烈。他们是：奚涓、纪信、周苛、郦食其。

除郦生外，其余三人都是武将，都死在千钧一发危机四伏的荥阳成皋正面战场。换句话说，在兴汉集团核心成员中，高阳酒徒郦食其是唯一以身殉职慷慨赴死的文职高干，而且是在战场之外，功败垂成。

奚涓是汉军早期名将，也是参加过丰沛起义的老伙计。西征东讨，百战沙场，灭秦抗楚，战功显赫，获封为鲁侯，食邑四千八百户，在兴汉功臣榜中高居第七位，“功比舞阳侯（樊哙）”，排名比夏侯婴、灌婴还要靠前。后来，他在荥阳前线最吃紧的关头与楚军悍将钟离眜对垒死磕，力战身亡。

纪信也是刘邦手下亲信而得力的著名将领。看官也许还记得，当初，刘邦在张良的陪同下，硬着头皮出席鸿门宴，想求得项羽的谅解。经过非凡的努力，项王倒是想算了，放了刘邦一马，但张良在酒席上觉察到亚父范增一直不怀好意，暗藏杀机，于是自己留下来继续斡旋，将带来的百余辆车骑都停着原样不动，而让沛公趁如厕的机会不辞而别脱离虎口，由带来的四员亲信将领贴身保护，赶紧抄小路返回霸上汉军大营。这护驾有功的四名汉将是：樊哙、夏侯婴、靳强、纪信。

汉三年（前 204）五月，楚军猛攻荥阳，破城在即。刘邦决定先行突围，纪信自愿李代桃僵，冒充汉王出降，掩护主子脱险。在陈平的策划下，刘邦率数十精骑乘隙觅缝溃围而出，纪信则被盛怒之中的项王活活烧死。

刘邦突围前，选派御史大夫（三公之一，职同副相）周苛为主将，坚守荥阳，让枞公、魏豹辅助他。周苛、枞公都是刘邦微贱时的老朋友，出身丰沛集团，一直是兴汉集团的中坚分子。纪信代死，刘邦出围后，他们紧闭城门，决心死守到底。

周苛与枞公商量说：“魏豹其人，反复无常，他又有国王的名义，有一定影响力。把这种人留在城中，终究是个祸害！汉王看在旧情的分上，老是优待他，却没想到可能会养虎遗患！将在外，君命有所不受，我们不必有什么顾忌。不如先把他干掉，以除后患！”两人便把魏豹杀了。

魏豹在其兄魏咎败死于章邯之手后继立为魏王，在楚国的帮助下，继续同秦军作战。项羽入关后论功行赏大封诸侯，改立他为西魏王。刘邦还定三秦，东征项楚，魏豹归顺汉王。刘邦在彭城战役遭受严重挫败后，魏豹又截断黄河渡口联楚反汉。汉二年（前 205）八月，韩信攻灭魏国，生俘魏豹，刘邦赦免了他。这次令他与两个汉军大将一起留守危城，不知究竟是出于对他的信任呢，还是像曹操将祢衡送给刘表、刘表又转送给黄祖一样，借刀杀人？

六月，项羽击溃彭越，回师会攻荥阳。汉军粮尽援绝，城池终于被攻破，周苛率残兵巷战，力竭被擒。项羽怜惜他的才能和忠勇，想收为己用，就客客气气地对他说：“你是个人才，已经尽心尽力，对得住汉王了。若愿意归降，我就任命你为上将军，封三万户侯，咱们一起共创大业。你意下如何？”没想到周苛狠狠唾了一口，厉声斥骂道：“呸！白日做梦！你绝不是汉王的对手，迟早总要被汉军俘虏。胜利是我们的！”项羽目瞪口呆气急败坏，下令烹杀了周苛，枞公也被斩首。

在庆功晚宴上，项王很少喝酒，也基本没有说话。自己的心情自己感受，他甚至体会不到多少胜利的喜悦。周苛的形象和话语，在他心头留下了不可磨灭的严重阴影。霸王想起韩信、陈平，又想起叛变的英布和已经故去的亚父范增，暗暗叹了一口气。他感觉到一种前所未有而难与人言的落寞和疲乏。

楚军随后包围成皋，展开猛烈攻击。汉王和滕公夏侯婴乘车从成皋北面的玉门出逃，北渡黄河，跑到小修武的驿站住了一宿。第二天凌晨，两人自称汉使驰入韩信、张耳的军营，以迅雷不及掩耳之势夺取了他们的兵符和军队，随即召开会议，调换了众将的职位。

刘邦令张耳巡行安辑地方，招兵买马，守备赵国；任命韩信为相国，令他集结留在赵国未曾征调的部分军队去攻打齐国；自己则率领这支生力军的主力，转用于正面战场，重振军威。这时，荥阳、成皋先后失守，汉军诸将陆陆续续带领残兵前来会合，继续追随汉王，在巩县、洛阳一带形成新的防线，阻遏住了乘胜西进的楚军攻势。

郎中郑忠认为正面战场殊少胜算，建议汉王深挖壕沟，高筑营垒，坚决采取守势，不要与锋芒正锐的楚军交锋。汉王听从了他的计策，派将军刘贾、卢绾率步兵两万、骑兵数百渡过白马津，进入楚国，协同彭越烧毁楚军积聚的粮草辎重，破坏楚国的后勤战备基地，使它无法再为前方的主力部队及时足额提供粮草补给。这是很厉害的一招，让项羽非常头痛。楚军集中力量攻打刘贾时，他总是根据汉王的指示，与彭越相互策应，采取游击战术，尽量避免决战。楚军倾力前压时，他们就在后方加强攻势，让项羽焦头烂额，应付不暇。两军再次呈胶着状态。刘邦一时间有些灰心，想与项王议和，平分天下。在张良、陈平、郦食其等人的劝说下，他坚定了斗志，调整了方针，重新振作起来。根据郦生的建议占据大粮库敖仓后，手中有粮，心中不慌，态势慢慢好转，逐渐夺回了战争的主动权。

这时，郦食其又自告奋勇，主动提出愿意出使齐国，说服齐王田广归顺。汉王对韩信迟迟其行感到不满、不解和失望，对郦生这趟无本买卖自然存有厚望，于是欣然同意。

郦生来到齐国，受到去意徊徨找不着北的齐王田广和齐相田横的盛情款待。他一见便知有戏，更加来劲，酒足饭饱之后，便摇动如簧之舌，侃侃而谈。

他问田广："大王可知道天下的人心所向吗？"

齐王说："难说，不知道啊。依先生高见呢？"

郦食其说："当然是归向汉王！"

齐王说："敢问你这样说的依据何在？"

郦生就将他精心准备的一大套长篇演讲词和盘托出。

他说："汉王率先攻入咸阳，但项王却违背成约，让他改王汉中。项王随后又迁徙并杀害了义帝，大逆不道。汉王闻讯，即率军还定三秦，东出函谷关，讨伐项王，伸张正义。同时收集天下各方的力量，扶立六国诸侯的后裔，攻下了城邑土地就把它们赐予有功的将领做王侯，获得了财物就都赏给手下的士兵，与天下人分享利益，绝不独吞独食。因此，英雄豪杰和才人贤士都乐于为他所驱使。

而项王则刚好相反，他本来就有背信弃义的恶名和杀害义帝的罪责，又对人家的功劳视而不见毫不上心，对人家的过失却耿耿于怀，将士们打了胜仗得不到奖赏，攻拔了城池得不到赐封。项王任人唯亲，一意孤行，不是他本族项姓的人压根别指望当权主事，结果导致天下人都反叛他，贤士豪杰都怨恨他，无人愿意为他效力卖命，他逐渐成为众叛亲离的孤家寡人，失败是迟早的事。所以我说，江山将归属于汉王，是坐着就可以算定的啦！汉王从汉中出兵，平定关中，翦除三王；北渡黄河，攻灭魏豹；东出井陉，阵斩陈馀；北向幽燕，传檄而定。这些并不是单靠人的力量，而是仰赖上苍的洪福啊！现在，西部的正面战场，汉军已经牢牢占据大粮库敖仓，又刚刚重新夺回并扼守住了战略要地成皋，控制了白马津渡口，塞断了太行山隘道，掌握了蜚狐口要冲；南边，英布的力量正在集结；东面，彭越、刘贾让项王麻烦不断疲于奔命顾头就顾不了尾；北线，战无不胜的韩信正在厉兵秣马，下一个攻击目标眼看就轮到大王你了。所以说，依我看，天下大势的走向已经十分明显。为大王计，不如及早归顺汉王，齐国可以保全，一切实际利益都不会受到影响，有万利而无一弊。否则，大军压境，玉石俱焚，危亡的结局顷刻而至，那时后悔就来不及了！愿大王深思。”

齐王田广本来就与项羽之间存在杀父深仇。他的父亲，就是最先起兵反叛项羽的田荣。项羽亲征齐地，田荣兵败被杀，其弟田横拥立其兄之子田广继位，继续与楚军抗衡。正是因为齐军吸引了楚国的注意力和力量，才让刘邦有机会乘虚而入回定关中。而刘邦长驱直入一度攻占楚都彭城，迫使项羽不得不从齐地抽调楚军精锐回救根本，从而大大减缓了齐国的危机和压力。汉、齐两国客观上起了战略策应作用，形成了一个无形的反楚同盟。在感情上，诸田无疑是倾向刘邦的。如今楚河汉界，非此即彼，审时度势做出选择，自然投靠汉王的可能性大得多。这也是郦生经过精算后志在必得的缘由。

田广与叔父兼丞相田横对了个眼神，当时没有说话。经过反复计议，这对叔侄认为郦生言之有理，并非危言耸听，就采纳了他的建议，派遣使者向汉王致意。东线无战事，心里的一块石头总算落了地，诸田放下心来。他们很喜欢也很感激郦生，就留他多住些日子，天天置酒高会寻欢作乐。郦食其更是以为大功告成，万户侯行将到手，志得意满，乐不思汉。正所谓“人生得意须尽欢，莫使金樽空对月”。

天有不测之风云，人有旦夕之祸福。一个偶然的变故，改变了一切。

韩信在刘邦的一再敦促下，率军东征，正准备从平原渡口渡过黄河，对齐国下手。他这时得到情报，说郦食其已经成功劝说齐国归降，毋庸动武；而齐国原先为了抵御汉军东进的兵锋，派大将华无伤、田解率重兵驻屯于历下，严阵以待，这时也解除了戒备，呈现一片和平气象。韩信认为既然没有仗可打，便打算停止前进。

好事之徒无所不在，策士蒯彻就是其中突出的一个。他挑动韩信说：“汉王诏令将军攻打齐国，催得很急，他只不过是另派密使进行劝降活动试试运气罢了，与你何干？难道明令你停止进攻了吗？你怎么能不打了呢？再说，郦食其这个人，不过是个摇唇鼓舌的好大喜功之徒，他单骑入齐，卖弄三寸不烂之舌，如果真的做成无本生意，单凭口舌便降服了拥有七十多座城池的齐国，那也会反衬出你的无能。将军统兵数万，历时年余才攻下赵国五十多座城池。这样看来，你做了好几年大将军，反倒不如一个书生劳苦功高了！”

这番话具有很强的煽惑力，韩信听进去了，他决定继续进军。其实这个时候，刘邦派来传达最新命令的使者已经在半路上了。

蒯彻自己就是著名的舌辩之士，曾有过堪称辉煌的成就，创造过一项纪录。他在群雄起事之初，成功说服秦朝的范阳令徐公投诚陈胜派去攻略赵国故地的部将武信君武臣。榜样的力量是无穷的，燕赵之地闻风而降的城池达三十多座，蒯彻一时间风光无限。眼看这项纪录就要被郦生成倍地打破了。他之所以极力说动韩信出兵搅了郦生的好事，很难说没有一种同行之间的嫉妒心在当中作怪。

汉四年（前203）冬十月，汉军渡过黄河，突袭历下。毫无戒备的齐军措手不及，一败涂地，汉军前锋直薄齐都临淄。这样，就让郦食其的处境一落千丈，他被视为“死间”，陷于百口莫辩的苦境。田广得悉汉军逼近的消息，紧急召见郦生，正颜厉色地说：“天地良心，我待先生不薄吧？这究竟是怎么回事？你如何解释？你如果能让汉军撤退，就一切好说；否则，别怪我不客气，油锅都为你准备好了，就在那边！”

郦食其的心情异常复杂。他先是在心里埋怨韩信不该多此一举，也略略有点责怪汉王的命令与信息衔接不够及时，又觉得愧对诸田。但事到如今，做任何解释都是多余的，而且既然已经开仗，就犹如箭在弦上不得不发，岂是说收就收得住的？田广那番不由分说而且带有明显威胁口吻的斥责，更是让他产生了强烈反感。郦生想：反正老子问心无愧，只是已经无须解释了。不就是一个死吗？吓唬谁呀！老子吃你这一套？人生自古谁无死？活一百岁最后还不是一个土馒头打发了事？这样阴差阳错功亏一篑死于非命，也算是奇人奇死破天荒吧？如此好运，老子认了！汉王日后会不会想俺？韩信心里头

郦食其跳进油锅（程远宏　绘）

有没有愧疚？……

郦生的心情转而异常平静，他什么都不去想了。他笑着对齐王说：“大行不顾细谨，大礼不辞小让，你爱怎么想就怎么想。老子懒得与你废话了！”说完，他提起衣裾，奋力一跃，自己跳进了沸腾的油锅！

勇哉郦生，悲哉郦生，壮哉郦生，惜哉郦生！

王夫之对此有一番剀切的评论：

毒天下而以自毒者，其唯贪功之人乎！郦生说下齐，齐已受命，而汉东北之虑纾，项羽右臂之援绝矣。黥布，盗也，一从汉背楚而终不可叛。况诸田之耿介，可以保其安枕于汉也亡疑。乃韩信一启贪功之心，从蒯彻之说，疾击已降，而郦生烹；历下之军，喋血盈野，诸田卒以殄其宗。惨矣哉！贪功之念发于隐微，而血已漂橹也。

后人为高阳酒徒郦食其写下这样一副挽联：

是七尺男儿生能舍己
作千秋雄鬼死不还家

田横五百士

烹杀郦食其，只是齐王田广和齐相田横在措手不及的情况下恼羞成怒的一种报复手段而已。郦生不畏死，奈何以死惧之？徒逞一时之快，却使得汉、齐之间丧失了所有的沟通渠道与重新达成谅解的可能性，只能兵戎相见，用最极端的军事手段解决问题。田广紧急求救于项羽。高阳酒徒已矣，纵横驰骋屡仆屡起威风八面雄霸一方的诸田也终于迈入一条死胡同，走向他们人生的末路。

悠悠岁月，欲说当年好困惑。下面先费点笔墨，介绍一下齐国和田氏的前世今生。

“东海上人”吕尚本来姓姜，亦即民间传说中的姜太公。他蹉跎了大半辈子，八十岁垂钓渭水之滨，邂逅西伯姬昌（周文王），获得重用。后来，他辅佐武王姬发（文王之子），率领八百诸侯，牧野鹰扬，流血漂杵，用武力推翻了商纣王的残暴统治，建立起强大的西周王朝，自己也因功获封为齐侯。管蔡之乱后，更是“得征伐，为大国，都营丘”，成为周朝在东方的重要屏障。

姜太公活了一百多岁才驾鹤西游，他的子孙循序继立为齐侯。其中最有名的，就是春秋五霸之首、曾经“九合诸侯，一匡天下”

的齐桓公。但到春秋末年，齐国的大权逐渐落到大臣田氏家族手中。战国初年，继韩、赵、魏“三家分晋”之后，“田和始为诸侯，迁（齐）康公海滨”。几年后，齐康公死去，“吕氏遂绝其祀，田氏卒有齐国”。姜姓的齐国变成了田姓的齐国，可谓是换汤不换药。公元前221年，秦灭齐，统一全国，诸田被废为庶人，失去贵族地位，成为大秦帝国的子民。但百足之虫，死而不僵，他们在故齐百姓中依然具有相当的影响和潜势力。

陈胜、吴广大泽乡首义的消息传开后，田儋和堂弟田荣、田横马上意识到复国的良机即将来临，异常兴奋，乘机起兵响应，袭杀狄县（今山东高青）县令，宣布恢复齐国。田儋自立为齐王，一方面逐个清扫秦朝的官军和据点，一方面赶跑陈胜派来攻略齐地的部将周市，很快有了三齐之地，成为一方霸主。

不久，秦军主将章邯在临济围攻魏王魏咎，情况十分危急，魏王派人向齐国求救。齐王田儋亲自率兵援魏。章邯厉兵秣马，衔枚疾进，乘夜袭击齐魏联军。结果魏咎自焚，田儋败死，田荣率残兵逃往东阿。秦军大胜，义军遭受重大挫折。

齐人听到田儋战死的消息，经过商议，决定拥立末代齐王田建的弟弟田假为齐王，以田角为丞相，田间为大将军，重整旗鼓，抗拒诸侯。

章邯乘胜追击，在东阿将田荣包围，日夜攻打。项梁率楚军前来救援，击败秦军，解救了田荣的燃眉之急。这便是项羽一直认为项氏对诸田有恩的因由，因此他才对田荣屡次抗命后来更是率先叛乱感到格外恼火。

章邯向西败退，田荣缓过气来。他认为自己才有资格代表齐国，根本不买田假的账，于是发兵攻打齐王假。田假不敌，逃到楚国。

丞相田角流亡赵国，与预先前来赵国求救的弟弟田间会合，不敢回国。田荣获胜后，立田儋的儿子田市为齐王，自任丞相，独揽大权，又以兄弟田横为大将军，重新控制了局势，成为齐国的统治者。

项梁与章邯对战，互有胜负，呈胶着状态。项梁想集中力量击破秦军，就派使者到赵国和齐国，要求两国出兵夹攻。田荣说："只要楚国杀掉田假，赵国杀掉田角、田间，我就出兵。"接到项梁的请示报告后，楚怀王说："田假是盟国的君主，在穷途末路的时候投奔我，我不可以背信弃义去杀害他。"赵国也不愿杀田角、田间去讨好齐国。田荣很生气，抱怨说："毒蛇咬手，壮士断腕；害虫螫脚，智者断足。为什么呢？因为不这样的话就会伤及心腹，因小失大。现在，三田对于楚、赵来说，并不是手足之亲，为何舍不得干掉他们？如果不认清形势，不答应我的条件，而让秦军得势于天下，他们就悔之晚矣！不仅要身受其辱，死无葬身之地，而且连祖坟恐怕都保不住呢！"

楚、赵不肯听从，田荣就始终不肯出兵。章邯终于打败楚军，击杀项梁。项羽从此恨死了田荣。章邯随后统率秦军渡过黄河攻打赵国，项羽则率楚军北上援赵，演出了破釜沉舟的历史壮剧，取得了巨鹿会战的伟大胜利。

项羽保全赵国，降服章邯，西入咸阳，灭了大秦帝国，成为诸侯的新霸主，试图建立新的统治秩序。僧多粥少，他就将齐国一分为三：封跟随自己征战有功的齐将田都为齐王，统治临淄一带；封另一名服从命令听指挥的齐将田安（齐王建的孙子）为济北王，统治博阳一带；改封齐王田市为胶东王，统治即墨一带。田荣则被认为对项梁之死负有间接责任，又一向喜欢自行其是不听招呼，不予王封。另一个受到冷落的是曾经有亏职守的赵将陈馀。田荣、陈馀这两个失意分子私下勾结，一拍即合，相约分别在齐、赵发动叛乱，挑战西楚霸王项羽的统治权威。

陈馀实力有限，得到田荣的大力帮助后，开始在赵国兴风作浪。田荣自己则派兵袭击田都，田都逃往楚国。他又留住田市，不让田市到胶东去。田市左右的人说："项王既强悍又暴躁，太厉害了，我们是得罪不起的！他封你为胶东王，大王却滞留在这儿迟迟其行不去赴任，恐怕会有麻烦！"田市听了认为言之有理，心里很害怕，本来他也受够了田荣颐指气使包办一切的做派，就私自偷偷摸摸逃往胶东就国。田荣闻讯，怒不可遏，派兵追击不识抬举的田市，在即墨赶上把他杀了。他索性一不做二不休，又回过头来攻杀济北王田安。这样，田荣又囊括了三齐之地，干脆自立为齐王。

是可忍，孰不可忍？项王得到奏报，大为震怒，于是亲自带兵征讨齐国。田荣当然不是项羽的对手，连战失利，败退到平原时，为人所杀。只是项王缺乏政治头脑和手段，楚军到处烧杀抢掠，不得人心，齐人又相继背叛。田荣之弟田横趁机收集残兵败将，扩充实力，很快发展到好几万人马，在城阳一带与楚军拒战。项羽正想全歼叛军一劳永逸的当儿，忽然后院起火，汉王刘邦还定三秦后东出函谷关，一路凯歌势如破竹，率领五国诸侯直捣楚国都城彭城，项羽只得暂且放过田横，回救根本。田横得此天赐良机，就轻易从容地收复了齐国的城邑和土地，再次确立了统治地位。他立哥哥田荣的儿子田广为齐王，自任丞相，"专国政，政无巨细皆断于相"，在楚汉相争的弥天烽火中保全于局外，过了好些天消停日子。后来形势有变，面临何去何从的选择。接待郦生并听从他投汉的建议，也是由田横做出的决断。没想到却被蒯彻搅局，结果弄得一塌糊涂不可收拾。

韩信的北方集团军群势如破竹，连下历下、临淄，大败齐军。诸田分头逃亡，分兵守土：齐王田广东走高密，丞相田横出奔博阳，守相田光逃到城阳，将军田既退守胶东。这时，项王派大将龙且率领大军（号称二十万）救齐，在高密与齐王会师，与汉军展开决战。所谓“政治上没有永恒的敌人和朋友，只有永恒的利益”，诚如是也。

汉军主将韩信、副将曹参全歼齐楚联军，阵斩龙且，生擒田广，汉军骑将灌婴追擒齐将田光，取得决定性胜利。田横在博阳获悉败讯，就自立为齐王，率军反击，但在嬴下为灌婴击败，溃不成军。田横带少数亲信星夜逃亡，托庇于与他有些旧交的彭越。彭越当时拥兵梁地，自成局面，顾盼自雄。韩信乘胜进军，派曹参进攻胶东斩杀田既，派灌婴攻拔千乘击杀田吸，平定全齐之地。韩大将军登泰山而小鲁，踌躇满志，遣人要求汉王立他为齐国的假王。刘邦正烦他呢，在张良、陈平的提示下，才强捺心头之火，干脆做个顺水人情，加封韩信为齐王。

一年多后，项羽败死，刘邦做了皇帝。彭越获封为梁王，志得意满。田横则处境尴尬，进退维谷。出于安全考虑，他率领亲信部下五百余人退出大陆，移居到一个海岛上。这个岛后来因人得名，称为“田横岛”，在今山东即墨以东的黄海之中。

高祖认为田氏兄弟在齐国经营多年，齐地贤能之士大多归附了他们，如不加以安抚，担心会出乱子，于是就派使者前去海岛，宣布赦免田横的罪过，召他进京。

田横谢恩之后推辞说：“我曾烹杀了陛下的使臣郦食其。听说陛下对他极为宠信，我对他的死于非命感到痛心疾首，曾经几天吃不下饭，睡不好觉。现在听说郦生的弟弟郦商是汉朝大将，位高权重。我很担心遭到报复，不敢奉诏觐见陛下，只求能做个平民百姓，在茫茫大海中求得一席之地栖身，度过余年。”

使者回报，高祖不允。他召来卫尉、曲周侯郦商，告诫他说：“齐王田横即将觐见。你哥哥的事，我至今觉得悲痛遗憾，但那已经是既成事实，人死不能复生，又有什么办法呢？没有人能挽回时间的狂流，没有人能让落花重上枝头，只能一切向前看。希望你能顾全大局，不要轻举妄动！如果有谁敢动田横和他随从人马的一根汗毛，即当诛灭九族！”话说到这个份上，郦商心中凛然，只得表示谨遵圣命。

刘邦随后再次派遣使者拿着符节去召田横。使者把皇上警戒郦商将军的情形绘声绘色地学舌了一遍，然后说：“陛下有令，先礼后兵。你如果奉诏进京，往高或有王封，最低也是个万户侯；如果抗旨不遵，那就发兵诛除。何去何从，请君自决！”田横审时度势后，带着两个门客乘坐驿站的传车前往汉都洛阳。

几天之后，他们到达洛阳郊外三十里地的尸乡（今河南偃师）驿站时，已是向晚时分，阴沉的天空中飘洒起如丝的细雨。田横向使者解释说：“作为臣子的人觐见天子，应当沐浴更衣。”于是停下来，暂作勾留。

依稀往事浑如梦，都随风雨到心头。田横心潮起伏，思绪万千。忽然间又心如止水，万念俱灰。他做出了一个重要决定。

田横私下对两个门客说：“我当初与汉王一样南面称王，彼此地位相当。而今汉王做了天子，我却归为臣虏，要北面称臣侍候他，这本来已经够耻辱的了！更何况我当初误烹了郦生，而现在却要跟他的胞弟并肩侍奉同一个主人，纵然人家畏惧皇上的诏令而不致动手报复我，难道我内心就不惭愧吗？情何以堪啊！再说，陛下之所以想见我，只不过出于好奇，想看看我的容貌而已。如果现在斩下

田横拔剑自刎（程远宏　绘）

我的头颅，奔驰三十里急送洛阳，形体容颜估计还不至于腐败，可以满足陛下的愿望，让他看看我是什么样子。”随即拔剑自刎。

两个门客捧着田横的头颅，随同天使疾驰到洛阳奏报高祖。刘邦没想到是这般结果，叹息着说：“唉，不简单啊，可是至于这样决绝吗？田氏昆仲以平民的身份起事，兄弟三人相继为王，这足以说明他们的贤能，一般人岂能做得到！”高祖看了一眼田横凛凛犹生的头颅，不由掉下了几滴英雄泪。他任命两个门客为都尉，调拨士兵两千名，按照侯王的礼仪为田横举行了隆重的葬礼。出人意料的是，安葬完田横后，两位新科都尉在故主的墓穴旁挖了个坑，以迅雷不及掩耳之势，同时抹了脖子。

刘邦闻讯，大为惊异，认为田横的门客贤能忠义，都是人才，就派使者去召用留在海岛的其余五百人。使者上岛后，这五百人获悉田横已死的确信，全部自杀了！

高祖得到奏报后，先是吃惊，而后感到不可思议，思之再三，竟有了一种惊心动魄的感觉！

吟到恩仇心事涌，江湖侠骨恐无多。司马迁在《史记·田儋列传》文末感慨万千地写道："田横之高节，宾客慕义而从横死，岂非至贤！余因而列焉。不无善画者，莫能图，何哉！"

大汉开国群英榜

班固写道：

自古帝王之兴，曷尝不建辅弼之臣与共成天功者乎！汉自秦二世元年之秋，楚陈之岁，初以沛公总帅雄俊，三年然后西灭秦，立汉王之号，五年东克项羽，即皇帝位，八载而天下乃平，始论功而定封。讫十二年，侯者百四十有三人。时大城名都民人散亡，户口可得而数裁什二三，是以大侯不过万家，小者五六百户。封爵之誓曰："使黄河如带，泰山若厉，国以永存，爰及苗裔。"于是申以丹书之信，重以白马之盟，又作十八侯之位次。高后二年，复诏丞相陈平尽差列侯之功，录弟下竟，臧诸宗庙，副在有司。始未尝不欲固根本，而枝叶稍落也。

罗马不是一天建成的，也不可能是一个人建成的。建立一个帝国，多少有点像经营一个公司：皇帝好比董事长，皇族相关成员和异姓诸王就是董事，丞相犹如总经理，文武功臣则类似公司各部门的主管，分担策划、研发、公关、生产、经营和后勤服务诸方面的工作。

作为大汉开国皇帝，刘邦不妨视作本书潜在的主人公，他的影子无处不在。异姓与同姓诸王的事迹和命运，将在下一章《随何》中专门分设两节逐一交代。本节，将参照汉六年（前201）高祖御定开国勋臣的座次，介绍兴汉集团主要的文臣武将。

1. 萧何

本书主人公之一，大汉开国重要谋士，名列“兴汉三杰”。萧何是高祖的同乡好友，小吏出身，首义英雄，大汉帝国开国丞相。“镇国家，抚百姓，给馈饷，不绝粮道”，在功臣榜中排名第一。封鄼侯，食邑八千户。

2. 曹参

高祖同乡，小吏出身，首义英雄，继萧何之后出任大汉相国。忠实执行刘邦、萧何的既定路线，大力推行黄老政治，萧规曹随，成为千古佳话。曹参在功臣榜中排名第二，封平阳侯，食邑一万零六百户。

据《史记·曹相国世家》记载：“参功：凡下二国，县一百二十二；得王二人，相三人，将军六人，大莫敖（楚国爵位，相当于九卿）、郡守、司马、侯、御史各一人。”毫无疑问，这绝对是一份莫之与京、足以笑傲群雄的辉煌战绩单。不过，才大心细的太史公在文末加了一句言近旨远画龙点睛的妙笔：“曹相国参攻城野战之功所以能多若此者，以与淮阴侯俱。”也就是说，曹参固然勇悍过人，但他也实在中了好彩：摊上了给军神韩信当副手这等可遇而不可求的妙差。

由勇将而成为贤相，曹参这个华丽的转身异常成功，远非绛、灌诸人所能及。这也说明，曹相国本身天赋异秉，他之所以能亦武亦文，秀出班行，与萧何一起成为千古贤相的典范，主要还是得力于其自身过硬的素质。

3. 张敖

第三名是宣平侯张敖。张敖是高祖的女婿、惠帝的大舅子、鲁元公主的丈夫、赵王张耳的儿子。张耳死后，他嗣位为赵王。后来，因受赵相灌高等人谋反牵累，被废去王位，降封为侯爵。他的故事，详见下章。

4. 周勃

高祖同乡，首义英雄。出身贫寒，以编席为生，服过兵役。人家举行丧事时，他在鼓号队吹箫，赚几文小钱聊佐家用。加入义军后，身经百战，几乎无役不从，战功极为显赫。周勃在功臣榜中名列第四，出将入相，封绛侯，食邑八千一百户。高后八年（前179）秋，他与丞相陈平合谋，平定诸吕之乱，迎立文帝，再建不世之功，食邑增至万户。后文中，他仍将闪亮登场。

周勃忠实勇猛，质朴耿直，是兴汉集团的核心成员，在关键时刻作为关键人物发挥过关键作用。但他“重厚少文”，对文治明显重视不够，留心不足，诋毁陈平于前，排抑贾谊于后，政治头脑、才能与气量跟曹参相比，差距十分明显。后世常有“随（何）陆（贾）无武，绛（周勃）灌（婴）无文”之叹，可谓其来有自。

文帝即位后，周勃一度出任右丞相，权倾朝野。后来免职家居，回到封国，被人诬告谋反，曾被逮捕审讯，经受了一番牢狱之灾。在各方的努力和薄太后的直接干预下，终于被判无罪，恢复了爵位和食邑。绛侯出狱后，感慨万千地说：“我曾经是百万大军的统帅，这次才算是领教了一个小小的狱吏居然能够尊贵威风到何等地步！”

周勃有个出色的儿子周亚夫，克绍箕裘，青出于蓝。文帝时期，周亚夫就以谙熟兵法、治军严整著称于世，“柳营春试马，虎帐夜谈兵”，是后来历代将帅无不景仰企慕的意境与风度。景帝时期，周亚夫身任太尉，继承父志，统率大军，仅用三个月时间，就干脆利落地使一时间甚嚣尘上的“吴楚七国之乱”得以平息，再一次捍卫了大汉江山的安全与统一。

令人扼腕叹息的是：像晁错一样，周亚夫也是个悲剧人物，其下场较诸有惊无险的父辈，亦是远远不如。

5. 樊哙

屠狗出身的樊哙是刘邦手下的一员猛将，两人又是连襟，关系一向异常亲密。他除了能打硬仗、战功卓著外，还颇有政治头脑，敢作敢为，敢怒敢言，独具风采。当义军灭亡秦朝、进入咸阳时，刘邦留恋宫廷生活，贪图享受，不思进取，樊哙直言奢侈的作风容易败坏斗争意志，质问刘邦究竟是想夺取天下，还是想做富家翁，协同张良，力劝刘邦还军霸上。在刀光剑影危机四伏的鸿门宴上，他不顾个人安危，以超人的勇气闯入军营，义正词严地面斥项羽不该功罪不分背信弃义，帮助并保护刘邦虎口脱险。“是日微樊哙奔入营谯让项羽，沛公几殆”。高祖晚年，更换太子没能如愿，情绪低沉，老病侵寻，独卧深宫，不理朝臣和政务。又是樊哙“排闼直入”，以赵高篡权紊乱秦政丧失天下的历史教训，说服刘邦振作精神，带病亲征，平息了淮南王英布发动的叛乱。

即便樊哙兼具元勋、名将、贵戚三重身份，刘邦病重弥留之际，依然听进谗言，要杀掉这位正在前线忠心耿耿全力以赴地统军作战讨伐燕王卢绾叛军的大功臣和老兄弟。若非执行奉命的陈平机智过人处事周到，樊哙就会稀里糊涂地身首异处。这从一个侧面充分说明人治社会的非系统性风险和建立合理政治制度的必要性。

樊哙性情豪爽豁达，但也偶有大言欺人的时候。惠帝时期，匈奴单于致书吕后故意挑衅，言词轻薄，语多猥亵。事情很严重，太后很生气，召集诸将商议对策。上将军樊哙夸下海口："臣愿得十万众，横行匈奴中！"将领们揣测吕后的意向，齐声附和叫好。独有中郎将季布抗声说："樊哙可斩也！夫高帝将兵四十余万众，困于平城，今哙奈何以十万众横行匈奴中？面欺！且秦以事于胡，陈胜等起。于今疮痍未瘳，哙又面谀，欲摇动天下！"一时间群嚣顿息，鸦雀无声。樊哙面红耳赤，作声不得。吕后也冷静下来，知道实力尚未到可与匈奴大规模动武的时候，也就不再提打仗的事。

樊哙在功臣榜中名列第五，获封为舞阳侯，食邑五千户。

6. 郦商

第六名是高阳酒徒郦食其的胞弟郦商。他自己拉了一支队伍，在沛公进入陈留时加入汉军序列，屡建战功，成为开国名将中响当当的人物。

汉十二年（前 195）四月二十五日，刘邦在长安长乐宫病逝。过了四天，还没有为大行皇帝发丧。吕后与审食其商量说："各位大将和高祖一样，从前都是平头百姓，嗣后分属君臣，北面称臣，经常为此怏怏不快。现在新君即位，更缺乏权威和震慑力，不把老家伙们统统干掉，满门抄斩，以绝后患，天下就别想太平！"有人听到风声，当即转告郦商。郦商与审食其关系不错，他马上去见辟阳侯，进言道："我听说皇上已经逝世，四天过去了，还不发丧；又听说高后想要诛杀诸位老将。真要这样做，天下就危险了！陈平、灌婴率领十万大军镇守荥阳，樊哙、周勃统领二十万劲旅远征燕、代，他们听到皇上逝世、元勋宿将无辜被杀的消息，必定联合起来，回师进攻关中。大臣们叛于内，诸侯们反于外，覆灭的局面，翘足可待！不知你何以善其后？"审食其认为郦商言之有理，就进宫把他的话告诉了吕后，并表达了自己的倾向性意见。吕后冷静下来，打消原议，在二十八日为高祖发丧，大赦天下。避免了一次迫在眉睫的屠杀和危机，郦商与有功焉。

在诛灭诸吕一役中，郦商和儿子郦寄仍将出场。

曲周侯郦商食邑四千八百户。他的侄子，也就是郦生的儿子郦疥，托父亲的余荫，获封为高梁侯，排名第六十六，几乎紧跟在张良之后。高祖对郦生也算是有情有义有始有终够意思的了。

7. 奚涓

汉军名将奚涓战殁沙场，没有后裔，几乎湮没无闻。

奚涓也是高祖的丰沛老乡，首义英雄。他骁勇善战，勇冠三军，立下赫赫战功。后来在荥阳前线最危急的时刻，挺身力战，死于战阵，是一条了不得的好汉。

奚涓被封为鲁侯，食邑四千八百户，"功比舞阳侯"，在功臣榜中排名第七。因他没有子嗣，汉六年正月封赏功臣时，高祖采取变通办法，以他的母亲继封为鲁侯，这是一个极为罕见的例外。十三年后，这位鲁侯老太太寿终正寝，汉室为她老人家举行了隆重的葬礼，以寄托对先烈的追思和怀念。

8. 夏侯婴

夏侯婴因为出道之初担任过滕县县令，所以通常被称为“滕公”。他在大汉开国功臣榜中居第八位，获封汝阴侯，食邑六千九百户。

跟樊哙一样，滕公夏侯婴也可以算是刘邦手下最为亲近而得力的将领。夏侯婴与刘邦是同乡好友，小吏出身，曾代替刘邦吃官司坐班房，宁肯自己吃亏为亭长老刘开脱，这种诚笃结实的哥们义气让高祖没齿难忘。鸿门宴后，他与樊哙、靳强、纪信一起掩护沛公脱身。夏侯婴长期担任太仆一职，统率近卫部队，负责保护刘邦的安全，经常亲自驾驭汉王乘坐的战车。彭城战役，汉军大败溃逃，夏侯婴在退却途中，忙而不乱，几次违背汉王的命令，坚持不肯抛弃刘邦和吕后的一对子女，驱车疾行，终于摆脱追兵，大家一起安全脱险，这又让吕后和惠帝感念终身。楚军猛攻成皋、破城在即时，刘邦单带夏侯婴一人从北门出逃，渡过黄河，潜至修武，突入韩信、张耳的军营，夺回兵符，将这支屡战屡胜的生力军征用调发至正面战场。高祖大意冒进，在平城白登山被匈奴包围得水泄不通，后来采用陈平所献的奇计，匈奴才网开一面，刘邦心有余悸，只想尽快出围，夏侯婴沉着冷静，再次违背高祖的指示，令将士张弓搭箭，向外徐行，使敌人无机可乘，大军保持队形，脱离险境。

夏侯婴平易近人，私德很好，又乐于荐贤，比如韩信、季布，最先就都是他推荐给刘邦的。夏侯婴在兴汉集团中的作用和地位，有些类似于三国时期蜀汉集团的常山赵子龙。

顺便说一句：除了樊哙、夏侯婴，鸿门四卫士之一的靳强被封为汾阳侯，在功臣榜中居第九十六位。在封赏功臣的文件中，唯独没有任何与纪信相关的记载，这与高祖的为人做派颇为不合。清代学者王鸣盛的说法是：“信代高帝死，功莫大焉。而其后绝无所闻，意其人不但无子孙，并父母、兄弟、眷属无一存者。”参照同为兴汉集团四大烈士的奚涓、周苛、郦食其三人的身后待遇，我认为，王氏的推论可以成立。

9. 灌婴

灌婴原本是睢阳（今河南商丘）的一个小丝绸贩子，与丰沛混混集团关系密切。他跟从刘邦起兵，攻城略地，南征北战，以年轻英俊且英勇善战而闻名全军。后来，灌婴被汉王选拔出来担任新组建的骑兵统帅。这支战略机动部队出色地完成了许多重要作战任务，对打败不可一世的楚军发挥了关键性作用。楚汉两军相持阶段，灌婴率军深入敌后，切断了楚军的粮道与补给。决战前夕，他又率部迂回到敌人背后，占领了楚军老巢彭城一带大片地区，从态势和心理上均予以楚军极大打击，从东面完成了对项羽主力军的战略包围。垓下会战后，西楚霸王项羽率少量精骑突围，正是灌婴的骑兵部队穷追不舍，才消灭了项羽的残余人马，迫使霸王自刎乌江，他的五名部将分别得到项羽的一部分尸身，并均因此而封侯：吕马童为中水侯（第一百一十名），杨喜为赤泉侯（第一百三十名），王翳为杜衍侯（第一百二十名），杨武为吴防侯（第九十四名），吕胜为涅阳侯（第一百四十名）。

吕后去世后，诸吕图谋作乱，赋闲已久的灌婴奉命率军出击齐王刘襄的问罪之师。灌婴进驻荥阳，按兵不动，与周勃、刘襄暗通声气，遥相呼应。陈平、周勃、陆贾、刘章等人合谋诛灭吕氏家族，迎立代王刘恒，灌婴积极支持响应，为巩固新生的大汉王朝又立新功。

灌婴虽然担任过御史大夫、太尉、丞相等要职，但在治理国家方面似乎并无显著作为，后人常憾“绛灌无文”，不为无因。

此公名列功臣榜第九名，封颍阴侯，食邑五千户。

10. 傅宽

第十位是阳陵侯傅宽，食邑两千六百户。

傅宽的资历、战功、职务和待遇都比前面九人明显要差上一大截，我怀疑他顶替了阳夏侯陈豨的位置。傅宽长期担任曹参的助手，出任过齐国、代国的丞相，并以部将的身份先后率齐军跟随周勃、樊哙讨伐叛将陈豨，未曾在朝廷任职，建树有限。如果他能多活上一些年（傅宽卒于惠帝五年，即公元前 190 年；而他所辅佐的代王刘恒在约十年后即位为皇帝，是为汉文帝），情况或许会有所不同。

功臣榜第十一名至第二十名的排位依次是：信武侯靳歙，安国侯王陵，棘蒲侯陈武，清河侯王吸，广平侯薛欧，汾阴侯周昌，阳都侯丁复，曲成侯虫达，博阳侯陈濞，梁邹侯武虎。

其中王陵在惠帝时期曾担任过右丞相、太傅，位极人臣。周昌曾任御史大夫，后受高祖的特别委托，出任赵相，保护刘邦的爱子赵王如意。他小心谨慎尽心尽力，然而如意母子终究没能逃脱吕后的魔掌。周昌的侄子周成列名第六十位，排在留侯张良之前，受封为高景侯，这当然是托庇于他的父亲、大汉著名先烈周苛的缘故。不无奇怪的是：制定功臣榜的政要们居然认为周苛“功比辟阳侯”！排名第五十九位的辟阳侯是刘邦的家奴、吕雉的入幕之宾审食其。忠直刚烈的周苛九泉之下如果得知此等考语，恐怕会死不瞑目。

这些人和排名稍为靠后的蒯成侯周緤、成侯董渫、广严侯召欧、蓼夷侯孔聚、费侯陈贺等人，都是汉军比较有名的将领，刘邦的得力爪牙，为建立大汉江山流过血，立过功。不过严格一点说，他们基本上都可算是攀龙附凤因人成事之徒，可有可无的小角色。让淮阴侯韩信与此辈为伍，实在是太委屈他了。

再往后，我们可以看到一些熟悉的面孔。

什方侯雍齿：他是刘邦的老冤家，结果却因祸得福。

堂邑侯陈婴：要说，陈母还真有先见之明，虽然儿子只是一个排第八十六位、食邑仅六百户的小侯，但资质平常生逢乱世而能如此这般，亦属难能可贵了。陈婴后来“相楚元王十二年”，相处甚得。

阳信侯吕青：此人是曾与沛公在楚怀王时代共事的老同志。

射阳侯刘缠：似曾相识对吗？没错，他原来叫项伯。

相形之下，文臣就比较吃亏。除了萧何在高祖的力挺下破例高居榜首，其他人的排名都落得很后。

47. 陈平

本书主人公之一，大汉开国次席谋士，排名第四十七位，封曲逆侯，食邑五千户。

六出奇计，左右逢源，三朝元老，善始善终。

62. 张良

本书主人公之一，大汉开国首席谋士，“兴汉三杰”之首，刘邦身边摇鹅毛扇的决策人物，“运筹策帷帐之中，决胜于千里之外”。因无攻城野战之功，排名落到第六十二位。

张良婉拒了刘邦“自择齐三万户”酬庸的盛意，受封为留侯，食邑万户。

荣膺侯封的文臣还有北平侯张苍、江邑侯赵尧、广阿侯任敖等数人。他们出身不同，经历、性情各异，在功臣榜中排名都很靠后。但是，这些人后来都成为朝廷要员，位至三公，与刘敬、叔孙通一样，对汉初政治产生了重要影响。由此可见，“马上得天下可，马上治天下不可”，不是随便一说。打天下武夫必不可少，治理天下，还是得仰仗书生。

另有几个比较特殊的角色，值得特别说两句：

一是陈豨。

阳夏侯陈豨一直是刘邦得力而信任的将领，经常承担重要战略任务，每每也完成得相当出色。周昌等人的疑虑和谗言促成了他的反叛。从汉廷为平息这次叛乱所动员的力量及其对刘邦的心理震撼程度看，陈豨在功臣排名榜中的位置想必名列前茅。

二是吕泽、吕释之。

周吕侯吕泽是吕后的长兄，他和胞弟建成侯吕释之都是汉军名将，为刘邦夺取天下立下了汗马功劳。在功臣榜中排名第十七位的阳都侯丁复和排名第十六位的曲成侯虫达，就都是吕泽的部下。吕泽在汉军中的地位和作用，由此可见一斑。

刘邦出身游民，一生任性使气，为所欲为，几乎没有他不敢做和做不了的事。晚年一反常态，贵为九五之尊，却不能根据自己的意志更换太子，这是有其深刻内在原因的。除了吕后的头不好剃外，吕氏兄弟显赫的军功、重要的地位，与包括张良和樊哙在内的各方良好的私人关系，都是不可忽略的因素，这是吕后和太子刘盈最强有力的奥援。刘邦最终承认现实，没有更换太子，非不为也，是不能也。从中不难窥见封建政治制度的相互制衡作用及其内在的复杂性。

第五章

随何

孤篇横绝，竟为大家
众王的末日——异姓诸王
众王的末日——刘姓诸王

孤篇横绝，竟为大家

春江潮水连海平，海上明月共潮生。
滟滟随波千万里，何处春江无月明。
江流宛转绕芳甸，月照花林皆似霰。
空里流霜不觉飞，汀上白沙看不见。
江天一色无纤尘，皎皎空中孤月轮。
江畔何人初见月？江月何年初照人？
人生代代无穷已，江月年年只相似。
不知江月待何人，但见长江送流水。
白云一片悠悠去，青枫浦上不胜愁。
谁家今夜扁舟子？何处相思明月楼？
可怜楼上月徘徊，应照离人妆镜台。
玉户帘中卷不去，捣衣砧上拂还来。
此时相望不相闻，愿逐月华流照君。
鸿雁长飞光不度，鱼龙潜跃水成文。
昨夜闲潭梦落花，可怜春半不还家。
江水流春去欲尽，江潭落月复西斜。
斜月沉沉藏海雾，碣石潇湘无限路。
不知乘月几人归，落月摇情满江树。

唐代前期，政治开明，军备强大，经济发达，文化繁荣，百年之内，先后出现过贞观之治和开元盛世，堪称是中华帝国的鼎盛时期。至于唐诗，更是名家辈出，佳作纷披，万紫千红，雄视百代。以致一代文豪鲁迅慨叹说，好诗都被唐人作尽了。在这样一个诗的王国和海洋里，想在文学史上雁过留痕，哪怕只是几行字的记载，都不是容易的事。

然而凡事都有例外。初唐诗人张若虚一生仅流传下来两篇作品，但上面这一首《春江花月夜》，却是千古传诵的不朽杰作，被闻一多誉为“诗中的诗，顶峰上的顶峰”！

清末著名学者湘潭王闿运才华横溢，更以精研帝王之学自负；此公长相则比较困难，个子又矮，人称“学富文中子，形同武大郎”。他又是个尖刻而挑剔的批评家，对时政、人物、学问乃至诗文都有不少一针见血的绝妙评论，很少有人入得了他老人家的法眼。王闿运眼界之高，持论之苛，与钱默存倒是有得一比。但对张若虚和他的《春江花月夜》，王闿运却是情有独钟，不吝赞美之词，而且比闻一多说得更加精准到位。湘绮老人（王闿运，号湘绮）的考语是：“孤篇横绝，竟为大家。”

有趣的是，在大汉开国谋士群中，也有这么一个人物：他仅献了一条妙计，组织策划了一次重大活动，却当仁不让地以此跻身杰出谋臣之列，与陆贾齐名，号称“随陆”，传扬当代，流芳百世。这似乎也可视作另一种形式的“孤篇横绝，竟为大家”吧。

此人便是随何。

随何的主要贡献，是跟英布做成了一单大买卖。随何的故事，当从英布说起。

英布是六县（今安徽六安）人，布衣出身。年轻时，有人给他相面说："你会在遭受刑罚之后获得封王的荣耀。"英布觉得这种说法离奇而矛盾，半信半疑，姑妄听之。等他壮年时，果然因为犯法而被处以黥刑，所以他又被称为黥布。英布欣然受刑，笑着说："有人给我看相，说是受刑之后能够封王，看来没准是真的呢。哈哈！"旁人都把这当作笑话，没一个人当真相信。

男儿脸刻黄金印，一笑心轻白虎堂。英布作为刑徒被发配到陕西骊山服劳役，当时在那儿服役的犯人和民工多达几十万。英布跟其中的豪杰惺惺相惜，深相结纳，终于率领一小队人逃到长江边做了强盗。月黑杀人，风高放火，论秤分金银，大碗喝酒吃肉，日子倒也过得逍遥快乐。

陈胜、吴广大泽乡首义的消息传来，英布感觉自己结束胡混一展身手的日子到了。他只身去见秦朝的番阳（今江西鄱阳）县令吴芮，劝说吴芮一起举兵反秦。吴芮是那种寥若晨星的清正廉明的模范官吏，深得民心；尤其可贵的是，他对时势的走向有一种明晰的判断力，又赏识英布的豪爽勇武，于是他们一拍即合，拉起一支数千人的队伍。吴芮还把女儿许配给了英布，两人成为翁婿之亲。

英布率部与秦军作战，多次获胜。后来，归属于楚军序列，先后隶属于项梁、项羽麾下，崭露头角，屡立战功，成为楚军名将，被封为当阳君。项梁被秦将章邯偷袭、败死定陶后，项羽在北上救赵的路途中击杀畏敌如虎逡巡不前的上将军宋义，自己取而代之，并得到楚怀王的追认；他以大无畏的英雄气概，勇往直前，破釜沉舟，渡河援救赵国，与秦军决一死战，并选派手下最勇敢、最得力的猛将英布担任急先锋。英布冲锋陷阵，所向披靡，对楚军取得巨鹿会战的决定性胜利做出了重大贡献。《史记·黥布列传》明文记载："楚兵常胜，功冠诸侯。诸侯兵皆以服属楚者，以布数以少败众也。"也就是说，英布的英勇善战，经常以少胜多，对楚军在诸侯中取得主导性地位和项羽成为实际上的盟主乃至霸王，发挥了重大作用。

项羽降服章邯后，率领诸侯联军西入关中。路经新安（今河南渑池）时，为了消除异动和后患，他下令除章邯、司马欣等少数几个降将外，将秦军降卒二十余万一律坑杀。这项既失策又丧德的活儿又是让英布具体执行的。大军进抵函谷关，刘邦派兵拒守，不得其门而入。项羽大怒，指挥英布率兵抄小路击破守关的汉军，攻入关门，长驱直入，直薄咸阳。项羽论功行赏、大封诸侯时，自然不会亏待自己的爱将英布：霸王封英布为九江王，以六县为都，也让他跟自己一样，享受一把衣锦还乡的无限风光。九江王英布率领所部高高兴兴风风光光回故乡就国时，骑在一匹高头大马上，近乡情不怯，摸着脸上的刑痕，内心充满狂喜和得意。

项羽与楚怀王的矛盾日益明显和突出。于是霸王佯尊怀王为义帝，勒令他徙都长沙，同时密令英布将他干掉。英布当即派兵在郴县（今湖南郴州）追杀了故主，还报项王，再次获得嘉奖。这又是一次失策而丧德的勾当。由此可见，刑余之徒九江王英布是缺少理想和政治远见、头脑简单的一介武夫。

汉元年（前206）五月，齐王田荣对项羽制定的新秩序心怀不满，率先起兵反叛。项王亲自率军北上攻齐，并向九江王征兵。英布这时已经得上富贵病，“既富且贵，无复他望，但欲终其天年，保守禄祚而已”，对现状非常满足，战斗的意志和欲望大为衰减，于是称病不肯从征，只是派了一员部将带了几千人马前往应付。次年，汉王率五路诸侯联军乘虚东进袭占楚都彭城，局势一度十分危急，英布再次托病不肯救助楚国，袖手旁观。昔日使用起来得心应手的麾下第一勇将居然一再不听招呼，再说自己也从来没有亏待过他，是可忍，孰不可忍！霸王越想越气，屡次派人责备英布，并召他前来觐见。但英布畏惧项王，心里头更加害怕，不敢应召。当时，在北方，齐国的诸田和赵国的陈馀联合反叛；在西边，汉王已经还定三秦，虎视眈眈。唯一与项楚关系密切而颇具实力的诸侯，就只剩下九江王了。项王虽然对英布已有八分恼火，但格于现实，也毕竟犹存余情，又一向特别欣赏英布的勇悍和才干，想亲自指挥使用他再建殊勋，就保持克制，没有加罪和攻打这厮。两人的关系，相当微妙。

汉三年（前 204）初，项羽亲率劲旅回救彭城，击溃汉军主力，在老天爷的帮助下，刘邦才侥幸逃脱，捡得一条性命。他一路狂奔，经梁地到达虞城（今河南虞城），才惊魂稍定。他埋怨左右说："你们这些家伙啊，都是吃干饭的，没有谁能与老子共谋天下大事！"

现在，轮到本章主角出场了。随何时任谒者（郎中令下属的中层干部）一职，随侍汉王。

随何趋前反问道："我不懂得陛下所说的，究竟是什么意思？"汉王说："项王太厉害了！要打败他，看来不是一朝一夕的事，得慢慢来，不能急，还是先从拆墙脚做起比较靠谱。现在他强有力的盟友，就剩一个九江王英布了。谁能为我跑一趟淮南，说动英布背楚投汉，解除我军南面翼侧的威胁，争取将项王在齐国牵制抑留住几个月，老子就能缓过气来，取天下可以万全！"随何自告奋勇说："这个任务就交给我好了，臣保证不辱使命！"刘邦大喜，便打发了二十个随从准备好礼物跟随随何秘密出使淮南。

到了目的地，负责接待他们的是九江国太宰。转眼三天时间过去了，每天住在国宾馆受到隔离保护，倒是好酒好肉好招待，但就是见不到英布。随何估量了一番态势，向太宰游说道："大王之所以迟迟不肯接见我，想必是因为楚强汉弱。实话实说，我正是为此而来。

请你想办法让我见到大王，让我有畅所欲言的机会。假如我说得对，就会对贵国有所帮助，那该正是大王想听到的；如果我说得不对，则我和同行而来的二十个伴当甘心受戮于淮南之市，借以表明大王和贵国弃汉亲楚的决心！”话说得这样决绝，听起来似乎也入情入理，又收受了人家不少奇珍异宝，太宰就将随何这番话转达给了英布，并提出了自己的倾向性意见。朝中有人好办事，九江王随即召见了随何。

随何说："我受汉王派遣，特意送信给大王。让我感到诧异的是，你为何那般亲附楚国呢？"

英布十分干脆地回答："项王是我的主人，我一向以臣子的礼节服侍他。"

时机到了。随何充分发挥谋士和纵横家的本色，将审时度势后精心构撰、针对性极强的一大篇说词和盘托出。

他说："大王与项王本是平起平坐的诸侯，而你却对他北向而臣事之。除了旧情，无非是以为楚国强大，可资凭靠罢了。然而项王前往齐国平叛的时候，亲冒矢石，身先士卒，风餐露宿，浴血奋战；这时大王本当动员九江国所有的军队，由你亲自率领，作为楚军先锋，为项王排忧解难，但你却只是派出一员偏将带领四千人马前去应付了事。这难道是一个臣子应有的作为吗？汉王发动突然袭击攻占楚都彭城时，项王远在齐国，不及回援，这时大王就该及时征发你的军队火速渡过淮河援助楚军，与汉军会战于彭城，等待项王回师；你却坐拥万人之众，作壁上观，坐山观虎斗，不肯派出一兵一卒渡河援楚。既然依赖他人立国，这样做适合吗？大王只是在名义上归托于楚国，实则想独立自保，又想得到扎实的依靠，我看这不过是你一厢情愿的如意算盘，私心认为很不可取。大王不肯背弃楚国，自然是以为楚强汉弱。应该承认这是事实，但也是相对的，事情正在起变化。楚军固然强大，却负有不义之名，为天下人所共责，因为项王违背盟约，杀害义帝。”

说到这里，随何顿了顿，盯了英布一眼。见他面红耳赤，似乎不无惭愧，却并无生气发怒的意思，于是接着慷慨陈词：“项王凭着兵强国盛，依仗百战百胜的威势，自以为可以无敌于天下。至于汉王，以仁为本，讲求信义，收服联合各家诸侯，退守成皋、荥阳一带，从稳固的蜀、汉大后方源源不断运来粮秣，深挖沟壕，加固营垒，构筑坚固防线，分派将士坚强防守，伺机反攻。楚军来回进攻，中间隔着一个梁国（魏国），距离有八九百里。到时候求战不能，攻城乏力，老兵弱卒转运粮草于千里之外，还经常遭到袭击，补给根本没有保障。久而久之，就会师老兵疲，成为强弩之末。楚军攻至荥阳、成皋，汉军坚守不动，楚军就会进则不能，退则会被追击，陷入进退维谷的苦境。所以依我看，楚军的强大是暂时的、靠不住的。况且假使楚国打败汉王，诸侯必定人人自危而争相援救。所以说，楚国虽貌似强大，实际上却是众矢之的，招致天下各方力量的兵锋一齐指向它而已。所以以发展的眼光，从长远来看，楚不如汉，这种趋势是显而易见彰明较著的。更何况，汉王对大王推崇备至仰慕已久，而项王对你其实已经恨之入骨，迟早会找个借口和机会收拾掉你！现在大王不归附万无一失的汉王，却要依托于虎尾春冰岌岌可危的楚国，这实在是一件很奇怪的事！我并不认为单凭大王你淮南的军队就足以灭楚，但只要你能发兵助汉，项王必然会被滞留住几个月。而汉王所需要的，就是这几个月的缓冲时间。之后，夺取天下直如探囊取物！因此，在下不揣冒昧，特来恭请大王提剑归汉，将来汉王必定会裂地分封，酬谢大王，那肯定就不仅仅是这区区的

随何劝英布投降刘邦（曹同煜　绘）

淮南地盘了。这就是汉王派我来向你贡献的计策，希望大王慎重考虑后早做决断！”

英布面无表情，很长时间没有说话，现场气氛令人窒息。好一会儿后，九江王露出微笑，点点头对随何说：“先生说的话很有道理，就听你的吩咐。”一时间柳暗花明，随何提到嗓子眼的心才重新放了回去。不过英布其实并未最后下定决心，因而一再嘱咐在座的诸位务必绝对保守秘密，不得泄露。

当时，楚国有一位使者恰好也到了九江国，住在客舍，正加紧督促英布发兵援楚。随何得知后，决定用断然手段促使英布公开态度，断绝他的游移和后路。他径直闯入客舍，大大咧咧地坐到楚使的上座，直通通地说：“你拎不清。九江王已经归汉，楚国凭什么来征调他的军队？”英布大惊失色。楚使见势头不对，起身要走。随何乘势劝英布说："事已至此，义无反顾！不如干脆杀掉楚使，不要让他回去说你的坏话；大王火速投顺汉王，与汉军并肩作战！"英布叹了口气，说："就按你指教的办吧。"于是杀掉了楚国使者，正式起兵攻打楚国。

项羽闻讯，怒不可遏，当即指派大将项声、龙且率军进攻九江国。几个月以后，英布被龙且击败，他本想领残兵投奔刘邦，又怕目标太大，遭到楚军的追击和截杀，于是抛弃军队和眷属，与随何一起抄小路逃到汉军大营。这时，昔日风光无限多方倚重的九江王宛如一个输光了一切的赌徒，而汉王则已经缓过气来，处境大为改善。

英布抵达汉营时，刘邦正坐在床边让两个侍女给他洗脚。他一边继续洗他那双香港脚，一边传令马上召见英布。英布兴冲冲地进

英布受辱欲自杀，随何劝阻（曹同煜　绘）

来，看到这番模样，觉得受到莫大的侮辱，怒火中烧，后悔得要命，当即就要拔剑自杀，但被在一旁密切关注他的动向的随何所阻止。宾主只是礼节性稍稍聊了几句。

出来后入住为自己安排的客舍，英布看见那里的陈设、饮食、侍从都跟汉王那儿并无二致，完全是一样的标准，侍女则似乎更加漂亮。他喜出望外，立马将刚才的不快丢到爪哇国去了。随何乘机又抚慰了几句，英布便心安理得若无其事地住了下来。这时已是深夜。随何辞别英布回去歇宿时，全身放松，面带嘲讽的微笑，自言自语地骂了句什么。

颜师古评论说：

> 高祖以布先久为王，恐其意自尊大，故峻其礼，令不折服。已而美其帷帐，厚其饮食，多其从官，以悦其心：此权道也。

英布派人回九江国联络。这时，项王已令项伯收编了英布的残部，并将他的妻子儿女一概杀戮。英布的使者找到不少他从前的旧部和宠幸的臣僚，收集了几千人马回到汉营。汉王随即增拨补充兵力给英布，让他自统一军。汉四年（前 203）七月，刘邦立英布为淮南王。英布大喜，更加死心塌地出力卖命了。

次年，英布奉命与汉将刘贾（刘邦的堂兄，后获封荆王）一起，率领一支部队重回九江国故地，开辟南线战场，吸引了部分楚军，大大减轻了汉军正面战场的压力。后来，又诱降了楚国守将、大司马周殷，进一步孤立了项羽率领的楚军主力。随后，英布率部与韩信、彭越会师，参加垓下会战，协同汉军主力全歼楚军，取得最后的胜利，成为大汉开国功臣。

项楚败亡，天下大定。刘邦登上皇帝的宝座，置酒欢庆。高祖本来就是个“好酒及色”、喜欢捉弄人的人，这天兴致特高，喝多了点，情绪兴奋。他忽然在稠人广众满座文武中看到了很不起眼的随何，就招呼随何过来，揶揄随何说：“你小子有什么功劳？算老几啊？也敢混在这儿骗酒喝？就一书呆子嘛。老子得天下，用不上你们这号傻子！”

随何不卑不亢地回答说：“当初陛下引兵攻打彭城，想将项王滞留在齐国。敢问陛下，你调用五万步卒、五千骑兵，能攻取九江王的淮南之地吗？”刘邦摇摇头说：“不能。”随何说：“陛下派我带二十人出使淮南，结果，达成了你的心愿。这岂不是说，臣下的功劳效用，要超过五万步卒加五千骑兵？怎么能说我是书呆子？说书生没有用，得天下用不着他们呢？”

刘邦一时语塞，哑口无言。但这厮毕竟是一个极为机灵权变又有度量的人，他随即笑着说：“小子，跟你开个玩笑嘛，老子正要酬谢你的功劳呢。”于是升任随何为护军中尉——这是陈平担任过很长时间的职位。

随何的故事到此为止。他就像是一颗流星、一道闪电。得天下与治天下的理论问题，是由与他齐名的谋士陆贾加以解决的。

英布剖符就任淮南王，仍然以六县为都，辖治九江、庐江、衡山、豫章等郡，封国疆域远远超过九江王原封。他对高祖非常满意，也十分感激随何。

英布和其他异姓诸王之后的遭遇与命运，又将如何呢？

众王的末日——异姓诸王

如果想要削弱敌人，壮大自己，最终实现打败项羽、夺取天下的战略目标，就必须广结善缘，团结一切可以团结的力量，建立起最为广泛的统一战线。刘邦对此有着清醒而深刻的认识，也充分懂得与人分享成果的必要性。为了在政治和军事上争取各位盟友的支持，包括英布在内，他在汉初一共分封了八个诸侯王。刘邦登基称帝，也采用了“楚王韩信、韩王信、淮南王英布、梁王彭越、故衡山王吴芮、赵王张敖、燕王臧荼”联署劝进的形式和程序。刘邦固然称孤道寡，威加海内；各大诸侯王也都跨州连郡，各霸一方，自设官吏，自领军队，享有封国以内行政、经济、军事及司法全权，俨然是一个个国中之国，形成半独立局面。中央和地方各自的地位与权益在特定历史条件下达成一种暂时的弱势平衡。

然而，一切都是烟云。在政治人物心目中，没有永恒的敌人和朋友，只有永恒的利益。天下大定时过境迁后，皇家与异姓诸侯王之间无法调和的矛盾就逐渐发展成为主要的社会问题，而且日益复杂、尖锐、突出，已经到了非解决不可的地步。这是由中央集权的发展方向与地方割据的社会现实之间巨大的矛盾和反差所决定的，不以人的意志为转移。

下面，分别讲述异姓诸王的遭遇与归宿。前文已经详细介绍过的如韩信，讲起来没有多少意思的如无诸，就只简约地说上几句。

根据封立时间的先后，汉初八大异姓诸侯王依次是：

1. 韩王信

汉二年（前 205）十一月，刘邦立韩王信为韩王，大致辖治原韩国故地，都阳翟（今河南禹州市）。

韩王信本名韩信，后被封为韩王。为了与同名同姓的“兴汉三杰”之一楚王韩信相区别，一般习惯称他为“韩王信”。

韩王信是战国末年韩国国王韩襄王的庶孙，他身材高大，英武伶俐，从小就胸怀大志。陈胜首义、群雄并起后，原山东六国中的楚、燕、齐、赵、魏纷纷宣告复国，唯有韩国仍付阙如，迟迟没有复辟。于是项梁立韩国贵族韩成为韩王，以资号召。韩成引为凭靠的两个主要助手，文的是司徒张良，武的就是太尉韩王信。张良、韩王信一起跟随沛公刘邦由武关进入关中，目睹了轰轰烈烈的秦王朝灰飞烟灭。在刘邦与项羽发生尖锐矛盾的时候，他们都是刘邦坚定的支持者。

韩王信积极参与鼓动汉王乘机“还定三秦”，然后东向以争天下的行动，并屡立战功。项羽杀害韩成、改立郑昌为韩王后，刘邦派韩王信率领一支部队，前去争夺韩地。郑昌不敌韩王信，被迫投降。刘邦就做了个顺水人情，立韩王信做了韩王。其实，这时称他为“韩王信”，才算是名正言顺。韩王信对汉王感恩戴德知恩图报，主动率领韩军配合汉军作战，以部将的身份自居。刘邦对此非常满意，两人合作无间，关系尤为亲密。

汉三年（前204）五月，荥阳吃紧。汉王率陈平、夏侯婴等少量亲信在纪信的掩护下仓皇出逃，命韩王信、魏豹协同大将周苛、枞公留下来坚守。周苛、枞公认为魏王豹叛降不定反复无常，“反国之王，难与守城”，就采取断然措施进行预防，先把他杀了。城破后，韩王信和周苛、枞公一起被楚军俘获。周苛、枞公不屈被杀，韩王信则投降了项羽。不久，他找了个机会逃出楚营，再度归顺汉王。刘邦也不计较，仍以他为韩王。韩王信就以这种比较特殊的方式，跻身大汉开国功臣之列，并且在寥寥无几的异姓诸王中名列前茅。

天下一统后，“上以韩信材武，所王北近巩、洛，南迫宛、叶，东有淮阳，皆天下劲兵处”，高祖刘邦心存忌惮，于是下诏把韩王信的食邑改封到太原以北地方，都晋阳（今山西太原）。名义上说是有所借重，让他防备匈奴的侵袭。大家都不傻，韩王信对皇上的心思心知肚明：由富庶的腹心之地改封到边鄙荒寒之所，更要应付匈奴随时随地的军事进攻，他自然不会感到痛快；同时觉得应该预做准备，为自己留一条后路。于是他顺水推舟冠冕堂皇地上书说：“国土有着辽阔的边界，匈奴每每入侵；而晋阳到边塞距离遥远，来不及迅速采取应对措施，因此请求将王国都城改设在马邑（今山西朔县）。”刘邦不疑有他，立予照准。这是汉六年（前201）春天的故事。

这年秋天，冒顿单于亲提精骑围攻韩王信。韩王信一面坚守，一面多次派遣使者分头向朝廷求救和向匈奴求和。高祖派援军来解了围，却又听说韩王信私下与匈奴打交道，不由起了疑心，深致不满，就致信责备他说：“专死不勇，专生不任。寇攻马邑，君王力不足以坚守乎？安危存亡之地，此二者朕所以责于君王。”让他做出解释。韩王信本来就对无端徙封甚为不满，又愤恨朝廷在危难之际对自己不体谅不信任，更惧怕祸从天降一朝被诛。他思前想后，索性一不做二不休，公开宣布叛汉，投靠了匈奴。他拱手献上马邑，就近与匈奴相勾结，组成步骑联军攻打太原。一时间风云突变，北疆阴云密布，汉匈关系进入战时状态。

汉七年（前200）冬，刘邦亲征韩王信，汉军著名谋士陈平及名将周勃、樊哙、夏侯婴、灌婴等人悉数从征。樊哙、周勃等分进合击，大败叛军，阵斩韩王信的大将王喜，韩王信逃奔匈奴。韩将曼丘臣、王黄不甘心失败，共同拥立原赵国贵族赵利为王，收集散兵，与韩王信和匈奴取得联系，合谋攻汉。冒顿单于派左、右贤王率领一万余骑兵与王黄等在广武（今山西代县）以南会师，进至晋阳，与汉军发生激战。汉军士气高昂，连战皆捷。敌军退至楼烦（今山西宁武）集结，又被灌婴的车骑部队击败。刘邦被胜利冲昏了头脑，想乘胜前进犁庭扫穴，一劳永逸地解决掉匈奴的威胁，轻敌冒进一意孤行，结果在平城（今山西大同）白登山被倾国而出的匈奴骑兵重重包围，情况十分危急。七天之后，采用陈平的计策，才得以脱围出险，汉军主力南归。此后，匈奴对于边地的侵扰更加肆无忌惮，韩王信则让王黄派人游说率重兵留北戍边的代相、阳夏侯陈豨叛汉，闹出更大的乱子。刘邦亲身领教了匈奴的实力，被迫采用刘敬等人的建议，以和亲政策代替军事手段，聚精会神搞建设，一心一意谋发展，为汉廷赢得休养生息的时间。俗话说得好：速效莫求，小利莫争。经过几十年的准备，到了武帝时期，内、外部条件完全成熟，解决匈奴问题的时机便水到渠成了。

汉十年（前197）九月，陈豨勾结匈奴，举兵反叛，刘邦率军征讨。第二年春天，韩王信协同匈奴骑兵一部，入驻参合（今山西阳高），策应陈豨，刘邦派将军柴武前往迎击。柴武在高祖的授意下，让人写了一封情词恳切的信给韩王信，动之以情，晓之以理，规劝他反正回头。信中说："陛下宽仁厚德，诸侯虽有叛逃的，只要迷途知返，总是从宽处理，往往恢复他们原来的爵位待遇，而不加以诛杀，这是大王你所熟知的。刻下大王只不过因为战败逃到胡地，并没有什么了不得的大罪，希望你能从速自动归顺！"韩王信得信后，反复阅读，思虑再三，绕室彷徨，百感如潮。一方面，他本无叛意，何况天下叛徒的日子通常都不大好过；另一方面，他也清楚地看到天下大势和刘邦的心理与作风的变化，对此心存戒惧。于是他修书一封，婉言谢绝。韩王信在这封颇有名气的回信中说："陛下把我从市井之中提拔出来，终于南面称王，这是我平生的荣幸。不过，荥阳战役，我不能像周苛、枞公那样宁死不屈，反而成了项籍的阶下之囚，这是我的第一桩罪。等到匈奴围攻马邑，我不能坚守，却以城池为礼物向敌人投降，这是我的第二桩罪。而今反过来替匈奴将兵，对抗汉军，这是我的第三桩罪。当初文种、范蠡为越国立下大功，没犯下任何一样罪错，依然不免一死一逃；而我在皇上面前，却积有三项大罪，想在汉廷乞活，是不可能的事。当年伍子胥得罪了吴王夫差却不知逃离，终于死在吴国，前车可鉴啊！如今我逃匿在荒山野谷的不毛之地，日夜向蛮夷乞讨过活，倦鸟思归的意愿，好比风痹症患者时刻渴望着站起来、瞎眼的人时刻渴望着重见光明一样强烈。然而，情势不许可啊！"

于是刀兵相见。汉军大胜，"柴将军屠参合，斩韩王信"。

当初，韩王信逃亡匈奴时，因为已经做了一定的准备，还顾得上携家带口，包括王太子在内，尚不算太过狼狈。后来到了颓当城，居然一下子添了两口男丁：王妃产下一子，命名为韩颓当；太子妃也产下一子，取名韩婴。文帝十四年，韩颓当、韩婴叔侄率领他们的部属投归了大汉。文帝龙颜大悦，封韩颓当为弓高侯，韩婴为襄城侯。景帝时，吴、楚七国叛乱，韩颓当以将军的身份跟随太尉周亚夫平叛，“弓高侯功冠诸将”。这是后话。

我对张良与韩王信之间的瓜葛颇感兴趣。可惜遍索史书，所获甚微，还请高明不吝指教。梁某认为，这应该跟大汉立国、刘邦登基后张良耐人寻味的政治态度存在着某种直接的因果关系。

2. 赵王张耳

汉四年（前 203）十一月，刘邦立张耳为赵王，大致辖治原赵国故地，都襄国（今河北邢台）。第二年秋天，张耳病死，他的儿子张敖袭封为赵王。

张敖身世显赫，几乎占尽了人世间的便宜：这厮是赵王的儿子、高祖的女婿、惠帝的大舅子、鲁元公主的丈夫。他性格懦弱，为人谦恭，对现实十分满足，对大汉王朝也异常忠诚。即便如此，他还是失去了封国，而且险些性命不保。事情的原委是这样的：汉七年（前 200）十二月，刘邦北征匈奴，铩羽南归，憋了一肚子的气。途经赵国时，张敖没日没夜地亲自侍候皇上兼岳丈，又将随从人马上上下下都打点照顾得非常周到，表现得十分恭谨有礼。高祖却左右看他不顺眼，极为狂躁倨傲，动辄跳起脚来破口大骂，用词之肮脏下流，令人不堪入耳。张敖脾气好，倒还没什么；赵相贯高、赵午等人却忍无可忍，实在看不过眼了。贯高、赵午本是张耳的门客，长期追随张氏，两人都六十多岁了，平时为人都颇有豪气。他们愤怒地说：“皇上欺人太甚！我们赵王过于孱弱！”就对张敖进言：“天下豪杰并起，有才能者先居帝位。现在大王对皇上那般恭敬，而皇上对你却缺乏最起码的礼貌，请允许我们替大王把他干掉！”张敖听了，大惊失色，用牙齿将手指咬出血来，说：“你们怎么可以说这样大逆不道的话呢！先父亡了国，全靠皇上的力量才得以恢复，德泽流被子孙，这是何等的恩德啊！希望你们以后再不要这样说话！”贯高、赵午表面上应承，私下却召集十余名亲信商议说：“这实在是我们的错误。我们赵王是忠厚长者，不肯背德。但我等却不能接受任何人的侮辱！如今皇帝侮辱我们赵王，所以想干掉他，谁叫他那么不管不顾地辱骂我们大王呢！我们自行其是，如果事情成功，就归功于大王；万一失败，就由我们自己独立承担好了！”随后，这一小撮密谋者开始分头准备。

第二年，高祖在东垣（今河北石家庄）击败韩王信余党后班师回朝，再度经过赵国。贯高等人认为时机到了，便将刺客预先埋伏在专为高祖歇宿准备的柏人（今河北柏乡）行辕的厕所里面的夹墙中，准备在刘邦睡觉或如厕时伺机行刺。

据说帝王都有异秉，尤其是开国皇帝。刘邦到了柏人，天色向晚，准备留宿。忽然间心有所动，右眼皮直跳，便问道：“这地方县名是什么？”侍从告诉他：“柏人。”高祖自言自语道：“柏人柏人，受迫于人！”于是临时决定不作停留，扬长而去。人算不如天算，一次精心策划的谋杀于是流产。

隔年，贯高的仇家探知了他的阴谋，如获至宝，马上予以举报。高祖当即下令逮捕赵王张敖及贯高等密谋分子。赵午等十余人见事情败露，很是沮丧，争先恐后要抹脖子。只有主犯贯高依然冷静，他怒骂道：“谁让你们这样做的？不要忘了根本！天地良心，大王确实没有参与谋反，他是无辜的！却也遭到逮捕。你们都死了，谁为我们赵王洗冤白谤！”众人清醒过来，不再冲动。于是自愿要求坐进胶封密闭的囚车，与张敖一起到京师长安接受审判。刘邦只想把张敖拿掉，不想弄得节外生枝复杂化，于是下诏：赵王的臣子与宾客有未获允许擅自随从一起去京师的，一律灭族！没想到这一招居然失灵了，赵相贯高与宾客孟舒等十余人都自己剃掉头发，用铁链锁住颈项，以赵王家奴的身份随同进京。

贯高对亲自审讯他的廷尉说：“一切都是我谋划的，赵王确实不知情。”狱吏动刑，拷打鞭笞不下数千次，又用烧红的铁条去灼烫，直至全身血肉模糊体无完肤，贯高始终咬紧牙关，不再说别的话。铁石心肠的吕后破例好几次为女婿辩解，她说：“张敖娶了我们的女儿，人又老实，应该不会有异心！”刘邦怒气冲冲地斥骂道：“妇人

贯高受刑（程远宏　绘）

之见！要是张敖夺了天下，他还怕没有女人！难道就缺少你女儿一个不成？”他对吕后的劝解不予理会。

廷尉把贯高的口供和审讯情形汇报给皇帝。高祖感慨地说：“再怎么着，这贯高也算是个难得的壮士了！看有没有谁平时与他要好的，可以借私交去探听一下。”中大夫泄公说：“我和贯高是乡党，平素很了解他。这人在赵国一向以讲究节义、不受侵辱、说话算数著称。”刘邦便派泄公持节去贯高栖身的竹床前探问。贯高抬头看了好半天，说：“这不是泄公吗？”泄公说：“是。”于是慰问贯高的伤情，见面仍像平日一样欢洽，贯高的情绪也逐渐好了起来。泄公趁势套问说：“赵王是否知道你们的谋反计划？”贯高叹了一口气，回答说：“别人不知道，老朋友你难道还不了解我吗？以人之常情，谁能不爱自己的父母妻儿？现在我的三族都被定成死罪，难道我爱赵王会胜过自己的亲人吗？实在是因为赵王确实不知情啊！那些勾当都是我们自个儿擅自干的。”又详细述说了当初谋反的因由和赵王不曾与闻的真实情形。泄公入朝将这次谈话的实情一五一十报告给了高祖。这次刘邦终于相信了，宣布赦免张敖；但仍然废黜王位，降封他为宣平侯；另遣宠姬戚夫人所生爱子代王如意为新科赵王，又一家异姓封国收归刘氏。胸无大志的纨绔子弟张敖虎口余生仍然安享尊荣，已经喜出望外了。张敖安享了十余年清福，在高后六年（前 182）去世。

高祖欣赏贯高的为人，便派泄公去知会他说：“张王已经没事了。”同时赦免贯高。贯高兴奋地问道：“我们大王真的已经放出去了？”泄公回答：“我的话你还不相信吗？千真万确。”又告诉他：“皇上非常看重足下，已经特予赦免，很可能还要予以重用呢，先给老兄道喜了！”贯高却说：“我年过花甲，被打得遍体鳞伤，之所以不死，就是为了开脱我们赵王的罪责。现在目的已经达到，我也尽到了自己的责任，死而无憾了。况且，我作为人臣而背负谋害君主的罪名，又有什么脸面去服事皇上呢？即使皇上开恩不予追究，难道我心中就不感到惭愧吗！”话音刚落，他就掐断自己的颈动脉自杀了。贯高一时间名动天下。

高祖非常赏识贯高，对他慷慨自杀十分惋惜。他爱屋及乌，于是召见了以家奴身份陪同张敖进京的宾客们。经过交谈，发现这些人除了忠于节义外，还都颇具才干，超过了朝廷的不少大臣。刘邦大喜过望，当即分别任命田叔、孟舒等人为郡守、诸侯国相，予以重用。及至惠帝、高后、文帝、景帝时期，张敖宾客的子孙中很多人做到两千石以上的高官。

3. 淮南王英布

汉元年（前 206）二月，项羽曾在戏下封英布为九江王，名列十八诸侯王之一。汉三年十二月，英布在随何的游说下叛楚归汉。汉四年（前 203）七月，刘邦改封他为淮南王，辖治淮南，都六县（今安徽六安）。

平心而论，淮南王英布最初还是过了好几年威福自恣逍遥快活的神仙般的日子。但这一切，止于汉十一年（前 196）。

这年春天，吕后诛杀韩信，英布开始感到不安。夏天，当彭越的肉酱被送达淮南时，英布正在兴高采烈地打猎。兔死狐悲，物伤其类，他心中不是滋味，“哇”的一声，吐得一塌糊涂。他知道自己会自然而然地成为朝廷的下一个目标，也不甘心祸从天降坐以待毙，便着手布置部下，集结军队，并关注邻近郡县的动向和警报，以便及时做出应变反应。

是福不是祸，是祸躲不过，要来的早晚会来。只是这次稍微显得特别一点的是，起因居然是一桩桃色事件。

英布有个宠姬生病，前去就医，医家正好跟淮南国中大夫贲赫对门而居。一段时间内，宠姬经常光顾医家，引起了贲赫的注意。这厮是个不甘寂寞的溜须拍马胁肩谄笑之徒，他认为这倒是打通内线接近大王追求进步的好机会，不可错过，便装作偶然相遇的样子与宠姬搭上话，然后大献殷勤，馈赠给她许多珍宝，并在医家置酒陪饮畅谈。宠姬大为开心，回来侍候英布时，顺便谈到那位善解人意的中大夫，着实夸了他几句。没想到英布却起了疑心，追问道："他那么好，你是怎么知道的？"女人觉得没有隐瞒的必要，就把交往的情形照实告诉了淮南王。但英布却由此断定他们之间肯定存在不可告人的关系，把宠姬关押起来。偷鸡不成蚀把米，贲赫得到消息后很是后怕，便称病不出。英布见状以为他心里有鬼，打算拘捕他。贲赫感觉很冤枉，也非常愤怒，就扬言你不仁我不义，要向朝廷告变，并乘传车赶往长安。英布获知后派人追赶，贲赫已经走远，没能追上。

贲赫赶到京都，上书言变，说英布谋反已有迹可寻，建议朝廷先下手为强，趁他尚未来得及发兵的间隙先予捕杀。高祖看后，与相国萧何商议。萧相国毕竟老成持重天良未泯，英布跟他又不比韩信，没有任何私交，不用投鼠忌器，担心帝后疑忌。于是他说："英布想来不至如此，恐怕是仇家诬告他。请先拘捕贲赫，再派人前往淮南暗中查明究竟，这样做比较稳妥。"高祖点头同意。

再说英布。他见贲赫畏罪潜逃，又上书言变，担心贲赫已经将自己的应变布置向朝廷和盘托出；又加上皇帝派人前来查验定案，天使像苍蝇一样四处嗡嗡，而自己并不是一个无缝的鸡蛋。他索性把心一横，一不做二不休，先杀了贲赫全家，然后举兵造反。消息传到长安，刘邦马上释放并抚慰贲赫，任命他为将军，参与平叛。

高祖召集诸将问道："英布反了，大家看该怎么办？"众人异口同声地嚷道："这小子真不地道，居然干出这种事！赶快发兵镇压，抓住这小子活埋了他！"刘邦皱了皱眉头，没有吭声。

在高级将领中，汝阴侯兼太仆夏侯婴算是比较冷静而有心计的一个，他与皇室的关系也十分亲近密切。夏侯婴特意找到曾与英布共事过的前楚国令尹薛公，向他讨教。薛公说："英布当然该造反。"滕公反问说："皇上割地封王，待他不薄，他有什么道理一定要造反呢？"薛公回答道："皇上前不久杀了彭越，再早些还杀了韩信，他们三人，功劳地位，可谓是三位一体。韩、彭惨死，前车可鉴，英布担心下一个轮到他，不反才怪。"夏侯婴将这些话转告高祖，并向他推荐薛公见识过人，可备顾问。于是刘邦召见薛公，向他问计。薛公说："英布造反，毫不奇怪。他有上、中、下三策可供选择。如果他采用上策，事情就会很麻烦，崤山以东将不再归大汉所有；采用中策，胜负难料；倘若他采用下策，那么就会很快完蛋，陛下尽可高枕无忧。"

高祖很感兴趣，问："什么是他的上策？"薛公回答："东取吴，西取楚，兼并齐鲁，传檄燕赵，固守根本，那么起码崤山以东将不再属于陛下。"

"什么是他的中策呢？"

"东取吴，西取楚，夺占韩魏，掌握敖仓的储粮，塞断成皋的孔道，则胜负尚在未定之天。"

"什么是他的下策？"

"东取吴，西取下蔡，将辎重兵力置于越地，自己回到长沙，那么英布败亡可期，汉朝就没事了。"

刘邦又问："那你估计他会采用哪种计策呢？"

薛公胸有成竹地回答："必是下策无疑。"

高祖暗暗松了一口气，再问："为什么他会舍弃上策、中策而采用下策呢？"

薛公笑着说："英布其人，本是个骊山的刑余之徒，夤缘时会又凭血气之勇，终于爬到淮南王的高位。从他的作为看，从来只是贪求一己富贵，只顾眼前利益，一向没有远大的志向和谋略，更缺乏为老百姓打算的政治头脑。像他这种人，必然会选择下策。"

高祖满意地说："你说得很对，受教了！"随即赏赐给薛公一千户食邑。

英布当然也有自己的如意算盘。他为部将打气说："皇上老了，讨厌兵事，肯定不会自来。各位大将中，真正厉害让我佩服的，只有韩信，再就是彭越；现在他们都死了，其他人都不值得担心。"他没料到，在吕后的策划和坚持下，刘邦终于改变让太子代行天讨的初衷，依然带兵亲征。

起兵之初，英布锐不可当，势如破竹。他击杀荆王刘贾，赶跑楚王刘交，扩张很快，占领了大片地方。然而，果然一如薛公之所料，他采用了下策，在战略指导和进军方向上犯了根本性错误，所以高祖统率的汉军主力一到，很快就攻防易势，形势逆转。

两军对垒时，远远望去，英布的部队十分精锐整齐，行军布阵宛如当年纵横天下让刘邦吃尽苦头的项羽军队，令高祖心中既畏惮又厌恶。他在阵前质问英布："你何苦要造反？"英布直通通地回答："也想弄个皇帝当当而已！"双方交战，英布先胜后败，终于全军崩溃，不可收拾，他仅率百余人逃亡江南，高祖派别将继续穷追。穷途末路之际，长沙王吴臣派人来诱骗英布，假称想和他一起逃到南越去。英布不明白"无钱休入众，遭难莫寻亲"的道理，对大舅子的话深信不疑，跟随吴臣的使者来到番阳（今江西鄱阳），结果在农舍中被人轻易结果。头颅行万里，被送往长安报捷请赏。

汉十二年（前 195）十月，刘邦立三岁的小儿子刘长为淮南王。

4. 楚王韩信

汉四年（前 203）二月，刘邦曾立韩信为齐王。汉五年（前 202）正月，改封楚王，辖治淮北，都下邳（今江苏邳州）。

汉元年（前 206）四月，韩信弃楚投汉。开始担任连敖，后经夏侯婴推荐，升任治粟都尉。七月，在萧何的极力举荐下，被刘邦拜为大将军，成为汉军统帅。策划还定三秦成功实现后，韩信奉命开辟北方战场，"连百万之军，战必胜，攻必取"，表现出极为出色的军事天赋。汉五年（前 202）十二月，指挥垓下会战，一举歼灭不可一世的项羽统帅的楚军主力部队，为灭楚兴汉做出了决定性贡献，是"兴汉三杰"之一。

汉六年（前 201）十二月，刘邦以莫须有的"谋反"罪名削去韩信的楚王爵位，降封他为淮阴侯，从此伴食京师，无所事事，受到极不公正的待遇。汉十一年（前 196）正月，再次因莫须有的"谋反"罪名，被遭到吕后胁迫的丞相兼老友萧何骗到长乐宫诱杀，并被夷灭三族，上演了中国传统政治文化中极为丑恶残酷的一幕。

汉六年（前 201）正月，刘邦将楚国一分为二：立胞弟刘交为楚王，立堂兄刘贾为荆王。荆王刘贾被率军反叛的淮南王英布击杀后，汉十二年（前 195）十月，刘邦改荆国为吴国，立侄子刘濞为吴王。

5. 梁王彭越

汉五年（前 202）正月，刘邦立彭越为梁王，大致辖治原魏国故地，都定陶（今山东定陶）。

彭越是昌邑（今山东巨野）人，渔民出身，当过强盗。秦二世三年（前207）冬巨鹿之战如火如荼时，他才拉起一支千余人的小部队，就地转战。楚汉战争前夕，彭越所部发展到万余人马，漫无依归。汉元年（前206）六月，他接受齐王田荣授予的将军印玺，协助田氏平定三齐。次年冬南下助齐攻楚，但被项羽击败。四月，归顺汉王刘邦，被任为魏相国，获封建成侯。此后，部属发展到三万的彭越长期在梁地流动作战，对楚军的后勤补给和后方基地造成了巨大破坏，多次迫使项羽分兵回击梁地，大大减缓了刘邦在荥阳、成皋一线正面战场所承受的巨大压力。汉四年（前203）秋，彭越再次攻占梁地二十余座城池，并切断了楚军粮道，有力配合了其他方面汉军的作战。汉五年（前202）十一月，彭越率部与刘邦、韩信、英布、刘贾及周殷等在垓下会合，围歼楚军主力，迫使霸王别姬，自刎乌江。

受封梁王后，彭越过了几年春风得意的好日子。然而好景不长，汉十年（前197）九月，陈豨反叛，刘邦率军亲征。到了邯郸后，感到兵力不足，就征召彭越领梁军参战。彭越已经安富尊荣丧失斗志，他重复了英布当年的错误，称病未往，便派手下将领带了一些人马前去邯郸。刘邦大怒，派人前去斥责。彭越这下子才知道天威莫测，有些害怕了，想亲自觐见皇帝，当面谢罪。部将扈辄说："当初不去，受到斥责才去，去后就会被擒，于事无补。依我看，不如干脆发兵反了拉倒！"彭越不听，依然称病，敷衍塞责。

当时，梁国太仆有罪，彭越正要处分他。此人乘隙逃往长安，控告梁王彭越与扈辄合谋造反。刘邦派人突然逮捕彭越，将他囚禁在洛阳。彭越因为没有任何异图，所以毫无准备，束手就擒。三司会审后，审讯结果是："已有谋反迹象，按律该斩。"刘邦也不过为已甚，宽大为怀，将彭越予以赦免，削去王号，贬为庶人，派人押送到蜀郡青衣（今四川临邛）监视居住。彭越纵有过错，也无非是没有亲自领军从征，这跟当年英布的问题类似。他之所以如此迅捷地遭受到这么严厉的处罚而无可奈何别无选择，是因为天下已定，世间已无楚霸王。

彭越满腹委屈，含悲忍泪往前走。他实在好运，又实在太不长眼，居然在途经郑县（今陕西华县）时，恰巧碰上了从长安前往洛阳的吕后。失国的王爷像个孩子似的痛哭流涕，向这个普天之下最有权势的女人诉说自己的冤屈。他并无奢望，只是请求皇后帮助说情，让高祖改变成命，允许自己回老家昌邑终老。

吕后一脸奸笑，满口答应，当即让彭越随自己回返洛阳，彭越

彭越临睡前看看窗外，想到吕后会救他，心头得到莫大安慰（程远宏　绘）

乐滋滋地听从了。谁知吕后一回到洛阳就变了脸色，极力劝说刘邦斩草除根，立即处死彭越，免除后患。可怜的彭越当天晚上临睡前看着窗外澄澈的月光，以为总算可以回到故乡了，心头得到莫大的安慰。他很感激吕后。

吕后派人告发彭越再次谋反，廷尉王恬开奏请处以灭族，刘邦照准。汉十一年（前 196）三月，彭越以莫须有的“谋反”罪被杀，枭首示众，并夷灭三族。其肢体更被剁成肉酱分送各家诸侯，以资警戒。

彭越惨死后，梁国大夫栾布从齐国公干回来，要求收葬彭越的头颅，几乎被刘邦烹死。栾布表示愿进一言，死而无憾。得到准许后，他说：“当初皇上受困于彭城，又在荥阳、成皋之间屡战屡败；而项王却不得西进，只是因为彭越在梁地游击，拖住了他的后腿。当时，彭越向楚则汉败，投汉则楚亡，他的表现，对得起陛下！垓下会战，项王败死，也有他的一份功劳。如今天下早已大定，彭越接受符节，荣膺王封，也想像陛下的帝业一样传给子孙后代。而陛下仅仅因为向梁国征一次兵，彭越因病没能如你的意，就疑心他要造反；未见到任何稍具说服力的证据，便以苛细小事刻意吹求把人家整得这样惨绝人寰，没有天理啊！我担心功臣会人人自危。现在彭越已经死了，我活下去也没多少意思，要杀要剐，陛下听便吧！”栾布说得有条有理，高祖又一向欣赏辩士和硬汉，就赦免了他，并任命他为都尉。文帝时，栾布“为燕相，至将军”。他的座右铭是：“穷困不能辱身下志，非人也；富贵不能快意，非贤也。”无非也就是大丈夫应该能屈能伸快意恩仇的意思。景帝时期，吴王刘濞发动七国之乱，栾布担任汉廷将军，“以军功封俞侯，复为燕相”。

汉十一年（前 196）三月，刘邦立儿子刘恢为梁王。

6. 燕王臧荼、卢绾

臧荼属于项羽戏下旧封的孑遗，原封燕王。汉五年（前 202）正月，刘邦再次封臧荼为燕王，大致辖治原燕国故地及辽东地盘，都蓟（今北京大兴）。七月，臧荼举兵反叛，高祖领兵镇压。九月，臧荼战败被俘，刘邦改立太尉、长安侯卢绾为燕王。

卢绾是刘邦的小同乡，两人同年同月同日出生，从小就是很要好的玩伴，长大后一起读书，关系更为亲密，在乡党中传为佳话。刘邦起兵丰沛时，卢绾就是核心成员之一。入汉中后升任将军，经常随侍汉王左右。楚汉战争时期，跟随刘邦东击项羽，积功升至武官的最高职衔——太尉。项羽败死后，临江王共尉不肯降汉，卢绾与刘贾率军击灭共尉。史称："（卢绾）出入卧内，衣被饮食赏赐，群臣莫敢望。虽萧、曹等，特以事见礼；至其亲幸，莫及卢绾。绾封为长安侯。长安，故咸阳也。"据说，高祖对这位老朋友的宠信程度，只有他的幼弟刘交有得一比。天下平定后，论功行赏，异姓诸侯王共有七人。高祖当时就想封卢绾为王，却因群臣不满而作罢。在功臣榜中排名第三显得非驴非马不伦不类的宣平侯张敖的位置，很可能本是卢绾的。燕王臧荼谋反被擒后，刘邦抓住这个机会，改立随军征讨的老伙计卢绾为燕王。随后的几年，君臣怡怡，平安无事。

汉十一年（前 196）秋，代相国陈豨反叛，高祖率军亲征，进驻邯郸。卢绾率燕军从东北方向攻击叛军，配合汉军主力作战。两面夹攻难以应付，陈豨派王黄向匈奴求救。当时，卢绾也派张胜出使匈奴，声言陈豨兵败在即，试图让匈奴保持局外中立，不要介入战事。张胜到达匈奴后，见到逃亡到这里的原燕王臧荼的儿子臧衍。臧衍煽惑说，燕王所以器重张胜，是因为他熟悉匈奴事务；而燕国之所以能多年以来平安无事，是因为诸侯纷纷起兵反汉、兵连祸结；如果陈豨失败，唇亡齿寒，下一步就会轮到燕国倒霉；卢绾如果出事，皮之不存，毛将焉附？包括张胜在内，都将丧失前途，成为阶下之囚；当今上策，燕国不如放陈豨一马，让他去与汉廷对抗，同时与匈奴交好，可保无虞。张胜被这一大篇说辞忽悠，居然违背使命，反过来鼓动匈奴救援陈豨。

卢绾听线人汇报了张胜的奇怪做法后，不能不心生怀疑。他以为张胜私下与匈奴勾搭，有了异心，于是上奏朝廷，请求将张胜灭族。不久，张胜回到燕国，面陈详情后，卢绾明白过来，并确认他做得不错。于是他找了一个替罪羊顶杠开脱并厚赏了张胜。此后，卢绾就对朝廷阳奉阴违，一方面与匈奴保持良好关系，一方面暗中支助陈豨并派范齐与他取得联系，想在自己与汉廷之间保留一块隔离地带，以策安全。

汉十二年（前 195）十月，陈豨兵败被杀。树倒猢狲散，墙倒众人推，卢绾与他私通款曲的秘密也被泄露出来，令高祖大为震怒。不过，刘邦起先还只是半信半疑，他宣召卢绾入朝对质。卢绾心里有鬼，称病不来。刘邦便派辟阳侯审食其（也是卢绾的同乡好友）和御史大夫赵尧前往燕国促请迎接，顺便进行调查取证。卢绾更为恐惧，闭门躲藏起来，不见天使。他对左右亲信说："不姓刘的封王，独剩下我与长沙王两家了。去年春天，朝廷将韩信灭族；夏天，又将彭越剁成肉酱，这都是吕后的主意。现在皇上有病，凡事都是吕后做主。吕后这个女人，心狠手辣，就爱跟异姓诸王和各位大功臣过不去，巴不得把他们全都杀了才称心！"于是继续称病，拒不应召。

卢绾的部下见情势不妙，纷纷躲藏起来，这些话也传到了辟阳侯的耳边。审食其一行回到京师，据实汇报，刘邦更加恼怒。这时，又从投降的匈奴人那里得知被奏准灭族的张胜其实并没死，而是逃亡到匈奴，替燕王卢绾充当联系代表。于是高祖终于得出结论：“卢绾果然也敢辜负老子！”随即派大将樊哙统领汉军征讨燕国。燕王卢绾特地把全部宫人和家属转移到长城脚下，用数千亲信骑兵进行保护，期待皇上病愈时，自动入朝请罪。战事刚刚展开，高祖就驾崩了。卢绾听到消息后死了心，便率领部属逃入匈奴，匈奴冒顿单于封他为东胡卢王。

云边雁断胡天月，陇上羊归塞草烟。跟韩王信一样，卢绾在匈奴其实过得很不开心。语言不通、水土不服且不说，还一直被蛮夷侵凌掠夺，他时时刻刻都在盼望着能够重睹汉官威仪。在这种郁郁寡欢自怨自艾的情绪笼罩下，只过了一年多，卢绾就一命呜呼。

高后时期，卢绾的妻子逃出匈奴，降归汉朝，回到久别的长安。不巧吕后生病，不能接见，便让她居住在仍然保留着的当年卢绾在京师的旧官邸，预备病愈后再设宴接风。不料吕后竟然病逝，两人咫尺天涯，不得会面。卢绾的妻子不久也因病去世。

景帝时期，卢绾的孙子卢他之以匈奴东胡王的身份归降大汉。景帝大喜，封他为亚谷侯。

汉十二年（前 195）二月，刘邦立儿子刘建为燕王。

7. 长沙王吴芮

项羽在戏下封吴芮为衡山王。汉五年（前 202）二月，刘邦改封他为长沙王，辖治长沙、豫章、象郡、桂林、南海等郡，都临湘（今湖南长沙）。几个月后，吴芮病逝，其子吴臣袭封为长沙王。吴氏共传国号五世，至文帝时，方因无嗣国除。在汉初翦除异姓王的既定国策下，长沙王吴氏居然得以苟延数世，最后无疾而终，堪称是一个难得的异数。这主要是因为长沙国地偏势弱，又一向对朝廷唯命是从，朝廷可以利用他加强对边远地区的统治，没有欲加之罪大动干戈的必要。

8. 闽粤王无诸

汉五年（前202）二月，刘邦立无诸为闽粤王，辖治八闽之地，都治（今福建闽侯）。诏书说："故粤王亡诸（即无诸和摇）世奉粤祀。秦侵夺其地，使其社稷不得血食。诸侯伐秦，亡诸身率闽中兵以佐灭秦，项羽废而弗立。今以为闽粤王，王闽中地，勿使失职。"无诸是越王勾践的后裔，姓驺氏。闽粤王的传承情态与长沙王相近，而且更为久远。直到武帝时期，才废除封国改置郡县，收归中央直接统治。

高祖末年，天下姓刘的既定方针大体实现。然而，是否就此平安无事天下太平了呢？

非也，非也。

众王的末日——刘姓诸王

刘邦有三个兄弟，侄子就更多了。各位妻妾为他生的儿子，则一共有八个。刘邦当了皇帝，这些兄弟子侄因为姓“刘”的缘故，太公的卵子人人有份，因人成事，托福沾光，从草民百姓骤然升格为天皇贵胄。天下大定后，既然寻找各种借口翦除异姓诸王已经成为帝后心照不宣的基本国策，那么，以刘氏兄弟子侄去填补逐渐出现的王位空缺，就成为内在的要求和必然的选择。

高祖下定决心排除异己，推行封国制，采用陈平的计策，伪游云梦诱擒楚王韩信并将他降封为淮阴侯，那是汉六年（前 201）十二月的事。刘邦“惩戒亡秦孤立之败”，就此开始着手收拾异姓诸王，同时大封同姓子弟。从那时起到汉十二年（前 195）四月高祖逝世这六年多时间内，总共封立了九个王国十一个同姓诸侯王，建立起一套与秦制差别明显的郡国并行的混和政体。

然而，谁也没料到的是，刘姓诸王中，大多数人的经历和命运居然跟他们的那些异姓前辈分道合辙殊途同归，收梢多不甚美妙。

下面，根据封立时间的顺序，分别讲述他们的故事。

汉六年（前201）一月，刘邦一下子分封了四个同姓诸侯王。他们是：荆王刘贾，代王刘仲，楚王刘交，齐王刘肥。

1. 荆王刘贾

高祖将韩信原来的封国一分为二，以鄣郡、东阳郡、吴郡五十三县封刘贾为荆王。

刘贾这个名字在前文屡次出现过，大家应该不会感到陌生。他是刘邦的堂兄，在诸刘中年事最长，也算是比较知兵善战的将领，曾立有不少战功。想必他与刘邦的关系也相当不错。刘贾在宗室中第一个荣膺王封，大概是兼具了年资、功劳、感情三方面的因素。

六年之后，淮南王英布反叛，刘贾首当其冲。他毕竟不是昔日楚军第一悍将的对手，兵败被杀。因无后裔，国除。

2. 代王刘仲

刘仲是刘邦的二哥，著名农业劳动模范。老三当了皇帝，以云中、雁门、代郡五十三县立老二刘喜（刘仲）为代王。可这位劳模出身的王爷实在太不争气，匈奴攻代，他不能坚守，一溜烟逃回洛阳。高祖不忍治罪，法外施恩，降封他为郃阳侯，从此伴食京师，得终天年。后来，代王由皇子刘恒顶替。刘仲的儿子刘濞则被高祖封为吴王，大致辖治原荆王刘贾的属地。

刘邦的大哥刘伯早卒，未及看到三弟的出息。而刘家大嫂跟陈平的嫂子和那位南昌亭长的太太是一路货色，三个女人的德行有得一比。大嫂早年屡次给小叔子闭门羹吃，不让他蹭饭，脸色也很不中看，让刘邦那颗“少年哀乐过于人”的敏感心灵过早领略了人情冷暖世态炎凉的滋味。刘邦对此怀恨在心，经久不忘。当了皇帝后，“封昆弟，而伯子独不得封”。后来，他才勉强封大哥的儿子刘信为羹颉侯。高祖诙谐刁钻，快意恩仇，这个侯名，似乎也不乏揶揄的意味。

3. 楚王刘交

同父异母的小弟刘交，是刘邦四兄弟中唯一文质彬彬、具有较高文化修养的一个。他是大儒荀况的再传弟子，对儒家文化的传承和复兴，起了不容忽视的重要作用。

丰沛起义后，刘邦留二哥和审食其一起在家里照顾父母妻儿，自己带着四弟外出征战。刘交和卢绾“常侍上，出入卧内，传语言诸内事隐谋”。受到信任宠爱的程度，比诸樊哙和夏侯婴尤有过之，堪称是刘邦亲信中的亲信。

刘邦将韩信的楚国划为两半，除立刘贾为荆王外，另以薛郡、东海、彭城三十六县封立刘交为楚王。英布反叛，进攻楚国，刘交弃国而逃。高祖亲征平定叛乱后，没有处分小弟，而是让刘交回到原封，继续担任楚王。惠帝和吕后待他也都不错。文帝元年（前179）三月，当了二十三年楚王的刘交因病去世。他的儿子、宗正兼下邳侯刘郢客嗣位。刘郢客的儿子楚王刘戊，则是“吴楚七国之乱”的祸首之一。这是后话。

刘交生逢乱世，却热衷于文学艺术，尤其爱好《诗经》。陈婴当过十二年他的丞相。刘交在文化建设方面做出了不少有益的贡献，历史应该为之记上一笔。

4. 齐王刘肥

刘邦以胶东、胶西、临淄、博阳、济北、城阳郡七十三县立长子刘肥为齐王，“诸民能齐言者皆与齐”，又先后为他配备了曹参、傅宽这样得力的相国。这并非高祖格外看重刘肥，而是他老人家听进了田肯的建言，认定齐地特别重要，必须掌握在自家人手中，而诸子中又以刘肥年齿居长的缘故。

刘肥是刘邦的非婚生庶出长子。其母曹夫人当年红杏出墙，与泗水亭长春风暗度，产下这个孽种，刘邦与吕雉亲生的嫡长子刘盈还得尊称他一声阿哥。刘肥为人宽厚懦弱，高祖死后，靠巴结妹妹鲁元公主和依托弟皇惠帝的庇护，才免遭吕后毒手，提心吊胆战战兢兢地度过了几年狼狈不堪的光阴。惠帝六年（前 189），齐王刘肥病死，儿子刘襄继位。

在平定诸吕之乱一役中，刘襄和他的两个弟弟刘章、刘兴居都发挥了重要作用，却与似乎已经可望亦可即的帝位有缘无分擦肩而过。文帝即位不久，刘襄、刘章郁郁而逝，刘兴居更因“谋反”死于非命。

5. 赵王刘如意

刘如意的生母是刘邦晚年最为宠幸的戚夫人，他在兄弟中排行第三，也是高祖平生最为心爱的一个儿子。刘邦认为如意最像自己，几次想废黜刘盈，改立如意为太子。如果不是吕后具有钢铁般的意志，坚强而有办法（特别是她让其兄吕释之用半哀求半强迫的方式，终于取得了留侯张良的同情和支持，这是至关重要的一招），夺嫡就会成为事实，汉初的历史就将彻底改写。

汉七年（前 200）十二月，刘仲在匈奴的威胁下弃国逃亡。刘邦革去老二的王位，改封如意为代王。汉九年（前 198）一月，赵王张敖获罪，被降封为宣平侯，代王刘如意徙封为赵王，代替姐夫成为赵国的统治者。

刘邦知道在自己身后如意母子的命运堪忧，特地选派耿介持重的重臣周昌为赵相，悉心辅佐保护。可叹高祖英雄一世，能治天下却拿枕边之人毫无办法：他尸骨未寒，吕后就将名分上也是自己儿子的赵王刘如意征召到长安，绕开惠帝和周昌的双重护卫，轻而易举地将刘如意鸩杀了。至于她的情敌戚夫人，更是遭到惨绝人寰的残害。

如意死时还很小，没有子嗣，他这一脉算是消歇断绝了。稍后，吕后徙封淮阳王刘友为赵王，而这位新科赵王的命运，并不见得好过他的前任。

6. 代王刘恒

汉十一年（前196）一月，淮阴侯韩信在京都长安被吕后、萧何谋害，夷灭三族；韩王信则在山西参合被汉将柴武击杀。风云一时的两个韩信几乎同时完蛋。

就在这个时候，刘邦立第四个儿子刘恒为代王。

刘恒为魏国前宫人薄姬所生。这对母子的早期故事，已见前述。高后八年（前180）八月一日，吕后病逝。一个月后，在陆贾的串联下，丞相陈平、太尉周勃、朱虚侯刘章等联手发动政变，诛灭诸吕，政权重归刘氏掌控。机缘巧合之下，代王刘恒成为群臣心目中新君的理想人选，被迎立为新帝——汉文帝。文帝在位二十三年，“专务以德化民，是以海内殷富，兴于礼义，断狱数百，几致刑措”，大汉政局从此趋于安定和谐，进入局势平稳发展迅捷的新阶段。

文帝刘恒有四个儿子，太子刘启就是后来的景帝。经过几代人不懈努力达致的“文景之治”，成为享誉千古的中华盛世之一。

7. 梁王刘恢

汉十一年（前 196）三月，梁王彭越在洛阳被杀，夷灭三族。随后，刘邦立儿子刘恢为梁王，辖治原来属于彭越的封地。刘恢是高祖诸子中的老五。

高后七年（前 181）一月，赵王刘友幽囚饿死，吕后改封梁王刘恢为赵王。刘恢心中很不乐意，又不敢表露。吕后又以侄儿吕产的女儿为赵国王后。王后从娘家带过来一班亲随，把持后宫，干预赵国政事，限制赵王的行动和自由。赵王有个爱姬，也被王后鸩杀。刘恢名为王爷，实同囚犯。他觉得这样的日子实在没有意思，不值得留恋。六月，赵王刘恢含恨自杀。吕后得报后，认为刘恢是为爱姬殉情，太没出息，"无思逢宗庙礼，废其嗣"。

8. 淮阳王刘友

汉十一年（前 196）三月，刘邦立皇六子刘友为淮阳王，辖治今豫、皖交界的大片地区。

淮阳王刘友和梁王刘恢、燕王刘建的生父都是刘邦，这个没有任何问题。至于他们的生母，都已经无可稽考，反正都是高祖的姬妾无疑。

刘如意被杀后，吕后改封刘友为赵王。为了掌控他的动向，吕后大搞"拉郎配"，违背刘友的本愿，强行"以诸吕女为（王）后"，引发这位王爷心理上极大的抵触情绪。他偏偏不搭理这位不期而至的吕氏王后，一意宠爱其他姬妾，两人形同陌路，关系越来越紧张。王后终于忍无可忍，向吕后进谗言说："赵王对太后封我们娘家人为王非常不满。他咬牙切齿地说：'吕氏凭什么封王？太后百年后，我要把他们一个个干掉！'"这还了得？吕后大怒，心想：老娘对你一直不错，不找你的茬，已是你小子的造化，按说，你早该朝南天门磕头烧香了；这下倒好，不知好歹到居然想来寻老娘和我们吕家的晦气，岂不是找死！于是宣召赵王刘友。刘友到了长安，一下子成为笼中鸟网中鱼，任凭宰割。吕后根本不予接见，叫他住进官邸后，令卫兵围护隔离，让赵王觅食不得。有大臣私下想馈送食品的，都被捉拿处分。人是铁饭是钢，几天不吃饿得慌。很快，刘友饿得失去了人形。

天将午，饥肠响如鼓。赵王刘友也许多少沾溉了一点叔辈楚王刘交的风流儒雅之气，他居然自作诗歌，有气无力地咏唱抗议道：

诸吕用事兮，刘氏微；
迫胁王侯兮，强授我妃。
我妃既妒兮，诬我以恶；
谗女乱国兮，上曾不寤。
我无忠臣兮，何故弃国？
自快中野兮，苍天与直！
于嗟不可悔兮，宁早自贼！
为王饿死兮，谁者怜之？
吕氏绝理兮，托天报仇！

刘友就这样被幽囚至死。吕后下令按平民百姓的礼节草草将他埋葬在长安城外的一个乱坟岗了事。文帝即位后，哀怜这位饿死的兄弟，分别立他的两个儿子刘遂为赵王、刘辟强为河间王。二十六年后，赵国的常山郡被晁错削归朝廷，引发刘遂不满。吴楚七国乱起，他不听赵相建德、内史王悍的谏阻，执意起兵响应。刘遂一意孤行，烧死建德和王悍，发兵固守西部边界，等待吴楚军队前来会师，同时派人北结匈奴。景帝令曲周侯郦寄率军攻打他，赵王坚守邯郸，支撑了七个月之久。后来，吴楚叛军被周亚夫击败，匈奴得知消息后，也不肯犯境配合。汉将栾布破齐后引军前来支援郦寄，水淹邯郸。城破，赵王刘遂自杀，国除。

9. 淮南王刘长

汉十一年（前 196）七月，淮南王英布造反，杀死荆王刘贾，赶跑楚王刘交，来势凶猛。刘邦带兵亲征平叛，并立年仅三岁的幼子刘长为淮南王，辖治地处淮南的九江、庐江、豫章、衡山四郡。

刘长是刘邦的第七个儿子，小名刘小七，他的母亲是妖娆娇艳仪态万方的赵姬。汉八年（前 199），刘邦路过赵国，赵王张敖殷勤备至，并忍痛割爱，将自己最心爱的一个小美人儿进献给皇上兼岳父御用。高祖平生就好这一口，当晚龙颜大悦，老当益壮。说来也怪，美人儿当下就有了身孕。刘邦玩完也就算了，本来就只不过是逢场作戏，聊以慰藉旅途寂寞而已。重新踏上路途后，这老头很快就将曾侍候得自己欲仙欲死的小美人忘到了九霄云外。张敖则很自觉，不敢再将曾经御用的赵姬纳入后宫，他专门建造了一座别墅，供她居住。这时赵相贯高谋反之事被人揭发，张敖被捕，赵姬也受到牵累，被关押到狱中。赵姬告诉狱吏说："不久前我侍奉过皇上，怀有他的血脉。"狱吏据实上报。当时高祖正对张敖一案感到震怒，又烦于改立如意为太子一事进展很不顺利，没有及时理会。赵姬的弟弟赵兼托辟阳侯审食其向吕后说好话，一心想开脱姐姐。不想这其实是个哪壶不开偏提哪壶的馊点子，吕后醋意大发，根本无意向刘邦进言，审食其也听之任之，并不力争。不久，赵姬产下麟子。她深恨老贼无情无义，顾影自怜，恼羞成怒，愤而自杀。狱吏将婴儿送给高祖，刘邦这才想起有这码事，可是已经来不及补救了。高祖令吕后好生抚养婴儿，不得有失；又以皇妃之礼将赵姬葬于真定（今河北正定）。真定是赵姬的老家，而那个生而失母的不幸婴儿，就是后来的淮南王刘长。刘长是吕后养大的。

刘长长大成人后，“有材力，力扛鼎”，曾“自袖金椎”椎伤失去靠山门庭冷落的审食其，并“命从者刑之”，为亡母出了一口怨气。文帝“伤其志，为亲，故不治，赦之”。刘长并不收敛自戒，“自以为最亲，骄蹇，数不奉法”。进京朝见时，经常与文帝同行同车，直呼“大兄”，文帝总是一笑置之，曲与优容。刘长越发自以为是，骄横不法。文帝也用过一些办法委婉警诫这位仅存的小弟，可惜没有效果。

文帝六年（前174），淮南王刘长勾结闽越、匈奴，计划在谷口谋反。阴谋败露后，经三司会审，被判处死刑。文帝不忍心重办，只是批示将淮南王废为庶人，流放到蜀郡严道县监视居住，维持基本生活待遇。刘长在半路上绝食而死。文帝闻之，痛哭流涕。当时有民歌唱道：“一尺布，尚可缝；一斗粟，尚可舂；兄弟二人不相容！”

王夫之似乎对工于心计、深谙黄老之术的文帝颇致不满。他老账新账一齐算，一针见血却又不无诛心地评论说：

> 有司请建太子，文帝诏曰：“楚王，季父也；吴王，兄也；淮南王，弟也。”诸父昆弟之懿亲，宜无所施其伪者。而以观其后，吴濞、楚戊、淮南长无一全其躯命者。尺布斗粟之谣，取疚于天下而不救。然则诏之所云，以欲翕固张之术，处于谦以利用其忍，亦险矣哉！

作为补救措施，文帝给予幼弟的四个儿子相当优厚的恩遇。其中，刘长的长子、继任淮南王的刘安“为人好书鼓琴，不喜弋猎狗马驰骋。亦欲以行阴德，拊循百姓，流名誉”。他组织宾客撰写的杂家巨著《淮南子》，是一部向与《吕氏春秋》齐名的奇书，不唯“物事之类，无所不载”，而且“牢笼天地，博极古今”，在历史和文化方面都具有很高的价值。可惜，刘安的结局也是悲剧，基本上重复了其父的一幕。那是武帝时期的后话了，按下不表。

10. 吴王刘濞

汉十二年（前195）十月，英布败死；太尉、绛侯周勃平定代地，在当城（今河北蔚县）杀死陈豨。捷报频传，令刘邦如释重负，精神喜悦。高祖衣锦还乡，慷慨高歌，极尽平生之欢。他加封年轻力壮的侄子、沛侯刘濞为吴王，辖治荆王刘贾原属封地。不想却因此埋下了数十年后“吴楚七国之乱”的祸根。

景帝三年（前154）一月，吴王刘濞打着“清君侧”的旗号，领衔发起“吴楚七国之乱”。三个月后，这场大规模的叛乱被周勃的儿子、大汉名将周亚夫平定。六十二岁的吴王刘濞逃到丹徒（今江苏镇江）后，托庇于东越王。东越王对形势的发展变化看得一清二楚，刘濞此请，无异于与虎谋皮，实在是一种走投无路时的病急乱投医。东越王假意应承，诱杀了吴王，砍下他的头颅，用专车送到长安向景帝报捷请功，获得高度的褒奖和优厚的赏赐。祸首刘濞身死国除，其他六个叛王也都先后自尽。

11. 燕王刘建

汉十二年（前195）十二月，燕王卢绾被控谋反。二月，刘邦派大将樊哙、周勃率军平叛，并立最小的一个儿子刘建为燕王。这年四月二十五日，刘邦在长安长乐宫病逝。五月二十日，太子刘盈即位。

高后七年（前 181），刘建去世。有个王妃产下一子，被吕后派人杀掉，刘建于是绝后。文帝元年（前 179）十月，徙封拥立有功的琅琊王刘泽为燕王。刘泽是个很有意思，也很有办法的人，后文他仍将出场。

异姓诸王的问题总算用血淋淋的残酷手段予以解决了。但同姓诸王的问题随之出现，层出不穷，尾大不掉，血统论根本无济于事，麻烦一点都不比从前少，这却是始料不及的。这些诸侯王的封地，大体囊括了当今中国的辽宁、河北、山东、江苏、安徽、浙江、江西、湖南等省的大部和山西北部、河南东部、湖北东南部的广大地区，成为汉廷的心腹之患。景帝初年，御史大夫晁错上书说："昔高帝初定天下，昆弟少，诸子弱，大封同姓，故孽子悼惠王（肥）王齐七十二城，庶弟元王（交）王楚四十城，兄子（濞）王吴五十余城。封三庶孽，分天下半。"

同姓诸王问题的彻底解决，是在武帝采用主父偃的建议，实行"推恩令"以后。

第六章

陆贾

随陆无武，绛灌无文
逆取顺守，长治久安
陆生渡岭，两使南越
协和文武，将相安刘

随陆无武，绛灌无文

1973年底，毛泽东进行了一次重大的军队领导干部人事调整：八大军区司令员对调。十二月二十一日，他召见相关高级将领谈话，预为吹风、打招呼。毛泽东对他的爱将、南京军区司令员许世友打趣道："你现在也看《红楼梦》了吗？要看五遍才有发言权呢。"随后，他话锋一转："你就只讲打仗，你这个人以后搞点文学吧。'常恨随陆无武，绛灌无文。'绛是指周勃，周勃厚重少文，你这个人也是'少文'。"即将与广州军区司令员丁盛对调的许世友听了领袖的教诲，憨笑不语。此后，"随陆无武，绛灌无文"这一原本比较生僻的成语便广为流布。

这话出自《晋书·刘元海载记》。刘元海对同窗朱纪、范隆说：

> 吾每观书，常鄙随陆无武，绛灌无文。道由人弘，一物之不知者，固君子之所耻也。二生遇高皇而不能建封侯之业，两公属太宗而不能开庠序之美，惜哉！

刘元海对汉初两大谋士随何、陆贾因为缺乏武功，生逢乱世跟随高祖而没能荣膺侯封，两大名将周勃、灌婴在文帝时居于相位却在文治方面乏善可陈，一体表示了鄙视和遗憾。他是有这个资本的：因为此公就是兼资文武、功业显赫的东晋十六国时期汉国的开国皇帝刘渊。《晋书》由名相房玄龄领衔修于唐初，为避开唐高祖李渊的名讳，所以才称刘渊为刘元海，字而不名，也算是那个时代的一种“中国特色”吧。

刘渊其实是匈奴人，冒顿单于的后裔，“初，汉高祖以宗女为公主，以妻冒顿，约为兄弟，故其子孙遂冒姓刘氏”。他的批评不能说毫无因由和道理，但大抵属于年少气盛的吹毛求疵之词。即如陆贾，他跟郦食其一样，都是亦儒亦法亦道亦纵横、文武并用的著名舌辩之士和外交活动家，成就和功劳决非刘敬可比，更别提鄂千秋之流了。宋人黄震说：“陆贾两使尉他，使汉越无兵争，天下阴受其赐多矣。时时称说《诗》《书》，以祛高帝马上之习，社稷灵长终必赖之矣。其后知太后将王诸吕不可争，乃病免家居。及诸吕将危刘氏，则出为陈平划策诛之，动静合时措之宜，而功烈泯无形之表。汉初儒生，未有贾比也。”当代学者安作璋、孟祥才也认为：“汉初思想家如果少了陆贾及其《新语》，那就犹如奥林匹克山少了宙斯一样失掉了灵魂。”

陆贾是楚国人，以门客和谋士的身份跟从刘邦平定天下。他经常承担繁难的外交任务，屡建奇功。在进军关中的紧要关头，根据张良的策划，陆贾和郦生联袂游说峣关守将，麻痹了敌人，使汉军顺利夺关而过，抢得了攻取秦都咸阳的先机。大汉王朝建立后，陆贾两次出使南越，因势利导循循善诱，说服南越王赵佗归附汉廷，在当时的特定时势下，缓和了汉越关系，免除了战争的负担和苦难，同时维护了国家的安全和统一，堪称是“一国两制”的早期典范。诸吕擅权图谋作乱的危难时刻，他挺身而出，主动调和将相，串联公卿，使陈平、周勃尽释前嫌，情好日密，心往一处想，力往一处使，终于诛灭诸吕，拥立文帝，避免了政局的动乱和国家的分裂。

尤为难能可贵的是，陆贾特别强调文治的重要性，认为只有“文武并用”“逆取顺守”，才能够长治久安。这是符合客观实际和时代要求的。陆贾的著作《新语》在理论上比较系统地对如何治理天下这一重大课题进行了分析、归纳和阐述，对汉初社会的成功转型和“文景之治”的顺利实现，具有积极的影响和突出的指导作用，也是中国思想史上一个承先启后的重要环节。

与大汉开国谋士群的其他几位主角萧何、张良、陈平、郦食其及随何相比较，陆贾有两点非常突出的特色：一是他在灭秦和楚汉战争中，表现并不格外优异，在璀璨的星空中，虽然有自己的位置和光芒，却不见得怎么显要和耀眼，甚至偶有技不如人铩羽而归的时候。最掉份的一次，莫过楚汉战争期间，他奉命出使楚营，试图说服项羽将扣为人质的刘老爹和吕雉释放，俾使刘邦骨肉团圆，解除投鼠忌器的后顾之忧，结果却无功而返。汉王改派侯公前去游说，终于成功说服霸王同意以鸿沟为界，以东归楚，以西属汉，平分天下，并顺利接回汉王的老爹和太太。汉军高呼万岁，群臣热烈庆祝。刘邦喜出望外，封侯公为平国君，但从此避而不见此公。汉王说：“此人乃天下舌辩之士的翘楚，所到之处可以倾覆别人的国家，所以我封他为平国君。”陆贾默然自惭。然而，是金子总会发光。大汉立国、高祖登基之后，陆贾杰出的政治才能，在内政、外交两大领域都得到充分展现的机会，其博洽多闻的见识、沉稳的风度、灵活的反应和超凡的辩才，使他在谋士群中显得后劲十足，贡献和成就让人刮目相看。二是陆贾在如何治理国家、巩固政权的理性认识上，有超群出众的深刻性和前瞻性，所著《新语》十二篇，是秦汉之际唯一的名著，在思想上有其卓越建树。这份独一无二的理论贡献，弥足珍贵。

逆取顺守，长治久安

先说陆生的理论建树。

作为刘邦的高参和顾问，陆贾献策或进言时常常称引《诗经》《尚书》等儒家典籍。刘邦一听这个就烦，骂道："老子的天下是在马上打出来的，哪里用得着那些狗屁破烂！"陆贾不急不躁，正色反驳道："在马上得天下，难道也可以在马上治天下？"刘邦不作声了。陆贾顿了顿，接着说："从前商汤和周武王也都是凭武力夺取天下，却知道顺应时势的变化，以文治来巩固政权。文武并用，逆取顺守，这样才能够保证国家的长治久安。相反的例子如吴王夫差和晋国的智伯瑶，他们虽然曾经威风一时，可惜只知穷兵黩武，所以很快身死国灭，成为过眼烟云。秦朝够强大吧？但它一味使用严刑苛法，不恤民力，不施仁义，终于在短短十五年间暴兴暴灭，二世而亡，江山落到了陛下手中。假如秦朝扫灭六国一统天下之后，以古为鉴，以人为本，效法古代圣明的君王，推行仁政，陛下又怎么能够享有天下贵为天子呢？兴许眼下还在当你的泗水亭长吧！"

这话说得彪悍锋利，像一把刀子。然而却丝丝入扣，句句有理，刘邦被驳得哑口无言。他心里不高兴，脸上的表情则似有愧色。沉默了一会儿，他对陆贾说："你说的好像也不是没有道理。这样吧，干脆麻烦你去将历朝历代各国君主成败得失的经验教训总结出来，特别要仔细分析清楚秦朝失去天下、江山归属我老刘家的原因，日后或许会有些用处。”陆贾于是着手进行著述，大致论述了关于国家兴亡治乱的道理和诀窍，共十二篇，合称《新语》。每写成一篇上奏，高祖都击节赞叹，左右山呼万岁，文武大臣也都交口称誉，将之作为制定大政方针的重要参考。刘邦后来逐渐改变了对儒家的态度。他在《手敕太子文》中诚恳地说：“吾遭乱世，当秦禁学，自喜，谓读书无益。洎践祚以来，时方省书，使人知作者之意，追思昔所行，多不是。”大有觉今是而昨非，恨不得下诏罪己的味道，这对惯于为所欲为、掩过饰非，以作弄儒生为乐，甚至经常恶作剧地拿儒冠来撒尿的刘邦而言，实在算是难能可贵了。垂暮之年，刘邦还有个引人注目极具象征意味的大动作：不顾伤病侵寻，亲自到山东曲阜祭奠

陆贾著《新语》（程远宏　绘）

孔子，这标志着大汉中央政府在思想和政策上至为明显的转向。虽然在当时和以后一段时间仍是黄老之术大行其道，但儒家文化也开始在秦火之后死灰复燃，发挥其影响力，并终于在武帝时期取而代之，成为主流思想。应该说，陆贾和他的《新语》，对此起到了潜移默化举足轻重的作用。

武帝元封年间，罢黜百家，独尊儒术，“法度”确立，正统与异端思想才明显对立起来。至于汉初，百家之学，除名、墨近于消歇外，各家都还有一定的势力和市场，尤其是道、法、阴阳、纵横诸家，与儒家一起，在朝廷和郡国之间兼容并包各行其道。陆贾本人则在儒、道两家的基础上，熔铸先秦诸子之学为一炉，形成了自己独特而杂沓的学说，这一时代和个人特色在《新语》中得以充分展现。

《新语》的主要观点不妨概括为：肯定汤武革命，确认大汉王朝统治秩序的来源合理合法，革命万岁；然而，革命不是目的，而是手段，坚决反对不断革命论，提倡及时转换革命者自身角色和调整革命政权的政策方向；革命成功之后最重要的任务是汲取前人的经验教训，巩固政权，发展经济，普及教育，省刑薄赋，让人民安居乐业，过上富足自乐的生活；给每一个人提供提升自己社会地位的机会，建立一个等级分明、和谐共生的理想社会；只有逆取顺守，与时俱进，才能达到以上目标，富国强兵，长治久安。明人钟惺说：

> “逆取顺守”，自是三代以后有天下不易之道。此语已先贾生辈发之，自是汉文治首功。

在陆贾看来，秦朝覆灭的教训至为明显：“秦始皇帝设为车裂之诛，以敛奸邪；筑长城于戎境，以备胡越。征大吞小，威震天下，将帅横行，以服外国。蒙恬讨乱于外，李斯法治于内，事愈烦，天下愈乱；法愈滋，而奸愈炽；兵马益设，而敌人愈多。秦非不欲治也，然而失之者，举措太众，刑罚太极故也。”轰轰烈烈的大秦帝国訇然倒塌的原因，无非是违反了无为的原则，迷信武力万能，严刑峻法，兴作无度，众叛亲离，人心丧尽。前事不忘，后事之师，所以必须反其道而行之，使老百姓“畏其威而从其化，怀其德而归其境，美其治而不敢违其政”。这跟傅斯年说的“古今中外有一个公例，凡是一个朝代，一个政权，要垮台，并不由于革命的势力，而由于他自己的崩溃”倒是遥相呼应异曲同工。

冷眼旁观的陆贾目睹了秦始皇求仙的失败及其恶果，对风靡一时的寻仙问药长生不老一类迷信思想进行了尖锐批评。他反对谋虚逐妄，认为把时间、精力和财力用于社会建设，才是正理。他说：“夫播布革，乱毛发，登高山，食木实。视之无优游之容，听之无仁义之辞，忽忽若狂痴……可谓避世，非谓怀道者也。”神仙家“动人以邪变，惊人以奇怪”“论不验之语，学不然之事，图天地之形，说灾变之异”，实在是如饮狂药，言不及义。

陆贾说：“尧舜不易日月而兴，桀纣不易星辰而亡。天道不改，人道异也。”他认为自然界有自己的运动规律，不受人间事务变化的影响。但由于时代的局限，他又牵强附会地把社会现象和自然现象之间并无内在必然联系的孤立偶然事件连成一体，混为一谈：“恶政生恶气，恶气生灾异，螟虫之类，随气而生；虹霓之属，因政而见。治道生于下，则天文变于上；恶政流于民，则螟虫生于野。”也许他的本意只不过是警诫当局从善去恶勤政爱民，但客观上陷入神秘主义，为后来董仲舒建立完整的天人感应学说开了端绪，其负面作用是毋庸讳言的。

陆贾特别强调仁义的作用，认为仁义的普及对达成治世至关重要，言之再三。他说：“天气所生，神灵所治，幽闲清静，与神浮沉，莫之效力为用，尽情为器，故曰圣人成之。所以能统物通变，治性情，显仁义也。”又说：“阳气以仁生，阴节以义降，鹿鸣以仁求其群，关雎以义鸣其雄。《春秋》以仁义贬绝，《诗》以仁义存亡，乾坤以仁和合，《八卦》以义相承。《书》以仁叙九族，君臣以义制忠。《礼》以仁尽节，《乐》以礼升降。仁者道之纪，义者圣之学。学之者明，失之者昏，背之者亡。”陆贾转引《春秋·穀梁传》的句子作为结论：“仁者以治亲，义者以利尊。万世不乱，仁义之所治也。”但他并不因此否定刑罚的作用，而是认为二者各有所长，不可偏废。

重视教化、教育和道德，承认社会阶层的存在天经地义，是《新语》的另一特点。陆贾写道：“赏善罚恶而润色之，兴辟雍庠序而教诲之，然后贤愚异义，廉鄙异科，长幼异节，上下有差，强弱相扶，小大相怀，尊卑相承，雁行相随，不言而信，不怒而威。岂恃坚甲利兵、深刑刻法、朝夕切切而后行哉！”

陆贾对存在社会阶层的认可，与尼采的相关见解，似乎不谋而合。尼采认为，“人与人不一样，也不可能一样”。他说：“人们如果达到了某种程度的独立，就有进一步的要求；按照有力的程度开始分散，个人不再无条件地把自己与同类平等看待，而是去追求同类……气味相投的人互相勾结，合成一股势力进行活动；在这些势力中心之间进行着对立力量的摩擦、战斗和认识、和解、接近，规定彼此互相支持；最后出现了一种等级制度。”也就是说，等级制度是合理的，有益于产生天才和激励旺盛进取心，符合社会发展规律。

然而这只是问题的一方面。另一方面，则是社会角色的自由转换和不同社会阶层之间如何和谐共生。陆贾对此也提出了他自己的主张。他倡导克己多赢，认为舍此就必然会造成隔阂对立，形成无法调和的矛盾，乱麻一堆死水一潭的结果只能是火山爆发玉石俱焚，这是谁都不愿意看到的局面。

什么才是陆贾理想中的政府呢？“权行于海内，化流于诸夏”“举一事而天下从，出一政而诸侯靡”“执一政以绳百姓，持一概以等万民”。也就是说，政府应该健全、理性而强有力，政令在全国范围内通行无碍，令行禁止，如手使臂，标准一致。这跟老子的小国寡民和庄子的无君论思想已经有非常明显的差别。

“道莫大于无为，行莫大于谨敬。何以言之？昔舜治天下也，弹五弦之琴，歌南风之诗，寂若无治国之意，漠若无忧天下之心，然而天下大治。”又说：“故无为者，乃有为者也。”这是说，不要汲汲于有为，不要做面子工程表面文章，无为方能有为，无治才能大治。他同时大力主张节俭，坚决反对“骄奢靡丽”的不良风气。

陆贾的理想国是：

> 君子之为治也，块然若无事，寂然若无声，官府若无吏，亭落若无民。闾里不讼于巷，老幼不愁于庭，近者无所议，远者无所听，邮无夜行之卒，乡无夜召之征，犬不夜吠，鸡不夜鸣，耆老甘味于堂，丁男耕耘于野，在朝者忠于君，在家者孝于亲。

据一位移居北欧的朋友说，那厢推行社会资本主义，与陆生描述的这副模样倒真颇有几分相似之处。钱锺书所言“东海西海，心理攸同；南学北学，道术未裂”，此之谓欤？这又让梁某想起傅斯年的名言：“我平生的理想国，是社会主义与自由并发达的国土，有社会主义而无自由，我住不下去，有自由而无社会主义，我也不要住。”

陆生的思想有若干成分非常超前。比如他说："制事者因其则，服药者因其良。书不必起仲尼之门，药不必出扁鹊之方。合之者善，可以为法，因世而权行。"也就是说，实践是检验真理的唯一标准，反对一切泥古不化、偶像崇拜和因循保守。时隔两千余年，仍然不能不说这是极为高明通达的见解。

陆贾说："《传》曰：天生万物，以地养之，圣人成之，功德参合而道术生焉。"又说："故在天者可见，在地者可量，在物者可纪，在人者可相。"又说："张日月，列星辰，序四时，调阴阳，布气治性，次置五行，春生夏长，秋收冬藏，阳生雷电，阴成雪霜。"这像是韵文，不唯文字精奥，而且音节铿锵。

《新语》兼具史论和政论，是秦汉之际唯一的名著。《汉书·艺文志》将陆贾的三篇赋作为汉赋的开山之作。刘勰在他的《文心雕龙》中对其赞叹不已："秦世不文，颇有杂赋。汉初词人，顺流而作。陆贾扣其端，贾谊振其续。"他又说："汉室陆贾，首发其采，赋《孟春》而进《新语》，其辨之富矣。"可惜陆贾的其他著作早已失传。

王充在《论衡》中也对陆贾和他的《新语》推崇备至：

> 《新语》，陆贾所造，盖董仲舒相被服焉，皆言君臣政治得失。言可采行，事美足观，鸿知所言，参贰经传，虽古圣之言，不能过增。陆生之言，未见遗阙。

陆贾是太史公佩服而喜爱的人物，自不待言。刘知几也在《史通》中感慨万千地说："刘氏初兴，书唯陆贾而已。"

能得到中国历代史学和文学顶级大师们的交口称赞，大汉开国重要谋士陆贾和他的代表作《新语》的成色，也就可想而知。陆贾生荣死哀流芳千古，不能不说是实至名归理所当然的事情。

陆生渡岭，两使南越

再看陆贾的实际政治表现。这包括内政和外交两个方面。

陆贾在外交方面的主要贡献是在高祖末年和文帝即位之初两次出使南越。他不仅审时度势，不辱使命，出色地完成了任务，还顺便为自己捞足了腰包。两头讨好，三利俱存。

话从头说。湘、赣与粤、桂交界的五岭山脉，包括越城岭、都庞岭、萌渚岭、骑田岭和大庾岭，又称南岭，是长江水系与珠江水系的分界线。岭南的人文和地理环境都独具特色：居民稀少而分散，城邑很少，生产力发展相对落后，被视为蛮荒之地，与中原存在不小的差异。直到战国末年，号称“百越”之地的岭南仍然种姓繁多，各有“君长”，互不统属，从来没有一个统一的政权。春秋时代，岭南被楚国纳入势力范围。公元前 222 年，秦王嬴政灭楚，随即用兵南越。至前 214 年，战事基本结束，大秦帝国开始在岭南推行郡县制，开设了南海、桂林、象郡三个边郡，辖治今广东、广西两省大部和越南北部地区，将其置于中央政权的直接统治之下，跟内地三十六个郡一样，由朝廷委任郡县官吏进行治理，同时大力进行移民和开发。

陈胜、吴广起义后，群雄并起，中原乱成一锅粥。当时，南海郡（郡治设在番禺，亦即今天的广东广州）郡尉任嚣趁山高皇帝远、朝廷鞭长莫及的机会，以手中掌握的军队为依托，强力扩充势力，想凭借特殊的自然条件和地理环境，阻断南北交通孔道，争取南迁汉人的支持，建立一个独霸南天的地方割据政权。任嚣正准备大展宏图，却忽然一病不起。弥留之际，他紧急召来最为亲信得力的下属、时任南海郡龙川（今广东龙川）县令的赵佗，令赵佗代行职权，完成自己的遗愿。

赵佗原籍真定，可能与淮南王刘长的生母赵姬还是本家呢。他没有辜负长官的嘱托。经过几年持续不懈的努力奋斗，不仅稳定了局面，将南海郡牢牢控制在自己手中，而且进而夺取了桂林郡和象郡，诛逐秦朝设置的官吏，以自己的亲信僚佐取而代之，成功建立起一个割据政权——南越国。赵佗自立为南越武王，成为岭南三郡的统治者。南越国与大汉的藩国长沙国相毗邻。根据史书记载，赵佗保境安民，“甚有文理”，促进了岭南地区的开发、文明与进步。

高祖平定天下后，既要正视经济崩溃民生艰难的现实，又要集中精力抓紧时间，以便在有生之年解决掉让他寝食不安的异姓诸王，同时还得应付匈奴的军事威胁，因此，对南越问题，他顶住了朝廷中鹰派的压力，直言“天下匈匈，劳苦数岁，成败未可知”，决定采取绥靖政策，放赵佗一马。

正是在这种情势下，汉十一年（前196）五月，陆贾奉命出使南越。刘邦给他的使命是：携带绿绶金质的王玺前往番禺，说服赵佗顺利接受皇帝赐予他的南越王称号，名义上臣服大汉，在汉越间建立起松散的，主要是形式上的隶属关系，解除朝廷的南顾之忧。

陆贾到番禺的时候，赵佗梳着椎形的发髻，一副越人打扮，叉开双腿高高在上，态度显得很轻慢。陆贾于是对赵佗说：“足下是中原人，亲属、弟兄和祖先坟墓都还在真定。如今你数典忘祖，抛弃华夏衣冠习俗，不戴帽子，不系带子，想以区区南越之地与大汉天子相抗衡，这无异于以卵击石，自取灭亡！秦末政治腐败，诸侯豪杰纷纷起兵反抗，唯有汉王捷足先登，率先进入关中，占据咸阳。项羽违背楚怀王的成约，自立为西楚霸王，一时成为众诸侯的霸主，颐指气使，威风八面，可以说是强大之至，沛莫能御。然而汉王从巴、蜀和汉中起兵，纵横天下，扫平四海，终于诛灭项羽，消灭了楚军，五年之内，海内太平。这是拜上天所赐，不是人力所能达到的。皇上听说你在南越称王，却只求自保，无意协助大汉除暴灭逆，将相们都争先恐后请求发兵讨伐，灭此朝食。只是皇上体谅老百姓刚刚经过多年战乱，困苦不堪，所以才暂时没有这样做，而且出于好意，派我来授予你印玺，封你为一方诸侯，从此与大汉朝廷互通使节，和好相处。你本该欢天喜地求之不得亲自到郊外迎迓，北面称臣山呼万岁才是，然而没有想到，你居然倚仗建立不久尚未安定的蕞尔小邦，傲慢倔强到这种地步！如果朝廷知道了，就会挖掉你的祖坟，焚毁你祖先的遗体，夷灭你的宗族！然后只需派遣一名副将率领十万人马兵临南越，越人就会群起响应，杀掉你迎接王师，这是易如反掌的事情。真要这样，你将死无葬身之地！”

赵佗大惊失色，立马离开座位，向陆贾谢罪道：“我久居蛮夷之地，竟然忘记了中原的礼仪。失礼，失礼！罪过，罪过！”接着他好奇地问：“我与萧何、曹参、韩信这些大汉著名的开国将相比，谁更厉害些？”陆贾稍微考虑了一下，微笑着说：“你好像比他们更厉害一点。”赵佗来劲了，又追问道：“那么，我跟汉朝皇帝比呢？”陆贾马上收敛起笑容，严肃地说：“皇上从沛县丰邑起兵，讨伐暴秦，诛灭强楚，与民更始，兴利除弊，继承了三皇五帝的功业，统一治理中国。大汉人口数以亿计，土地方圆万里，富饶肥沃，物产丰盛，车骑众多，政出一家，这是开天辟地以来的头一遭。而你们南越，人口不过数十万，多还是未曾开化的蛮夷，居住在崎岖不平荒芜冷清的高山大海之间，充其量只不过等于汉朝的一个郡罢了。请恕我直言，地厚天高，你凭什么跟皇上相提并论！”赵佗并不生气，大笑着说：“我不是在中原起事，所以才局促一隅在这里称王自乐。假使我跟皇上换个地方，怎么见得就不如他呢？哈哈！”看来，此公的自我感觉之好，比几百年之后的石勒更胜一筹。但他毕竟是一个清醒的现实主义者。赵佗于是留下陆贾，以礼相待，开怀畅饮，尽欢而散。

赵佗非常喜欢陆贾，一再挽留他多住些日子，两人天天置酒欢会，相聚了数月之久。赵佗诚心诚意地说：“南越没有可以和我对话的人，平时闷得发慌。你来了，我才能天天听到一些新鲜的道理和事情，真是太让人高兴了。”

留君百日，终有一别。陆贾看待的日子实在已经够长，使命也大体如愿完成，自己该回朝向高祖复命了，于是在拜谢赵佗的盛意后，坚决告辞。赵佗赠送给陆贾一口袋价值千金的奇珍异宝，另外送给他的礼物也价值千金，馈赠不可谓不丰厚。这委实是一趟肥差。

最后，陆贾代表汉廷拜赵佗为南越王，让他对汉称臣，遵守朝廷约束，同时保持高度自治，在南越照旧威福自恣。两人皆大欢喜，各得其所，依依惜别。陆贾回朝汇报，刘邦非常满意，任命他为太中大夫。几个月后，高祖就去世了。

在陆贾的努力下，汉越之间顺利达成谅解，南越与中央政府的联系得以恢复。双方开放边境贸易，经济往来相当频繁。中原的铁器，尤其是兵器和农具，还有耕牛和马、羊，是输往南越的主要商品，对岭南地区的生产经济发展，起了积极推进作用。南越输入中原的商品，主要是药材、木材、海产、矿物、水果以及珍禽异兽。惠帝时期，汉越和平共处，相安无事。可是，吕后执政时，麻烦来了。

吕后应官吏请求，下令禁止对南越开设互市和出售铁器，连牲畜出口也设置了诸多限制。脆弱的南越经济，马上受到立竿见影的影响和打击，这自然令一向称臣守约的赵佗极为不满。他先是来软的，连续三次派人前往汉廷“上书谢过”，要求恢复到从前格局，但都宛如泥牛入海，没有下落。赵佗生气地说：“高帝立我为南越王，互通使者信物。现在高后听了臣下的谗言，故意要强化区分汉朝和蛮夷的不同，拒绝供应重要的器物给南越，这一定是长沙王的诡计，想要倚赖中央政权，兼并南越，扩大他封国的地盘，自以为得计，又何其毒也！我可不能让他得逞！”于是决心来硬的。高后五年（前183），赵佗自上尊号为南越武帝，发兵攻打长沙王的边邑，掳掠毁坏了好几个县才退军。吕后派遣隆虑侯周灶为将军，领兵反击南越。适逢天热潮湿，发生瘟疫，军队无法越过南岭。一年多以后，吕后病故，汉廷罢兵回朝，战事不了了之。赵佗因此更为得意，用软硬两手利诱威胁周边一些小国（如闽越、西瓯、骆国等）归属于他，使其疆域从东到西达万余里。赵佗踌躇满志，于是就索性过把皇帝瘾，“黄屋左纛”，像模像样地做起“南越武帝”来，规模制度一如大汉天子。

公元前179年，文帝刘恒即位。不久，这位年轻的皇帝就想派人出使南越，解决天有二日一国两帝问题。他向丞相陈平征求适合的人选，陈平推荐了赋闲家居的陆贾。于是文帝召见无所事事的陆贾，重新任命他为太中大夫，充任使者，另外任命一个谒者为副使，派他们一起出使南越。陈平、陆贾反复计议并经刘恒本人最后敲定，文帝给赵佗写了一封亲笔信，这就是有名的《赐南越王赵佗书》。全文如下：

皇帝谨问南越王，甚苦心劳意。朕，高皇帝侧室之子，弃外，奉北藩于代。道里辽远，壅蔽朴愚，未尝致书。高皇帝弃群臣，孝惠皇帝即世，高后自临事，不幸有疾，日进不衰，以故悖暴乎治。诸吕为变故，乱法，不能独制，乃取他姓子为孝惠皇帝嗣。赖宗庙之灵，功臣之力，诛之已毕。朕以王、侯、吏不释之故，不得不立，今即位。

乃者闻王遗将军隆虑侯书，求亲昆弟，请罢长沙两将军。朕以王书罢将军博阳侯；亲昆弟在真定者，已遣人存问，修治先人冢。

前者闻王发兵于边，为寇灾不止。当其时，长沙苦之，南郡尤甚。虽王之国，庸独利乎？必多杀士卒，伤良将吏，寡人之妻，孤人之子，独人父母，得一亡十，朕不忍为也。朕欲定地犬牙相入者，以问吏，吏曰："高皇帝所以介长沙土也。"朕不得擅变焉。吏曰："得王之地，不足以为大；得王之财，不足以为富。"服领以南，王自治之。

虽然，王之号为帝，两帝并立，亡一乘之使以通其道，是争也。争而不让，仁者不为也。愿与王分弃前恶，终今以来，通使如故。故使贾驰谕告王朕意。王亦受之，毋为寇灾矣。

上褚五十衣，中者三十褚，下褚二十衣，遗王。愿王听乐娱忧，存问邻国。

这封信表面上克制低调，其实内藏锋芒，步步为营，黄老风味十足，很有意思，值得花点笔墨细予分说：

全信可以分为五段，也包含有五重意思：一、通报自己已经即皇帝位，略述因由和经过，表达存问通好的善意，将与南越之间的龃龉不动声色地推到前朝诸吕身上，顺便撇请吕后与自己的关系；二、朝廷业已充分满足对方的合理要求，做到了仁至义尽；三、委婉指责对方轻动兵戈的不当，允诺由赵佗在岭南地区继续实行高度自治，同时也隐含威胁，宣示如果己方的好意得不到回应，并不排除采用非和平手段解决问题的可能性；四、建议双方停止武力行动，重修旧好，暗示对方最好取消帝号，在名义上承认中央政府的最高权威，在这一前提下，尽可为所欲为，自得其乐；五、礼单。

时隔十七年后，陆贾再次翻越南岭的峰峦，踏过珠江的风浪，

陆贾又见赵佗（程远宏 绘）

出使南越，重临番禺，拜见老朋友赵佗。世事如云，时移景迁，此身犹在，感不尽言。两位垂垂老矣而精神矍铄的老者，有太多太多的话需要向对方倾诉。他们很快达成了谅解和协议：汉廷撤销禁运，重开边贸，“通使如故”；南越则除去帝号，“愿奉明诏，长为藩臣”。

洞明世事老成练达的赵佗马上下令：“吾闻两雄不俱立，两贤不并世。皇帝，贤天子也，自今以后，去帝制黄屋左纛。”可算是给足了陆贾面子，让天使很有成就感，回去也便于交差，不虚此行。他当然也不会让老友空着手回去，馈赠起码不会比上次少。赵佗又精心给文帝回了封信，全文如下：

老夫故越吏也。高皇帝幸赐臣佗玺，以为南越王，使为外臣，时内贡职。孝惠皇帝即位，义不忍绝，所以赐老夫者甚厚。高后自临用事，近细事，信谗臣，别异蛮夷，出令曰：“毋予蛮夷外越金、铁、田器。马、牛、羊即予，予牡，毋予牝。”老夫处僻，马、牛、羊齿已长。自以祭祀不修，有死罪，使内史藩、中尉高、御史平凡三辈上书谢过，皆不反。又风闻老夫父母坟墓已坏削，兄弟宗族已诛论。吏相与议曰：“今内不得振于汉，外亡以自高异。”故更号为帝。自帝其国，非敢有害于天下也。高皇后闻之，大怒，削去南越之籍，使使不通。老夫窃疑长沙王谗臣，故敢发兵以伐其边。且南方卑湿，蛮夷中西有西瓯，其众半羸，南面称王；东有闽越，其众数千人，亦称王；西北有长沙，其半蛮夷，亦称王。老夫故敢妄窃帝号，聊以自娱。老夫身定百邑之地，东西南北数千万里，带甲百万有余，然北面而臣事汉，何也？不敢背先人之故。老夫处越四十九年，于今抱孙焉。然夙兴夜寐，寝不安席，食不甘味，目不视靡曼之色，耳不听钟鼓之音者，以不得事汉也。今陛下幸哀怜，复故号，通使汉如故。老夫死骨不腐，改号不敢为帝矣！谨北面因使者献白璧一双，翠鸟千，犀角十，紫贝五百，桂蠹一器，生翠四十双，孔雀二双。昧死再拜，以闻皇帝陛下。

话说得楚楚动人又落落大方，与来函堪称双璧。

顺便说一句：梁某一直深爱“雄深雅健”的《史记》，认为它在史学和文学两方面的成就，起码截至刻下，在本国史家中仍是独一无二的绝唱。但也应该承认，在若干局部，《汉书》亦有其特色。比如《汉书》多载原始文献，所收皇帝的诏令和群臣的上书，就远远多过《史记》，即为一例。

“陆贾还报，文帝大悦。遂至孝景时，称臣遣使入朝请。然其居国，窃号如故。其使天子，称王朝命如诸侯。”可见，赵佗其人是很善于做表面文章的。好在他既然只是“自帝其国，非敢有害于天下”，“聊以自娱”而已，汉廷也就睁只眼闭只眼，不予计较。

经过几十年的休养生息，大汉国力达到鼎盛。而南越频频发生宫廷政变，内耗不断，民不聊生；又杀害汉使，破坏和约。元鼎五年（前 112）秋，雄才大略的汉武帝下令讨伐南越，伏波将军路博德、楼船将军杨仆等率领数路水陆大军分进合击。次年冬，汉军攻克番禺，平定岭南。武帝将南越之地划分为南海、苍梧、郁林、合浦、交趾、九真、日南、儋耳、珠崖共九个郡，纳入中央政府直接统治的序列，国家统一得以实现。

协和文武，将相安刘

最后，让我们一起回顾陆贾在内政方面取得的非凡成就。他以国家利益为重，秘密串联，协和文武，使丞相陈平和太尉周勃捐弃前嫌，同心协力，粉碎了吕氏集团的异动，诛灭诸吕，拥立文帝，安定了刘氏江山，避免了社会动荡百姓流离，功在当代，利在千秋。

刘邦的克星是他的结发妻子吕雉。

布衣出身的刘邦，从区区一个泗水亭长起步，“匹夫起事，无凭借威柄之嫌；为民除暴，无预窥神器之意”，结果用了不到十年时间，翦灭嬴秦，扫除项楚，建立大汉，一统江山；然后擒韩信，醢彭越，斩英布，白马盟誓，非刘不王，玩弄天下英雄于股掌，驰骋个人意气于天地，几乎可以说世间只有他想不到的，没有他做不到的。“夫高祖起微细，定海内，谋计用兵，可谓尽之矣”，洵非虚誉。刘邦确实不愧为出群之雄、盖世之杰。然而，更换太子，这个贵为天子后晚年最大的心愿，他临末居然只得在既成现实面前低头，慷慨悲歌，知难而退。更有甚者，身后尸骨未寒，他的爱子赵王如意和宠姬戚夫人就被残害致死，另外几个不听话不识趣的儿子（梁王刘恢、赵王刘友、燕王刘建）也先后死于非命。除了他和吕雉亲生的一双儿女惠帝刘盈和鲁元公主外，其余几个骨肉，不是装疯卖傻献媚讨好（如齐王刘肥），就是安分守己谨小慎微（如代王刘恒），要不幸亏年龄太小（如淮南王刘长），才算是洪福齐天幸免于难。这一切，都是吕雉干的。严格地说，惠帝刘盈英年早逝，也是拜母后所赐。这位年轻文弱的皇帝，对过于强势的太后把持朝政，肯定感觉不舒坦。母亲徐娘半老却欲火如炽肆无忌惮与老情人审食其明铺暗盖，也让身为九五之尊的儿子非常难堪，以致一度想杀掉老审泄愤。吕后穷凶极恶地虐杀庶母戚夫人和一意孤行地鸩杀同父异母的弟弟如意，更是令有“宽仁之主”之称的惠帝极为反感却又深感无力，直接引发心疾，身体和精神一下子都垮了。刘盈当了七年皇帝就忧郁而死，年仅二十三岁，则是吕后始料未及又极不情愿的。她后来为物色合适的继承人伤透了脑筋，做了多项布置，但依然于事无补。这其实也是导致吕氏灭族噩运的远因。凡此种种，高祖泉下有知的话，一定死不瞑目。卤水点豆腐，一物降一物，刘邦拿吕雉没辙。

为惠帝发丧时，太后吕雉干嚎不流眼泪，群臣心里头都感到纳闷，又不敢问。留侯张良的儿子张辟强，年龄只有十五岁，就在朝中担任了侍中。他看到这种情景，就对左丞相陈平说：“有泪有声谓之哭，有泪无声谓之泣，无泪有声谓之嚎。太后只有孝惠这么一个亲儿子，如今白发人送黑发人，人间至为惨痛的事情，莫过于此。太后却干嚎而不悲伤，丞相知道其中的缘故吗？”陈平反问：“你看呢？”张辟强说：“无非是因为惠帝的儿子都很小，太后担心你们这班元老重臣不好对付，不听招呼罢了。倘若丞相请求太后拜吕台、吕产、吕禄为将军，统率卫戍京师长安的南军和北军，并请诸吕入朝，掌握大权，太后就会心安，功臣宿将就能免除祸患。”陈平与右丞相王陵商量后，照张辟强的计策行事，吕后果然很满意。开心的笑纹情不自禁一闪而过之后，哭起来果然就显得非常悲伤了。这是吕氏宗族执掌朝政的开始。

刘盈即位那年十六岁，按当时的标准，已经不算小了。吕后私心自用，迟迟不给他立皇后。惠帝四年（前 191），皇后人选终于尘埃落定，被选中的是一个虚龄才十三岁的女孩子，名叫张嫣。她是谁呢？

张嫣的父亲是宣平侯张敖，母亲是鲁元公主。也就是说，惠帝刘盈是皇后张嫣的亲舅舅！吕后为了权力的巩固和传承，无所不用其极，已然不顾人伦的底线。张嫣年幼尚不能生育，吕后就叫宫女将枕头塞在她的衣服里，假装怀孕。又杀死刚为惠帝生子的妃子，将小孩夺过来，说是张嫣所生，立为太子。惠帝死后一个月，小朋友刘恭被抱上皇帝的宝座，称为少帝。吕后从此名正言顺地临朝称

刘邦的克星是他的结发妻子吕雉（程远宏　绘）

制，直接主持朝政。少帝稍大，明白了自己的身世，怨恨祖母杀害母亲，声言长大后要报仇雪恨。吕后心想：这还了得？宁可我负人，不可人负我！于是先下手为强，将这个正如春苗一般茁壮成长的亲孙子干掉，改立惠帝的另一个儿子恒山王刘弘为帝，朝政依然由老太婆一手操持。

史称："吕后为人刚毅，佐高祖定天下，所诛大臣多吕后力。"这夫妻俩合谋杀戮了功劳和权势最大，让他们寝食不安、必欲除之而后快的五个大功臣。他们是：韩信、彭越、韩王信、陈豨和英布。另外，卢绾被迫逃往匈奴避难。阳夏侯陈豨奉命以亲信爱将的身份出任代相，率领赵、代边防劲旅防备匈奴，声威显赫；另几位更加厉害，都是异姓王爷。其中，才能最为突出、功勋最为卓著、冤情最为明显的韩信和彭越两人无端被杀，祸及三族，吕后更无疑起了决定性作用，甚至干脆是先斩后奏，倒未必完全符合高祖本人的意愿。史书又说："吕氏雅故本推毂高帝就天下，功至大。"吕后的两个哥哥吕泽和吕释之，都是汉军名将，对汉王朝的建立立有大功，吕泽更是在军中以身殉职。大将樊哙是她的妹夫。身段柔软手腕活泛的宗亲兼功臣刘泽是樊哙和吕须的女婿。一度最为当红、到处吃得开的幸臣审食其则是吕雉本人贴股交胸的面首。吕氏家族与丰沛军功集团之间，有着盘根错节千丝万缕的密切关系。刘、吕两大家族间，更有着扯不清的复杂姻亲瓜葛，这是吕后处心积虑之果，她想通过这种手段，来缓和帝后两个家族间的矛盾，达到和平共处分享天下的目的。可惜这只是她的一厢情愿，收效甚微。

一般而言，吕后继承了高祖的政治路线与组织路线，这对夫妻关于大政方针的见解与作为并无任何本质上的不同。司马迁和班固都对吕后的政绩给予了充分肯定。"汉兴，至孝文四十有余载，德至盛也。”吕后统治的时间约占三分之一，而这正是造成武帝时期大汉空前强盛的关键所在。“当孝惠高后时，百姓新免毒蠚，人欲长幼养老，萧曹为相，填以无为，从民之欲而不扰乱，是以衣食滋殖，刑罚用稀。”刘邦死后，吕后在惠帝时期和自己临朝称制的年代，继续推行黄老之治，与民休养，社会经济得到顺利恢复和迅速发展。她没有再杀一个功臣。当面顶撞公开反对她分王诸吕的右丞相王陵，也只不过调任名义崇高没有实权的太傅，憨直的王陵愤而不奉朝请，吕后也不计较，继续让他享受名分和待遇，得以善终。吕后升任陈平为右丞相，任命辟阳侯审食其为左丞相。御史大夫赵尧当年支持高祖更换太子，吕后虽然一直怨恨此人，却也并未杀他，只是将赵尧免职了事，遗缺以上党郡郡守任敖代之。任敖也是老同志，曾做过沛县的狱吏，早年对吕后有恩德，这番终于得到了超额回报。后来，又用曹参的儿子平阳侯曹窋充任此职。惠帝死后，吕后以娘家侄子吕台、吕产、吕禄为将军，统率承担京城长安卫戍任务的南军和北军。从此开始全面掌握朝政，权力开始向吕氏宗族集中。客观地说，吕后信用诸吕，乃时势使然，跟刘邦以是否姓刘作为划线标准比，并不过分。但是，她聪明一世糊涂一时，分明忽略了父系社会男权家天下之传统习惯的强大与深入人心。

排除干扰控制朝政后，吕后开始封诸吕为王。她起先还是比较谨慎的，先封了两个死者试水：追尊其父临泗侯吕公为宣王，其兄周吕侯吕泽为悼武王。看到一切风平浪静后，她放心了，于是开始大封诸吕。

吕后先封侄子郦侯吕台为吕王。吕台是吕泽的长子。柿子拣软的捏，她从齐王刘肥的封邑中划出济南郡，另设吕国。吕台只当了几个月王爷，就因病身故，其子吕嘉嗣位，吕嘉后来因为行为不端被废。吕后另立吕台的胞弟吕产为吕王，后来又改封他为梁王，却并不让他就国，而是留在朝廷襄理政事。

吕释之的儿子吕禄先受封为胡陵侯，后来晋封为赵王。吕台的儿子吕通先被封为东平侯，后加封为燕王。吕后的妹妹、樊哙的夫人吕须也获封为临光侯，创下一项女人封侯的独特纪录。

惠帝死后吕后秉政的八年间，她先后封了娘家的吕台、吕嘉、吕产、吕禄和吕通等五人为王，吕种、吕平、吕须、吕他、吕更始、吕庄等十余人为侯。又封“年少孤弱”的外孙张偃为鲁王，另封张偃的同父异母兄弟张侈、张寿为侯，以为辅佐。出于平衡和点缀的需要，她也封了若干刘姓子弟为王侯。封王的都是几个小不点，据说都是惠帝的种，与吕后存在血缘关系，其他刘姓则无此荣幸。封侯的宗室子弟则相对宽泛一些，如封楚王刘交之子刘郢客为下邳侯，齐王刘肥之子刘章为朱虚侯，刘章的弟弟刘兴居为东牟侯，并先后诏令他们入宫担任侍卫官。营陵侯刘泽是高祖的远房堂弟，又是樊哙和吕须的女婿，他经过一番让人头昏脑转的运作，获封为琅琊王，成为刘氏宗亲中的一个异数。

齐人田生向颇为受宠的宦官大谒者张卿游说道：“太后封诸吕为王，公卿大臣并不见得全都心服。营陵侯刘泽在刘氏宗亲中年龄最长，身为大将，立有战功，又有威望，却对王位望洋兴叹。如果现在你能向太后建议封他为王，那么，政治生态就会趋于平衡，分王诸吕的格局就会更加顺利和稳定，刘、吕两族都会感谢你。”张卿听进去了，就伺机到太后面前进言。吕后认为这倒是羁縻刘氏的一个好办法，再说刘泽又不是外人，就一口答应下来，加封刘泽为琅琊王，封邑琅琊郡又是从阿肥的齐国分割出来的。吕后赏识张卿的忠诚和见识，封他为建陵侯。刘泽厚谢张卿及田生，自不待言。

吕后对诸吕严加约束，并不纵容放任他们胡作非为。吕王吕嘉“居处骄恣”，为非作歹，被吕后断然废黜。吕后在世时，大体而言，诸吕尚算安分守己，不像后来其他朝代的外戚那样横行霸道无恶不作，与功臣宿将相处得也还算差强人意，没有给国家、政治精英团体和老百姓造成什么大的灾难与损失。

在吕后的权威和高压下，诸吕把持了朝政。但不满的情绪，仍如暗潮涌动。

朱虚侯刘章，年方二十，长得一表人才，英俊魁梧，身强力壮，为人又有胆略，对刘氏宗室不能掌权执政心怀不满。有一次，他在后宫适逢吕后参加酒宴，并奉命做监酒官。刘章请示说：“臣本将门之后，请太后允许我按军法监酒。”吕后一向对刘章格外宠爱，“儿子畜之”，当下不疑有他，随随便便点头应允了。酒酣耳热之际，刘章自请吟唱一首《耕田歌》，吕后以为也不过是聊助酒兴而已，也准许了。还调侃道：“说你爹阿肥知道耕田，我相信；你生下来就贵为王子，粟麦不辨，哪里懂得什么耕田种地哟。”刘章不动声色地说：“我知道的。”然后朗声吟唱道：“深耕概种，立苗欲疏；非其种者，鉏而去之！”吕后一听就明白了刘章的弦外之音，当下收起笑脸，默然无语。一会儿，与宴的诸吕中有一人醉酒避席，刘章追上去，二话不说，挥剑斩了此人，还报太后说：“有人违禁逃酒，我已按军法将他斩首！”吕后及左右人等都大惊失色，不过因为有言在先，也不便为难刘章。于是草草收场，不欢而散。这可视为刘氏子孙对诸吕的第一次公开叫板和示威。奇怪的是，吕后事后没有采取任何措施处罚刘章，也许是她对这个孙辈有种“我见犹怜”的爱惜之感吧。从此以后，诸吕都对朱虚侯刘章心存畏惮，朝中的一些重臣也开始对这个小伙子刮目相看，刘氏的势力开始逐渐抬头。

吕雉的对头则是大汉开国谋士群中不显山不露水的陆贾。

诛灭诸吕的行动实际上是元老重臣与刘氏宗亲联手发动的一次成功的宫廷政变。暗中操盘的是智多星丞相陈平，登高一呼，应者云集；夺取兵权、解决关键性问题的是德高望重的元勋宿将太尉周勃；挺身而出奋勇当先的是年轻英武别有怀抱的朱虚侯刘章；最大的赢家则是不动声色置身事外的代王刘恒；而出谋划策促成将相和统一战线成立的，则是本章的主人公陆贾。

清人查慎行说：

> 陆贾，汉初儒生之有体有用者。观其绌尉他（尉他即赵佗）以礼义，说高帝以《诗》《书》，当吕后朝不汲汲于功名，既能全身远患，又能以事外之人隐然为社稷计安全，有曲逆智谋所不逮者。子房已从赤松游，汉之不夺于诸吕，亦赖有此人也。

惠帝即位后，实权操持在太后吕雉手中。吕后一心想封娘家弟侄为王，又担心群臣不服，据理力争。陆贾审时度势后，估计分封诸吕已成定局，强辩于事无补，就称病辞职，回家养老，纵情山水，优游卒岁。他看中了长安郊外好畤那个地方，觉得那儿风景美丽，田地肥沃，交通方便，闹中取静，就在那儿安下家来。

陆贾有五个儿子。他把出使南越时赵佗赠送的那一口袋珠宝卖掉，换得千斤黄金。又将这些黄金平分给每个儿子一人两百斤，让他们想干什么便干什么。他自己常常乘坐舒适高档的马车，带着唱歌跳舞、击鼓弹琴的十个艺人和侍者，佩戴一把价值百斤黄金的宝剑，轮流到五个儿子家里居住。他对儿子们说："老子和你们约定：

深通人情世故的陆贾（程远宏　绘）

到谁家里，谁就得负责供给我这队人马的酒食费用，每十天换一家。我死在谁家，宝剑、车马和侍从人等就一概归谁，没什么好争的。一年之中我除了自住和到朋友家做客，到你们每家至多也不过三四次而已，不会过多打扰，惹你们厌烦的。哈哈！”由此可见，陆贾深通人情世故，对待生活的态度也很开通豁达，既不亏待自己，也不委屈别人。

右丞相陈平看到诸吕横暴，自己无力制止，又不愿同流合污，担心祸从天降，亟谋自全之计。这天，他枯坐内室，苦思对策。忽然有人推门而入，扬声问道："丞相思虑何事？竟然如此全神贯注！”陈平抬头一看，才发现是老朋友陆贾未经通报就径入内室，而他正在冥思苦想，竟然没有觉察。

延请不速之客入座后，陈平不动声色地反问道："你看我所思何事？”陆贾笑着说：“丞相位极人臣，福贵莫比，当不会再有若何奢求了。但是，你独居深念，却显得忧心忡忡，无非是担心诸吕罢了。”真人面前不说假话。陈平也就干脆地说：“先生说得很对。然则该当如何呢？敢请高明指教！”陆贾胸有成竹地说：“天下安，注意相；天下危，注意将。将相关系协和，人心就会归附；即使发生重大变故，也尽可以从容应对，天塌不下来！安定国家的根本大计，就看丞相你与太尉周勃二人能否同心协力。我曾想对绛侯说明这层利害关系，他平日常与我开玩笑，不一定会当真重视。丞相高人，何不主动与太尉交好，与他深相结纳呢？”陈平连连颔首，表情愉悦舒展。接着，陆贾又为陈平策划了日后平定诸吕可能涉及的几个关键性问题。两人畅饮密谈至三更半夜，方尽欢而散。

陆贾劝说陈平主动与太尉交好（程远宏　绘）

陈平采用陆贾的计策，以五百斤黄金的厚礼为太尉周勃祝寿，还准备了歌人舞伎和丰盛的酒宴馈赠周勃。周勃喜出望外受宠若惊，投桃报李以同样的礼节回报陈平。丞相与太尉尽释前嫌，紧密团结，诸吕图谋篡国的野心得到遏制，渐渐衰減。陈平又送给陆贾十个奴婢、五十乘车马、五百万钱作为饮食交游的工具和费用，陆贾借此在公卿贵族中游说串联，暗地建立起一个隐形的拥刘反吕的统一战线。诸吕虽然不满，但陆贾的言语行动十分谨慎，实在没什么把柄可抓；再加上丞相陈平和太尉周勃的刻意庇护，居然对他无可奈何。

高后八年（前 180）三月中旬，吕后出去举行祓祭。回来的路上，经过轵道亭，看见一个貌似黑狗的玩意钻到自己的腋下，又忽然不见了。请人占卜，说是死去的赵王如意作祟。从此吕后腋下疼痛，心里发毛，生起病来。七月下旬，病情加重。吕后自知即将不久于人世，就任命吕禄为上将军，控制北军；吕产为相国，统领南军。气息奄奄忧心忡忡的老婆子召见两个侄子，语重心长地告诫道："高帝平定天下之后，曾与大臣们订立盟誓说：'非刘氏而王，天下共击之。'后来，我封咱们老吕家多人为王，群臣对我心存畏惧，明里不敢反对，暗地里愤愤不平的，大有人在。我死后，皇帝年幼，老家伙们恐怕就要兴风作乱。现在势成骑虎，退无可退。你们必须牢牢掌握兵权，严密守卫宫室，千万不要为我送丧，以免为人所乘！"八月一日，吕后去世，遗诏赐给各诸侯王黄金千斤，将、相、列侯、郎吏等都按位次各有赏赐。

朱虚侯刘章一直密切关注政局的变化，等待着机会。他的妻子是吕禄的女儿，夫妻关系还不错，他经常从妻子那儿打听到一些政坛秘闻。吕后去世后，他已经肆无忌惮，认为时机已经成熟，诸吕容易对付，就派亲信密报胞兄齐王刘襄，让他以诛灭诸吕还政刘氏为名，立刻发兵进取关中，占据长安；他与弟弟东牟侯刘兴居联合大臣们作为内应，里应外合，立刘襄为帝。刘章认为他们的父亲刘肥是高祖长子，乃兄做皇帝，天经地义。齐王食指大动，准备起兵，却遭到齐相召平（据《资治通鉴》卷十三胡三省注，《史记》中《项羽本纪》内广陵人召平矫陈胜诏封项梁；《吕太后本纪》内齐相召平举兵欲围齐王；《萧相国世家》内有故秦东陵侯召平，种瓜城东。“三人皆同姓名，非一人”）的反对。齐王打算派人杀掉不从命的丞相，没想到召平铤而走险，先下手为强，召集亲信部队包围了王宫。中尉魏勃紧急反制，引领齐军解围，并将齐相府反包围，召平被迫自杀。于是齐王发兵西进，并设计兼并了琅琊王刘泽的军队。刘泽内心十分不满，但他尽量克制自己，不露声色，终于安然脱身，去了山雨欲来风满楼的京都长安。

朝廷闻讯后，相国吕产就派废退已久的老将颍阴侯灌婴率领大军东向迎击。灌婴到了荥阳，按兵不动，观望形势，并私下派人与各方互通款曲。齐王刘襄与他达成默契后，将军队撤回边界，相机而动。

诸吕情知不妙，却束手无策。他们既担心齐王刘襄等从外线进攻，更害怕周勃、刘章等在腹心之地长安搞事，又顾虑灌婴在前方倒戈，整天商议对策却患得患失莫衷一是，一直犹豫不决。公卿大臣疑虑不安，人人自危。

当断不断，反受其乱。在这个节骨眼上，密谋分子的核心成员陈平、陆贾、周勃断然出手了。

关键在于兵权。周勃虽然身为太尉，京城卫戍却由吕产、吕禄一手控制。怎么办呢？

曲周侯郦商年老有病，他的儿子郦寄是吕禄最要好的哥们。陆贾向丞相、太尉献计，派人劫持了郦商，以此要挟郦寄去欺骗吕禄说："高帝与吕后共同平定天下，先后立刘、吕两族多人为王，都是经过群臣议定，公告天下，应天顺人的。现在太后驾崩，皇帝年幼，你身为赵王，不立即返回封国镇守，却出任上将，率兵留在京师，必然会受到诸王和大臣们的猜疑不满，这是何苦！你何不交出将印，把军权还给太尉；同时请梁王将相印交还朝廷，你们与朝廷大臣盟誓后各归封国，安享富贵？这样，齐兵师出无名，必会撤退，群臣也会心安，你高枕无忧去做方圆千里的一国之王，这是荫及子孙万代的上策，多少人求之不得啊！"吕禄本来就是有口无心的庸碌之辈，又一向信任郦寄，打算照办。与吕产及吕氏长辈商量时，有人同意，有人反对，又是议而不决。

坐在火山口上，吕禄仍不以为意，经常与郦寄结伴外出游玩打猎。这天，他在途中前去拜见姑母临光侯吕须。吕须大怒，骂道："你这个没有长进不知死活的混球！在这种敏感时刻，你身为上将却轻易离军游猎，这岂不是把机会白送给人家？老娘原来对你的敲打看来都是春风过驴耳！我们老吕家惨了，就要大祸临头了！"她把家中的金银珠宝全拿出来，抛撒了一地，说："不必守着这些东西了，迟早是别人的！"吕禄无言而退，心里颇为保留，认为吕须危言耸听，反应过度。吕禄其人，跟几百年后的曹爽倒是颇有几分相像。审食其见势不妙，自请免去左丞相职务，以求自保。

高后八年（前 180）九月十日清晨，代理御史大夫曹窋正在朝廷与相国吕产议事，恰逢郎中令贾寿出使齐国回朝。贾寿见吕产依然左右游移毫无定见，就责备道："你不趁早回到封国，现在就是想走，恐怕也走不脱了！"便把探听到的灌婴已与齐、楚等诸侯联络，准备诛灭诸吕的情报全部告诉了吕产，敦促他迅速入据皇宫，设法自救。曹窋听到这些话，当即找个借口溜了出来，快马加鞭跑去报告了丞相和太尉，陆贾当时也在座。经过紧急计议，他们决定马上动手！

天下危，将登场。现在轮到周勃施展身手了。

周勃想先控制北军，但被阻止进入营垒。襄平侯纪通掌管符节，太尉就让他持着符节，假托皇帝的诏令，要北军开门接纳。周勃又让郦寄和典客刘揭先去劝说吕禄："皇上令太尉代行指挥北军，要你回到封国去。请赶快交出将印，出京之国。从命，可保富贵；不然，恐有不测！"吕禄以为郦寄不会欺骗自己，就解下将军印玺交给刘揭，把兵权拱手让给了周勃。他居然有一种如释重负的感觉。

周勃驰入北军时，吕禄已经离开。太尉下令北军马上集结，登高喝道："拥护吕氏的袒露右臂，拥护刘氏的袒露左臂！"全军将士立马清一色袒露左臂。周勃确知了军心所向，长长舒了一口气。太尉就这样顺利接管了北军。

然而，南军还在吕氏手中。丞相陈平召来朱虚侯刘章，让他辅助太尉，刘章欣然从命。周勃令刘章监守军门，又令曹窋通知统率宫廷禁卫军的卫尉："不许相国吕产进入殿门！"这当然是担心他铤而走险，挟天子以令诸侯。其实，吕产跟吕禄压根没那份见识和胆气。

吕产还蒙在鼓里，不知道北军的指挥权已经易手。他进入未央宫，准备做些部署，却进不了殿门。他非常焦急，又不明就里，像只没头苍蝇一样，在殿门外走来走去。曹窋有些担心，跑去报告太尉。周勃心里也怕敌不过诸吕，还不敢公开声张诛灭吕氏，就派刘章进宫，对他说："你立刻入宫去保卫皇上！"刘章请求带点兵前往，太尉于是拨给他千余士卒。刘章进入未央宫，已是黄昏时分，落照昏黄，正好看到仍然在殿门外徘徊的吕产。刘章初生牛犊不怕虎，神勇奋起，趁着夜色挥军掩击吕产。吕产见不对头，拔腿就走。忽然狂风大作，相国身边的亲信党羽心慌意乱，不敢与朱虚侯所部接战肉搏。刘章率领士兵穷追渠魁，在郎中令官府的厕所中将吕产击杀。

刘章杀死吕产后，小皇帝派谒者持节前来慰问。朱虚侯暗道："来得正好！"要夺取他的符节，谒者死活不肯松手。刘章就采取变通办法，与谒者同乘一辆车子，凭仗符节，驱车疾驰，斩杀了负责长乐宫守备的卫尉吕更始。然后他回到北军，向太尉禀报。周勃起身向朱虚侯拜贺说："我最担心的就是吕产。现在君侯已经杀掉此人，立下不世之功，天下大局已经平定！不会有什么事了。"随即派人分头行动，把诸吕的男男女女一概逮捕，不论老少一律处斩。吕禄、吕通等悉数被捕杀，民愤较大、积怨极深的吕须则被乱棒打死。吕氏家族气焰熏天，风光一时，结果惨遭灭族，落了个白茫茫大地真干净。吕雉泉下有知，肯定也会死不瞑目。封建政治的残酷性和诡异性，由此可见一斑。

陈平派遣刘章把诸吕已被诛灭的情形知会齐王刘襄，让他罢兵归国。灌婴也从荥阳撤军，回到京师。审食其并无大的恶行，人缘又好，不仅没被株连，反而又被请了出来，重新担任左丞相。举国上下安然无事，长安也很快恢复了平静。

该考虑善后事宜了。政变功臣们私下商量后，一致认为，小皇帝和他的小兄弟们身上流有吕后的血，绝对不能容留，必须痛下杀手，斩草除根，以绝后患。有人担心这是惠帝的后裔，这样干名义上不好听。马上有人建议：不承认便是，说他们都是吕后寻来假冒的杂种，就除之有名了。这个提议在热烈的掌声中顺利通过。这些无辜的小朋友随即都被残酷地杀害。鲁王张偃则被废黜。皇太后张嫣也被废去尊号，打入冷宫；次年，这个出身金枝玉叶却一再成为政治牺牲品的不幸女子就抑郁而死，年仅二十五岁。

于是关键问题凸现：谁来继承帝位？

主要候选人有四个：

1. 楚王刘交

高祖的弟弟，风流儒雅，德高望重。

可惜年事已高，尤其是他本人坚决不愿干。出局。

2. 齐王刘襄

高祖的长孙，首先起兵声讨诸吕，弟弟刘章在诛灭诸吕一役中更是居功至伟，一度呼声很高。

不料却被琅琊王刘泽一票否决。理由是：吕氏就是以外戚的身份掌握政权的，他们作恶多端，几乎毁灭了刘氏的天下，残害了满朝文武。现在，齐王的外家与当初的吕氏有得一比，如果立齐王为帝，吕氏的故事很快就会重演。

因为吕氏当时成了过街老鼠，给人们的恶感很深，加上刘泽特殊的身份，所以这条理由很具说服力。其实刘泽有些话言之不便，并未说出，但陈平、周勃、灌婴、夏侯婴、陆贾等人都一清二楚，心照不宣。于是刘襄出局。当时，与会的刘章、刘兴居兄弟脸色通红，呼吸急促，却又作声不得。

3. 淮南王刘长

高祖的幼子。

一是年纪小，群臣思立长君；二是据说外家存在与刘襄类似的问题。出局。

4. 代王刘恒

高祖现存儿子中年龄最大的一个，仁孝宽厚；王太后薄夫人家谨慎善良，令人放心。最后，他被认为是独一无二的适合人选，被公卿大臣一致推举。于是群臣暗中派遣使者前去迎接代王进京。经过一番权衡考量和雍容揖让，代王刘恒在长安荣登大宝，是为汉文帝。公元前 179 年，即是文帝刘恒元年。大汉从此政治安定，经济繁荣，国泰民安，河清海晏。

司马迁说：

> 诛诸吕，立孝文帝，陆生颇有力焉。

附录一：初版小引

从小倾心军旅之事，对金戈铁马逐鹿中原，运筹帷幄决胜千里，一直心慕手追，无限神往。又一向喜欢乱翻书，尤其对军政、历史读物及人物传记，更是情有独钟，读起来时常废寝忘食。20 世纪 80 年代前期，先后读到温功义的《三案始末》和黄仁宇的《万历十五年》，叹为观止。倏忽廿载，时移景迁，纸媒不再独领风骚，网上冲浪早就成为时尚，但这两本小书，兀自是我床头案上的常备书籍，常读常新。坦率地说，在刻下铺天盖地的历史写作热潮中，尽管姹紫嫣红煞是好看，却似乎并无什么真正重量级的作品能够带给我类似的惊艳和阅读快感。

2005 年中，机缘巧合之下，我开始在天涯社区敲发一点文字。克尔凯郭尔说过：如果非说不可，那么现在就说。没想到的是，就此一发而不可收。这些文章产生的影响和受欢迎的程度，亦远非始料所及。《红尘冷眼》《风雨江山》《百年五牛图》……一个个系列纷至沓来，倒也让我这个玩票的局外人多多少少体味到些微京城文化名人老六津津乐道的所谓“写作的快感”。

2006 年 10 月 19 日，是鲁迅先生逝世 70 周年纪念日。就在这天，敲毕鲁迅篇，《百年五牛图》系列五篇文章全部得以了账。我长长吁了一口气，如释重负。随后，去长三角转了一圈。在上海，特意到虹口公园的鲁迅墓和山阴路的鲁迅故居看了看，借以获得一种无从替代的现场感。这于我，无疑是一种仪式的完成。此后一段时间，将会与鲁迅相对疏离一点，暂时也不想再写现代史方面的内容。我打算将眼光和笔墨向前投放一番，走进历史，换一种玩法。

于是便轮到“谋士群研究”了。计划中的这个系列，是一个“三部曲”，包括《大汉开国谋士群》《三国谋士群》和《大唐开国谋士群》。我认为这是三个雄奇瑰丽、英才辈出的历史时代，值得花点力气好生写写。敲谋士群系列玩，大致有两层目的。表层是过把瘾，熟悉我的朋友都知道，我对军人军事的兴趣，远超文人文事。正值壮岁，忽焉盛世已至，夫复何言。看来，只能满足于纸上谈兵了。深层目的，则是为日后开敲我最想写的作品——《精神与肉身：我的 1997》先找找感觉，练练笔。

写什么是一个问题，怎么写又是一个问题。

胡适说：“历史家须要有两种必不可少的能力：一是精密的功力，一是高远的想象。没有精密的功力，不能做搜求和评判史料的功夫；没有高远的想象力，不能构造历史的系统。”又说：“史学有两方面，一方面是科学的，重在史料的搜集与整理；一方面是艺术的，重在史实的叙述与解释。”

张荫麟写道：“史学应为科学欤？抑艺术欤？曰：兼之。……理想之历史须具二条件：一、正确充备之资料；二、忠实之艺术的表现。”

根据我的理解，两位先生说的其实是一个意思。简而言之就是说，历史读物应该做到：一、可信；二、好看。

对本书的内容、视角、结构、语感和叙事策略，我有自己的一些考量。

内容方面，在充分搜集史料的基础上，整理爬梳，去伪存真，分析比较，自成体系，成一家之言。基本史实力求坚实可靠，尽量避免硬伤，坚决拒绝“戏说”。对《史记》和历代学者的相关研究成果，多有借重；但在衡人论事的具体立场、观点与方法上，则一凭己好，以我为主，不迷信盲从任何前贤。

关于视角，我选取了兴汉集团的六位主要谋士：萧何、张良、陈平、郦食其、随何、陆贾，作为本书叙事主体和切入点。

至于结构和叙事策略，也许可以说，我执意选择了一种最不省力的写法：全书是比较特殊的长篇结构，是一个密切的整体，行文布局务必统筹兼顾，首尾照应，环环相扣，大开大阖，而又可以各自独立成篇；既集中突出重点，又适当顾及全面。这种长篇写法，宛如建造一栋大厦，工程竣工后，细部与整体的韵味才能够充分展现。当然，“即时快感”也不容忽视。如果以人物或事件为主轴一篇篇简单列出，当然省心省力，但似乎没多少意思。窃以为现在这种写法比较具有挑战性，也比较有趣。

语感是很有兴味的话题。清新俊逸，婉转流畅，当属基本要求。行云流水，随物赋形，则是苏东坡、曹雪芹这等天才卓绝的顶尖高手才具有的手段与本事。一部《红楼梦》，诚如王昆仑所言，曹雪芹“以艰苦沉重的心情写黛玉，以郑重深曲的笔墨写宝钗，以酣畅活泼的情调写凤姐”，各适其宜，各尽其妙。梁某何人，自惭而已。虽不能至，心向往之。至于大汉开国年间的人与事，本来就是斑斓多姿，雅俗并存，自然不宜用一种平板的调子一叙到底。我担心的倒是该俗时俗不下去，当雅处又雅不起来。偶有插科打诨郢书燕说的闲笔，皆属行文所至信手拈来，使之有助于文章的生动、风趣和意境。

《大汉开国谋士群》不是小说，不是“历史大散文”，也不是传统意义上的评传之类，我有意把它写成这么一个非驴非马、不三不四的形态。在文体上，求新求变，不拘一格，试图写出若干新意和亮点。至于究竟做得如何，尚有待于市场和时间的双重检验。

这是我的第一部长篇。历时经年，断断续续，终于顺利完成，即将付梓。欣慰之余，却也不无惶惑。

为什么写作？怎样的写作才有意义呢？顾炎武的说法是：“其必古人之所未及就，后世之不可无，而后为之，庶乎其传也与？”他举例说：“宋人书如司马温公《资治通鉴》，马贵与《文献通考》，皆以一生精力成之，遂为后世不可无之书，而其中小有舛漏，尚亦不免。若后人之书愈多而愈舛漏，愈速而愈不传，所以然者，其视成书太易，而急于求名故也。”而加缪更是言简意赅干脆利落：“我只知道谈论我所经历过的事情。”

当然我也记得另一个西方作家的名言：“写下就是永恒。”

我写下了《大汉开国谋士群》。在此，谨向与有功焉的各位亲友一并致谢。

所有作品，最终都是由作者和读者共同完成的。我完成了属于自己的一半任务，另外的一半，就拜托与本书有缘的读者诸君了。

梁由之

2008年4月26日改定于深圳天海楼

附录二：二版后记

再过十来天，欧洲杯就要开球了。《大汉开国谋士群》呢，亦将再版。

上届欧洲杯激战正酣时，收到《大汉开国谋士群》样书。那是我的第一本书、第一部长篇。第一总是意义非凡而令人难忘的。

这次再版，重新设计了封面，请著名书法家吴本清教授题写了书名，修正了几处错讹。其余大抵一仍旧貌。

当初为这部书花费了不少心力，相信亦自有价值。出版流程则十分顺畅，于此，责任编辑艾明秋居功至伟。小艾曾说："梁兄的文章，对读者本身的素质，是有一定要求的。有机会做这本书，我会尽力，也很开心。"

艾明秋女士业务素质出色，处事风格明快。首次出书能有如此优秀的合作伙伴，是我的荣幸。

《大汉开国谋士群》在天涯社区闲闲书话首发连载时，Hierbinich、ddrose、大路马三位，是最忠实的读者，与他们和其他朋友的即时互动，让我在写作过程中感受到持续的愉悦和无形的动力。出版前后，安冬霓、沈胜衣、yiping1914、左民山人、石地、韩立勇、邝海炎、董小染、张瑞田、迟宇宙、孟庆德、俞晓群、朴素、冉云飞、五岳散人等友人先后撰写了热情洋溢、各具手眼的书评。借此一并致谢。

初夏的午夜，我在书房敲这篇“二版后记”，一挥而就。背景音乐，是《明天会更好》。

2012 年 5 月 28 日

梁由之记于深圳天海楼

主要参引书目

司马迁:《史记》，中华书局，1985 年；岳麓书社，2001 年。

班　固:《汉书》，中华书局，1975 年；岳麓书社，1993 年。

司马光:《资治通鉴》，中华书局，1976 年；岳麓书社，1990 年。

梁玉绳:《史记志疑》，中华书局，1981 年。

郭嵩焘:《史记札记》，商务印书馆，1957 年。

朱东润:《史记考索》，华东师范大学出版社，1996 年。

北京卫戍区某部六连《史记》选译小组:《史记选译》，中华书局，1976 年。

王伯祥:《史记选》，人民文学出版社，1982 年。

韩兆琦:《史记选注集评》，广西师范大学出版社，1995 年。

韩兆琦:《史记通论》，广西师范大学出版社，1996 年。

张荫麟:《中国史纲》，山西古籍出版社，2001 年。

温功义:《三案始末》，重庆出版社，1984 年。

黄仁宇:《万历十五年》，中华书局，1986 年；增订纪念本，2007 年。

李耳著，朱谦之校释:《老子校释》，中华书局，1984 年。

孙武著，曹操等注，杨丙安校理:《十一家注孙子校理》，中华书局，1999年。

陆贾著，王利器校注:《新语校注》，中华书局，1986年。

萧统主编:《文选》，上海古籍出版社，1998年。

苏轼著，孔凡礼点校:《苏轼文集》，中华书局，1986年。

洪迈:《容斋随笔》，岳麓书社，1994年。

王应麟:《困学纪闻》，辽宁教育出版社，1998年。

王夫之:《读通鉴论》，中华书局，1998年。

顾炎武著，黄汝成集释:《日知录集释》，上海古籍出版社，2006年。

赵翼:《陔余丛考》，河北人民出版社，2006年。

赵翼著，王树民校证:《廿二史札记校证》，中华书局，2005年。

钱大昕:《廿二史考异》，上海古籍出版社，2004年。

王鸣盛:《十七史商榷》，上海书店出版社，2005年。

何焯:《义门读书记》，中华书局，1987年。

鲁迅:《汉文学史纲要》，人民文学出版社，1976年。

陈垣:《通鉴胡注表微》，辽宁教育出版社，1997年。

杨树达:《汉书窥管》，上海古籍出版社，1984年。

余嘉锡:《余嘉锡文史论集》，岳麓书社，1997年。

钱穆:《国史大纲》，商务印书馆，1996年。

钱穆:《先秦诸子系年》，河北教育出版社，2002年。

郭沫若:《十批判书》，科学出版社，1962年。

顾颉刚:《秦汉的方士和儒生》，上海古籍出版社，1982年。

吕思勉:《秦汉史》，上海古籍出版社，2005年。

徐复观:《两汉思想史》，华东师范大学出版社，2001年。

李长之:《司马迁的人格与风格》，三联书店，1984年。

钱锺书:《管锥编》，中华书局，1986年。

谭其骧主编:《中国历史地图集》，地图出版社，1987 年。

任继愈主编:《中国哲学史》第二册，人民出版社，1979 年。

侯外庐等著:《中国思想通史》第二卷，人民出版社，2004 年。

范文澜:《中国通史》第二册，人民出版社，1986 年。

徐兴业:《中国古代史话》，上海教育出版社，1984 年。

萧公权:《中国政治思想史》，新星出版社，2005 年。

金春峰:《汉代思想史》，中国社会科学出版社，2006 年。

瞿同祖:《中国法律与中国社会》，中华书局，1981 年。

田余庆:《秦汉魏晋史探微》(重订本)，中华书局，2004 年。

潘国基:《秦汉史话》，北京出版社，1992 年。

安作璋、孟祥才:《汉高帝大传》，河南人民出版社，1997 年。

王学泰:《游民文化与中国社会》，同心出版社，2007 年。

周锡山:《流民皇帝》，上海画报出版社，2004 年。

李震:《历代战争方略研究》，石家庄高级陆军学校训练部翻印，1985 年。

钮先钟:《中国古代战略思想新论》，安徽教育出版社，2005 年。

汤因比著，曹未风等译:《历史研究》，上海人民出版社，1986 年。

威廉・夏伊勒著，董乐山等译:《第三帝国的兴亡》，世界知识出版社，1979 年。

伏尔泰著，吴模信等译:《路易十四时代》，商务印书馆，1997 年。

克劳塞维茨著，中国人民解放军军事科学院译:《战争论》，解放军出版社，1985 年。

詹姆斯・麦格雷戈・伯恩斯著，刘李胜等译:《领袖论》，中国社会科学出版社，1996 年。

崔瑞德、鲁惟一主编，杨品泉等译:《剑桥中国秦汉史》，中国社会科学出版社，1992 年。

图书在版编目（CIP）数据

大汉开国谋士群 / 梁由之著 . —厦门：鹭江出版社，2018.8
ISBN 978-7-5459-1499-3

Ⅰ . ①大…　Ⅱ . ①梁…　Ⅲ . ①历史人物—生平事迹—中国—西汉时代
Ⅳ . ① K820.341

中国版本图书馆 CIP 数据核字（2018）第 105855 号

DAHAN KAIGUO MOUSHI QUN

大汉开国谋士群

梁由之 著

出版发行：鹭江出版社
地　　址：厦门市湖明路 22 号　　**邮政编码**：361004
印　　刷：三河市兴博印务有限公司
地　　址：河北省廊坊市三河市杨庄镇大窝头村西　　**邮政编码**：065200
开　　本：880mm × 1230mm　1/32
插　　页：4
印　　张：11.75
字　　数：268 千字
版　　次：2018 年 8 月第 1 版　2018 年 8 月第 1 次印刷
书　　号：ISBN 978-7-5459-1499-3
定　　价：58.00 元
